김대식 카이스트 전기 및 전자공
독일 막스―플랑크뇌과학 연구소
미국 MIT에서 박사후과정을 거쳤다
국 미네소타대학교 조교수, 보스턴 근무했다. 주로 뇌과
학과 뇌공학, MRI, 인공지능 등의 분야를 연구하고 있다.

강형구 한양대 경영학과 교수
서울대학교 경제학과를 졸업했고 버지니아주립대에서 경제학 박사과정을 수료했으며 듀크대 푸쿠아 경영대학에서 박사학위를 받았다. 하버드대 에드먼드 J. 사프라 윤리학 센터의 리서치 펠로우를 역임했다.

정유신 서강대 기술경영대학원 교수
서울대학교 경제학과를 졸업했고 서강대 대학원 석사, 건국대 부동산대학원 석사, 와튼스쿨 MBA, 경기대 경제학 박사, 중국 인민대 재정금융학원 MBA를 받았다. 현재 서강대 기술경영대학원 원장, 금융위원회 한국핀테크지원센터 이사장이다.

김재인 경희대 비교문화연구소 학술연구교수
서울대학교 미학과를 졸업했고 동대학원 철학과에서 박사학위를 받았다. 주요 저서로는 『뉴노멀의 철학: 대전환의 시대를 구축할 사상적 토대』 『생각의 싸움: 인류의 진보를 이끈 15가지 철학의 멋진 장면들』 『인공지능의 시대, 인간을 다시 묻다』 등이 있다.

인간을 위한 미래

대한민국 석학 8인이 대전환기 인류의 미래를 통찰한다

인간을 위한 미래

우리는 어떤 미래를 설계할 것인가

김도현
이재열
김홍중
김도년
김대식
강형구
정유신
김재인
지음

클라우드나인

인간이 없다면 미래도 미래 기술도
아무런 쓸모가 없다.

서문

인간의 미래

: 인간만이 더 나은 미래를 꿈꾼다

김도현

국민대 경영학부 교수

서울대학교 항공우주공학과에서 공부했다. 학부시절 『창작과 비평』에 소설로 등단한 바 있다. 대학원에서는 항공기와 발사체제어를 연구했다. 박사학위를 받은 후 보스턴컨설팅그룹 등에 근무하면서 전략 수립과 인수합병 업무를 익혔고 두 번의 창업을 통해 성공과 실패도 경험했다. 이후 영국 워릭대학교에서 창업전략을 공부하여 두 번째 박사학위를 받았다.
창업 생태계에 열심히 참여하면서 스타트업의 전략 특성과 벤처캐피털의 행동을 살펴보고 있으며 기존 기업이 얻을 수 있는 시사점을 찾아내는 데 관심이 많다. 하버드대 방문학자와 한국벤처창업학회장을 지냈고 여러 기업과 비영리단체들의 이사로도 활동 중이다.

미래가 어떻게 바뀔지가 아닌 어떻게 바꿀지를 논의하자

미래가 어떻게 다가오는지 묻기보다는 지금 우리의 선택이 어떤 미래를 만들어낼 것인지, 그리고 좀 다른 미래를 만들어내려면 지금 무슨 결단을 내려야 할지 묻는 것이 더 옳을 것이다.

우리는 누구나 미래를 궁금해한다. 하루가 멀다고 사건과 위기가 교차하는 요즘과 같은 상황에서 미래에 대한 조바심과 궁금증은 더 커지기만 한다. 그러나 사실 미래는 우리의 '오늘'이 모여 만들어내는 것이다. 그래서 미래가 어떻게 다가오는지 묻기보다는 지금 우리의 선택이 어떤 미래를 만들어낼 것인지, 그리고 좀 다른 미래를 만들어내려면 지금 무슨 결단을 내려야 할지 묻는 것이 더 옳을 것이다.

그동안 이런 질문에 대한 해답은 흔히 서구 석학들의 몫이라고 여겨져 왔다. 그러나 그들의 말은 대개 너무 멀고 흐려서 우리의 삶과 우리의 오늘에 꼭 들어맞지는 않는다. 미래를 걱정하는 기업들도 이런 아쉬움을 종종 토로하곤 했다. 그래서 2018년 가을 어느 날, 나는 우리나라에서 이런 질문에 가장 잘 대답할 수 있는 분들을 찾아보기로 결심했다. 기준은 두 가지였다. 자신의 분야에서 세계적인 연구자이면서, 다른 분야와의 섞임에 너그러이 열려 있는 분. 내가 미리 알고 있던 분도 계셨지만 논문과 책만 읽은 채 무턱대고 연락드린 경우도 적지 않았다.

그렇게 일곱 분의 탁월한 학자와 한 명의 호기심 많은 참여자(나)가 모였고, 1년 동안 매달 한 번씩 모여서 긴 대화의 저녁을 가졌다. 사회학, 경영학, 경제학, 철학, 도시공학, 인공지능. 학문 이름만 써놓으면 도무지 무슨 관계인지 종잡을 수 없는 분들 사이의 대화가 잘 이루어질까 하는 염려는 첫날 바로 사라졌다. 다음부터는 심포지엄Symposium을 왜 우리말로 향연饗宴이라고 번역하는지 완벽하게 깨닫는 시간의 연속이었다. 인공지능과 세대론, 사회갈등과 도시이론, 자본시장과 철학의 언어들이 서로 만나 충돌하고 결합하고 새로 창조되는 시간과 공간에 서 있는 것은 그야말로 거대하고도 짜릿한 축복이었다.

대화를 통해 결국 우리가 주목하게 된, 그래서 답해보려고 애쓴 질문들은 다음과 같은 것들이었다.

1. 우리 사회의 갈등구조는 어디서 비롯된 것이며 어떻게 해결할 수 있을 것인가?
2. 인공지능을 통해 인간은 어떤 미래를 만나게 될 것인가? 협업인가 경쟁인가?
3. 금융시장을 비롯한 시장의 변화는 어떤 기회를 창출할 것인가?
4. 우리가 앞으로 살게 될 도시의 삶은 어떠할 것인가?

대한민국의 세대 갈등과 불신 해결 방법

● ● ●

우리시대의 대표적 사회학자 이재열 교수는 우리나라는 잘살기는 하지만 선진국이라고 할 수 없는 품격이 낮은 사회라고 단언한다. 낮은 신뢰, 세대 간의 갈등, 경제적 불평등과 같은 요인들이 그 원인이다.

그는 우리 사회의 갈등과 불신을 해결하기 위해 흔히 간과되는 측정지표의 문제를 이야기한다. 정책 당국자들이 경제적 지표에 대한 과도한 편중에서 벗어나 소셜 퀄리티 지표에 주목해야 하며 기업들 역시 사람, 환경, 이윤의 균형을 추구하는 것이 궁극적으로 지속가능성에 도움이 된다는 것을 깨달아야 한다는 주장은 묵직한 울림이 있다.

사회학자 김홍중 교수는 특히 세대 간 갈등에 주목하는 학자이다. 그에 따르면 우리 청년 세대, 이른바 밀레니얼 세대는 생존**生存** 주의자로 정의될 수 있으며 스스로 일종의 격투장 혹은 오디션장 속에 서 있다는 자의식을 가지고 있다고 한다. 하지만 이들의 부모 세대는 자신보다 훨씬 더 풍요로운 환경 속에서 자라고 있으면서도 생존에 대한 공포를 가지고 있는 자식 세대를 잘 이해하지 못한다. 문화사회학을 오래 연구한 김홍중 교수는 청년 세대의 미세한 '심리풍경'을 읽어냄으로써 세대 간의 간극을 줄이는 방법을 모색한다.

기술이 가져오는 사회적 갈등에 주목하는 학자들도 있다. 인공지능 공학자인 김대식 교수는 4차 산업혁명이 가져올 미래의 불평등을 경고한다. 더 두려운 것은, 인공지능은 민주주의에 매우 파괴적인 영향을 미칠 것이라는 예측이다. 사회적 합의과정에 인공지

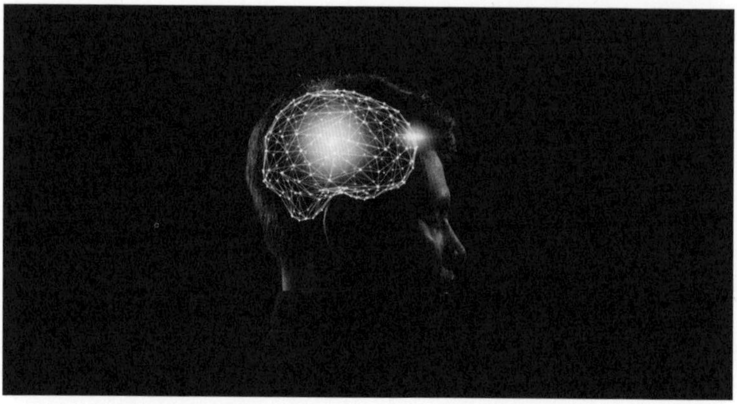

능의 개입을 피할 수 없기 때문이다. 그의 대안은 기술에 대한 사회적 제어이다. 과학, 사회학, 철학과 같은 다양한 학문이 인공지능의 발전경로에 참여해야 한다는 것이다. 공학자가 갖는 이런 우려와 반대로 기술에 익숙한 철학자 김재인 교수는 기술의 긍정적인 측면에 주목한다. 블록체인이 신뢰사회를 만드는 데 기여할 수 있다는 희망을 보는 것이다. 물론 그 역시 그러기 위해서는 블록체인의 기술밖에 놓인 '오라클'의 신뢰를 해결해야 한다는 전제를 잊지 않는다.

인공지능과 인간

● ● ●

금융과 경영전략을 넘나들며 저명 학술지에 논문을 게재하고 있는 강형구 교수는 인공지능과 금융의 관계를 통해 인간과 인공지능의 상호보완성을 탐색한다. 최근 무분별하게 등장하고 있는 인공지능 기반 투자 알고리즘의 허명을 날카롭게 지적하면서 인간이 인공지능이 가진 강점과 약점을 어떻게 활용할 수 있을지 제안한다. 참고

로 강형구 교수는 실제로 이런 주장을 기반으로 미래 예측 알고리즘을 만들어 활용하고 있다. 그 알고리즘이 최근 코로나 사태로 인한 시장 변동성을 예측한 것으로도 유명하다.

김대식 교수는 인공지능 분야의 연구 흐름을 체계적이고도 쉽게 설명하면서 앞으로 어떻게 진화해 나갈지 짚어낸다. 인공지능을 처음 접하는 분들이라면 김대식 교수의 글은 탁월한 안내서가 될 것으로 생각한다. 인공지능이 갖는 가능성과 한계를 일목요연하게 정리하고 인간이 어떻게 인공지능에 종속되지 않고 활용자의 역할을 할 수 있을지 명쾌하게 알려준다.

금융시장의 변화

금융업은 인공지능, 블록체인, 그리고 데이터 축적에 의해 가장 크게 변화하는 산업이다. 여러 학자들이 금융업과 금융 시장의 변화를 통해 과연 '돈'의 미래가 어떻게 될지 토의했다. 증권 시장과 비상장 투자 시장에서 긴 현업 경험을 가진 정유신 교수는 금융업이

혁신을 지원하는 위치에서 스스로 혁신자로 변화함으로써 전혀 새로운 미래가 열리고 있다고 주장한다. 실제로 우리나라에서도 금융 플랫폼이 다른 플랫폼 사업자와 경쟁하기 시작했다. 정유신 교수는 한 발 더 나아가 금융 시장의 각종 규제들도 규제기술로 대체되는 혁신을 예상하기도 한다(그는 이를 레그테크와 섭테크라는 용어로 설명한다).

금융의 작동원리가 신뢰라고 할 때 그 신뢰가 정부의 중앙집권화된 감시와 제도를 통해서가 아니라 기술을 통해 이루어질 수 있다고 보는 관점은 철학자 김재인 교수의 의견과 완전히 일치하는 것이다.

미래의 도시

● ● ●

스마트 시티의 설계자로 불리는 김도년 교수는 도시를 만들어온 자신의 경험이 미래를 향한 거대담론과는 좀 거리가 있다고 여겼다. 그러나 사실 '도시'는 많은 참여자들에게 아주 열광적인 토론 거리였다. 그는 도시를 설계하는 것은 그 안에 살게 될 사람들의 삶을 이해하지 않고는 불가능한 일이며 더 나아가 앞으로 사람들이 살아갈 삶을 예측하는 과정이라는 점을 보여주었기 때문이다. 도시설계에서는 예측할 수 없는 것들을 예측하려고 애쓰지 않는 대신 변하지 않는 삶의 양상에 주목한다는 원칙이 있다고 한다. 향연의 참여자들은 그날 밤, 그 어떤 미래에도 변하지 않을 우리 삶의 양태는 어떠한 것인지 길고 긴 토론의 시간을 보냈다. 이런 대화를 통해 저자들은 개인으로서의 우리는 미래 앞에 왜소하지만 집단으로서 우리가 미래를 만들어내는 힘을 가지고 있다는 점을 새삼 깨달았다. 우리가 어떤 미래를 만들어낼지 생각해보는 데 이 책에 담긴 글들이 작은 도움이 될 수 있기를 희망한다.

감사의 말씀을 덧붙인다. 문자는 본디 사람끼리 만나서 이루어지는 불꽃 튀는 대화의 시공간을 온전히 기록하기에는 아주 부족한 도구이다. 그러나 클라우드나인의 꼼꼼한 편집자들은 그 불가능할 것 같은 과제를 거의 이루어냈다. 놀랍고 감사하다. 그리고 정말 감사해야 할 분들이 있다. 네이버 정책연구실의 사람들이다. 어쩌다 저와 엮여서 아무리 생각해도 회사에 무슨 도움이 되는지 모르는 이 모임에 재정적인 후원을 해주었고 늘 참석해서 격려도 하고 질문도 하면서 어울려 주었다. 이 책이 그래도 적당히 유명해져서 정책연구실이 회사에서 일 잘한다는 칭찬을 받으면 좋겠다.

2020년 9월

저자들을 대표하여

김도현

차례

1장

미래의 조건

: 미래의 부가 아닌 미래의 행복을 설계하자

이재열

서울대 사회학과 교수

서울대학교에서 사회학을 전공했고 하버드대학교 대학원에서 사회학 박사 학위를 받았다. 미국 워싱턴대학교 방문연구원을 지냈고 서울대학교 사회발전연구소장을 역임했다.
주요 저서로는 『다시 태어난다면, 한국에서 살겠습니까』『세월호가 우리에게 묻다』『아픈 사회를 넘어』 등이 있다.

ICHEON FORUM
ICHEON FORUM
Speaker

1. 왜 한국은 부유한데 분노 사회가 됐는가

⁚ 팬데믹과 함께 우리 사회에 갑자기 등장한 이슈가 바로 '사회적 신뢰'다. 한국의 코로나19 대응이 다른 나라보다 성공적인 것으로 평가되면서 그 이유 중 하나로 사회적 신뢰도가 주목을 받고 있다. 한국이 신뢰 사회에 성공적으로 진입했다는 시각도 있고, 시민 스스로 우리 사회를 신뢰할 만한 사회로 평가하기도 했다. 한국은 그동안 줄곧 저신뢰 사회로 진단되었다. 그런데 우리 자신도 모르는 사이 정말 신뢰 사회로 도약한 것일까.

왜 지갑은 풍족해졌는데 행복하지는 않은가

● ● ●

한국은 세계에서 가장 가난했던 나라다. 1953년 한국전쟁을 멈췄던 당시 1인당 국민소득이 67달러에 불과했다. 하지만 단 반세기만에 산업화에 성공했고 민주화도 이루었다. 글로벌 무역 강국 리스트에도 이름을 올렸다. 한 나라의 경제적 수준을 측정하는 구매력 평가PPP, Purchasing-Power Parity 기준 한국의 1인당 국내총생산GDP은 3만 7,997달러로 이탈리아 3만 9,426달러, 일본 4만 3,279달러와 큰 차이가 없다(2017 세계은행). '한강의 기적'이라는 말은 전혀 과장이 아니다. 우리는 꽤 부자가 되었다.

경제 성장은 한국인의 보편적 삶을 크게 바꿨다. 과거와 비교할 수 없을 정도로 생활 수준이 높아졌고 정치적 자유도 누린다. 그런데 어떻게 된 일인지 한국인의 마음은 두둑해진 지갑만큼 풍족하지가 않다. 불안하고 불신하고 그래서 불만은 자꾸 커진다. 왜 이런 걸까? 왜 한국인은 근면과 희생정신으로 부를 일궜음에도 행복하지 못한 걸까? 한국 사회의 지속가능성을 경고하는 목소리가 여기저기서 터져 나오고 곳곳에서 위기를 알리는 빨간불이 켜졌다.

우리 사회가 맞닥뜨린 첫 번째 위기는 사회적 재생산의 위기다. 한국 사회는 저출산과 장수로 곧 초고령 사회로 진입하게 된다. 2060년에는 인구 100명이 80명의 노령층을 부양해야 한다. 낮은 출산율은 고스란히 차세대의 경제적 부담으로 축적되고 있다. 두 번째 위기는 사회적 동기부여의 위기다. 사회적 동기부여의 정도는 노동환경, 행복지수, 계층 정체성, 자살률 등을 통해 측정할 수 있다. 한국의 노동환경은 세계적으로 악명이 높다. 1년에 1,360시간 일하는 독일보다 440시간 더 많은 1,800시간을 일한다. 경제협력개발기구OECD 국가 중 세 번째로 높다. 하지만 더 일하는 만큼 생산성이 높은 것도 아니다. 한국의 노동생산성은 경제협력개발기구 상위 국가의 50% 수준이다(2019 OECD). 독일이나 네덜란드 등 노동생산성이 높은 국가들은 워크셰어링work-sharing을 통해 고용 상태를 안정적으로 유지하고 있다. 하지만 한국은 고용절벽이다. 일하는 사람은 지나치게 길게 일하고 그렇지 않은 사람은 아예 일할 기회조차 잡을 수 없다.

그러다 보니 경제 규모는 세계 10위권에 들지만 국민의 행복도는 매우 낮다. 유엔UN이 발표한 세계 행복도World Happiness Report에서 한국의 행복도는 57위에 머물렀다(UN SDSN 2017). 경제적으로 한국보다 훨씬 낮은 수준의 국가들이 한국보다 더 행복한 사회라는 얘기다. 한 사회의 행복도는 곧 구성원의 사회에 대한 '만족도'를 보여주는 믿을 만한 지표로 인정받는다. 경제소득은 높은데 상대적으로 행복감이 낮은 이유는 소득 외에도 투명성, 교육 수준, 성평등, 언론자유, 민주화 정도 등 다양한 요인들이 사회의 행복도에 영향을 미치기 때문이다.

한국 사회의 동기부여 동력이 위기 수준이라는 지표는 중산층 귀속감의 변화에서도 확인할 수 있다. 1980년대 한국 사회는 자신이

사회적 신뢰도 추이(1981~2004년)

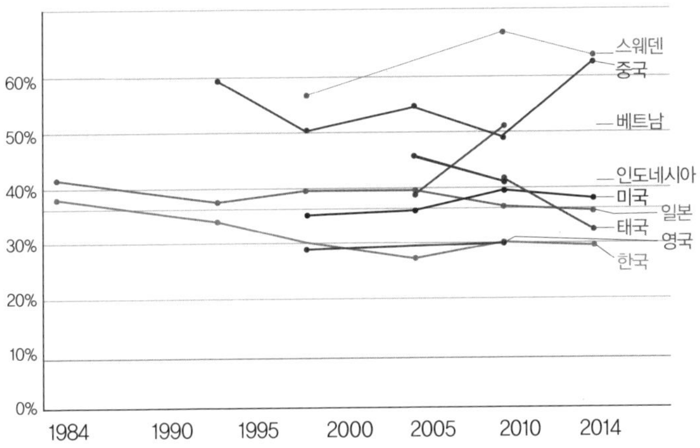

(출처: 세계가치관 조사 각 연도)

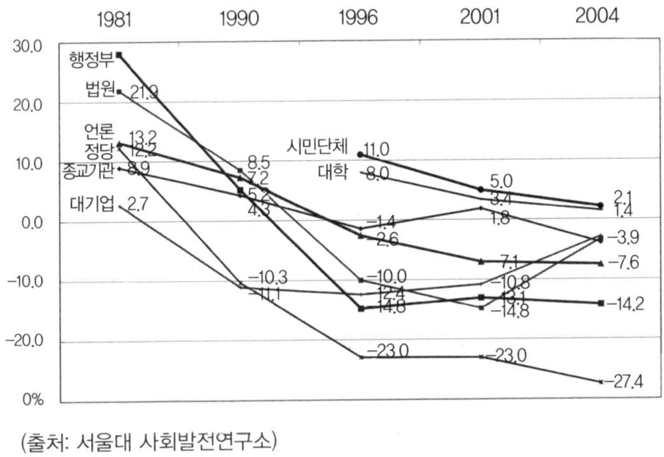

(출처: 서울대 사회발전연구소)

중산층에 속한다고 생각하는 비율이 60~75%에 달했다. 그런데 국민총생산이 4배 이상 증가한 2000년대에 들어서 중산층 귀속감은 20%대로 낮아졌다. 한국인 대다수는 스스로 중산층이 아닌 서민이라고 말한다. 서민은 '경제적으로 중간 이하의 넉넉하지 못한 생활을 하는 사람'을 뜻하는 낮은 계층적 개념이다.

한국의 자살률은 이미 위험 수준에 도달했다. 1990년대 자살률이 높았던 에스토니아, 헝가리, 핀란드, 덴마크는 계속 낮아지는 추세이다. 그런데 한국은 이와 반대다. 2000년대 들어서 한국보다 자살률이 높았던 일본도 가뿐히 추월했으며 전 세계에서 나 홀로 계속 올라가는 중이다. 한국의 자살률은 경제협력개발기구 국가 평균보다 두 배 이상 높다.

세 번째 위기는 거버넌스의 위기다. 한 사회를 유지하는 시스템의 건전성에 빨간 불이 켜졌다. 가장 대표적인 것이 사회적 신뢰의 하락이다. 한국 사회의 신뢰도는 30% 미만의 수준으로 60%가 넘는 스웨덴과 중국은 물론이고 베트남, 미국, 일본, 태국 등보다도 낮다(세계가치조사 2014). 특히 1980년대와 비교하면 한국은 사회 전 분야에서 신뢰가 하락해 심각한 신뢰 적자 상태다.

1980년대는 알다시피 독재 권력의 권위주의적 통치 시스템이 작동하던 시절이다. 이 시절보다 민주화된 현재 사회적 신뢰도가 더 낮다는 사실은 어떻게 설명할 수 있을까? 그동안 우리 사회는 꾸준히 민주화의 방향으로 움직였고 공식적 형식적 측면에서 많은 성과를 거둔 게 사실이다. 그러나 민주주의만으로 사회 경제적 개혁이 되지는 않는다. 지난 30여 년에 걸쳐 사회적 공정성과 투명성 부분에서 또 다른 불공정과 부패의 사슬이 공고해졌다. 그러다 보니 한국은 오히려 심각한 신뢰 적자 사회가 되었다.

그 어떤 열망이 광장의 촛불을 켰는가

● ● ●

한국의 광장은 뜨겁다. 서울의 도심은 다양한 시위로 연중 몸살을 앓는다. 이제 사회 정치적 이슈가 폭발할 때 전국의 광장에 촛불이 등장하는 모습은 꽤 익숙해졌다. 광장의 촛불은 대체로 '민주적인 사회'의 모습으로 이해된다. 하지만 이 폭발적인 에너지의 본질을 이해하려면 다른 관점의 접근이 필요하다.

사회학적으로 광장의 촛불은 프리토리언praetorian 현상으로 해석된다. 프리토리언 현상이란 로마제국의 엘리트 군대 프리토리언 가드praetorian guard에서 유래된 말이다. 로마제국 최고의 무력집단인 프리토리언 가드는 로마의 공화정이 제대로 작동하지 않을 때 스스로 정치에 개입해 판을 바꿔버리는 역할을 했다. 그들의 손에 다수의 황제들이 죽었다.

한국의 광장에 등장한 촛불도 마찬가지다. 대의정치 시스템, 즉 시민들은 의회정치가 제대로 작동하지 않을 때 광장으로 쏟아져 나온다. 의회주의에 대한 불신이 끓어올라 넘치는 현상, 바로 광장의 촛불이다. 한국은 과거 권위주의 사회에서 민주적 사회로 이동했지만 투명성은 크게 개선되지 않았다. 독재적 권력하에서 종종 벌어졌던 부패한 일들, 가령 대통령이 친인척에게 이권을 직접 분배하는 등의 행위는 사라졌지만 민주적 시스템에 기반한 새로운 지배층이 등장했다. 바로 '엘리트 카르텔'이다. 고위관리, 고소득 전문직, 지식인 등 엘리트 그룹은 학연과 지연 등 공통점을 중심으로 연대하며 사회의 수면 아래서 단단하게 구조화되었다. 전관예우 같은 회전문 현상revolving door은 엘리트 카르텔이 작동하는 대표적 현상이다. 이들은 도덕적으로 단절된 단편적인 공동체를 이루

부패의 현상과 전환의 계곡

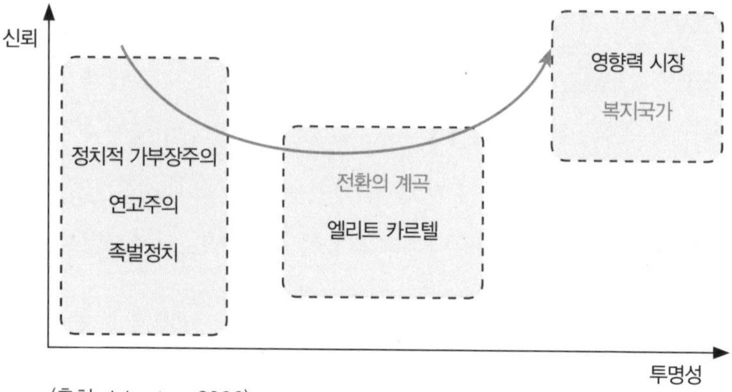

(출처: Johnston, 2006)

며 막강한 힘을 발휘한다. 그들만의 연대로 치열한 경쟁에서 살아남는다.

전통적 권위주의 사회에서 민주주의로 이행하는 과정에는 반드시 정체 구간을 거친다. 이를 전환의 계곡transitional zone이라고 한다. 이 시기 신생민주주의 국가들은 엘리트 지배구조의 저항과 민주화 과정에 나타나는 역설적 문제들을 돌파해야 하는 어려움을 겪는다. 한국 사회는 지금 이 전환의 계곡에 머물러 있다. 한국은 지속적으로 규모의 성장을 이루었지만 성과의 질적 측면에서 심각한 위기에 봉착해 있다. 한국의 국가경쟁력을 평가하는 세부적 요소들을 살펴보면 우선 연구개발R&D 투자, 대학진학률 등 자원의 투입과 관련된 평가는 상당히 긍정적이다. 정보화, 사회적 인프라, 거시경제지표도 좋은 편이다. 하지만 정부 규제의 수준, 의사결정 과정, 교육의 질, 노동시장의 효율성, 금융 서비스 관련 부분 등은 거의 꼴찌 수준이다(세계경제포럼 2016). 한마디로 한국은 양적인 투입은 잘해왔고 또 잘하지만 사회적 제도의 수준은 매우 낮다. 국가 경쟁력을 구성하는 지표들의 불균형은 굉장히 심각하고 매우 극단적이다.

왜 현실은 불만족스럽고 미래는 불안한가

현재 한국이 겪는 사회적 문제는 '풍요의 역설paradox of affluence'로 설명된다. 풍요의 역설은 모두가 경제적 성취를 희망하지만 막상 풍요로운 사회에 진입하면 대다수가 실망하는 현상을 말한다. 경제학자 프레드 허쉬Fred Hirsch는 『성장의 사회적 한계Social Limits to Growth』에서 1970년대 영국 사회를 풍요의 역설로 분석했다. 이는 지금 우리 사회에 고스란히 적용된다.

제2차 세계대전 후 영국은 빠른 경제 성장으로 풍요를 누리게 되자 되려 많은 이들이 박탈감과 불안을 느끼는 역설적 상황과 직면했다. 분배 없는 성장에 대한 반감과 복지 및 공평한 분배의 요구가 분출되는 현상이 나타난 것이다. 분배에 집착하는 심리와 함께 나타나는 현상이 '미온적 집합주의reluctant collectivism'다. 1970년대 영국은 히피 세대가 문화를 주도하며 사회 문화적으로 매우 개방적이면서 극히 개인주의적인 분위기가 팽배했다. 하지만 이들도 경제적 이슈만큼은 태도를 바꿔 국가의 개입을 강조하는 사회주의적이고 집단주의적인 성향을 강하게 드러내는 등 매우 양면적인 태도를 보였다. 현재 한국 사회의 모습과 매우 흡사하다.

이토록 이질적인 현상은 왜 나타나는가? 이는 물질재material goods와 지위재positional goods의 개념으로 이해할 수 있다. 물질재란 공급되면 즉시 만족감을 느낄 수 있는 의식주와 관련된 것이다. 과거

1960~1970년대 한국 사회에서 가장 중요한 자원은 물질재였다. 국가의 경제적 수준이 낮을 때 물질재의 공급이 좋아지면 사회에서 가장 어려운 계층의 사람들이 행복을 느끼게 된다. 이런 효과는 국내총생산GDP이 1만 달러 이하일 때 가장 높다.

하지만 국내총생산이 1만 달러를 넘기 시작하면 물질재 공급으로 얻는 만족감이 크지 않다. 경제적 수준이 오를수록 사람들의 행복에 영향을 미치는 건 지위재다. 남들과 차별화된 위치에 올랐을 때 만족한다. 교육과 직업은 대표적인 지위재다. 지위재의 특성은 주변 환경에 의해 내 지위가 결정되는 상대적 만족이다. 하지만 남보다 나은 지위재를 모두가 공평하게 나눠 가질 수는 없다. 원한다고 누구나 대학교수가 되고 대기업에 취업할 수 있는 것은 아니다. 지위재를 얻기 위해 치열하게 경쟁해야 한다. 따라서 현실은 불만족스럽고 미래는 불안할 수밖에 없다. 각자도생의 경쟁 속에서 사회적 연대는 약화되고 개인의 행복도는 낮아진다.

우리가 직면한 사회의 문제를 해결할 방법으로 '경제 성장'을 강조하기도 한다. 한국 사회의 문제를 해결하기 위해서는 살림살이가 더 나아져야 한다. 하지만 이제 과거와 같은 10% 안팎의 고성장 시대는 불가능하다. 기업의 성장이 곧 시민의 소득으로 이어지는 시대는 지났다. 산업 생태계는 글로벌 공급망에 따라 움직인다. 고용효과가 높은 전통 제조업은 한국을 떠나 해외로 공장을 이전했다. 또한 4차 산업혁명은 미래에 고용 없는 성장을 더 고착화할 것이다. 따라서 향후 한국 사회는 '얼마나' 성장할 것인가가 아니라 '어떤' 성장을 할 것인가에 더 관심을 쏟아야 한다. 고용도 안 되고 분배도 없는 성장의 방향으로 계속 나아간다면 사회적 불만, 불안, 분노는 더욱 심각해질 수밖에 없다.

문제해결의 또 다른 방법으로 '더 많은 민주화'를 주장하기도 한다. 하지만 이것 역시 동의하기 어렵다. 우리 사회는 이미 민주적 제도의 틀을 갖춘 상태이다. 참여의 범위를 무작정 확대했을 때 의사결정의 책임 주체가 명확하지 않게 된다. 그래서 오히려 방향을 잃게 되는 부작용은 우리 사회의 또 다른 문제가 되고 있다.

지속가능한 사회의 조건은 부가 아닌 소셜 퀄리티다

● ● ●

경제 성장도, 민주주의의 심화도 아니라면 해법은 무엇일까? 경제적 성장과 사회적 행복이라는 두 마리 토끼를 잡은 선진국의 공통점은 바로 소셜 퀄리티social quality, 즉 사회의 품격이다. 사회의 품격이란 안전, 포용, 공정, 참여 등 사회적 가치가 잘 구현되는 인프라

경제 중심 가치 사회에서 사회적 가치 중심의 사회로

다. 사회의 품격이 높으면 보편적 신뢰도 높다. 또한 사회 발전에 대한 긍정적 견해가 공유되는 공동체이다. 약자에 대한 배려, 공정하고 투명한 시스템, 시민들이 자발적 참여를 활성화하는 인프라가 잘 구축되어 있다. 미국의 정치학자 조지프 나이Joseph Nye는 이를 '소프트 파워'라고 명명했다.

소프트 파워가 작동하지 않는 사회에서 겪게 되는 문제들은 안타깝게도 우리가 흔하게 경험하는 것들이다. 사회적 갈등 상황에서 합의가 쉽지 않고 타인에 대한 공감력도 부족하다. 법과 제도는 있지만 제대로 작동하지 않는다. 공공의 이익보다 개인과 집단의 이익을 우선하는 현상이 만연해지고 갈등이 넘친다. 그래서 품격이 없는 사회는 분노 사회가 된다.

'잘사는 것'은 어느 시대나 변함없이 강조되는 중요한 가치다. 과거 1960~1980년대 한국 사회에서 '잘사는 것'은 가난에서 벗어나는 것이었다. 당시의 시대 정신은 먹고사는 문제를 해결하기 위해 함께 힘을 모으는 것이었다. 그러다 경제적으로 어느 정도 여유를 갖게 된 1980년대 후반에는 독재와 권위주의의 억압에서 벗어나는 삶을 희망했다. 민주화 등 정치적 가치는 잘사는 삶의 의미를 충족하는 중요한 가치였다. 이후 경제적 발전을 거듭해 선진국의 문턱에 와 있는 현재의 한국 사회가 주목하는 가치는 소셜 웰빙social well-being이다.

소셜 웰빙은 사회에서 구성원들이 느끼는 평균적 만족과 행복으로 이해할 수 있다. 개인의 삶, 개인과 공동체와의 관계, 그리고 사회적 차원의 웰빙을 종합적으로 측정한 결과가 소셜 웰빙이다. 개인의 웰빙personal well-being은 말 그대로 주관적 행복이다. 관계의 웰빙relational well-being은 다른 사람들과의 관계에서 느끼는 행복이다. 이는 타인에 대한 신뢰, 친구와 가족 등과 빈번한 교류, 공동체 활동에 참여 정도 등 다양한 관계의 질로 측정한다. 사회의 웰빙societal well-being은 제도의 질, 기관에 대한 신뢰, 공정한 경쟁에 대한 인식, 그리고 사회가 계속 발전할 것이라는 믿음에서 얻는 만족도이다. 한국은 이 사회의 웰빙 지수(4.12)가 개인의 웰빙 지수(5.70)와 관계의 웰빙 지수(5.62)보다 크게 낮다.

개별적 웰빙과 평균적 웰빙

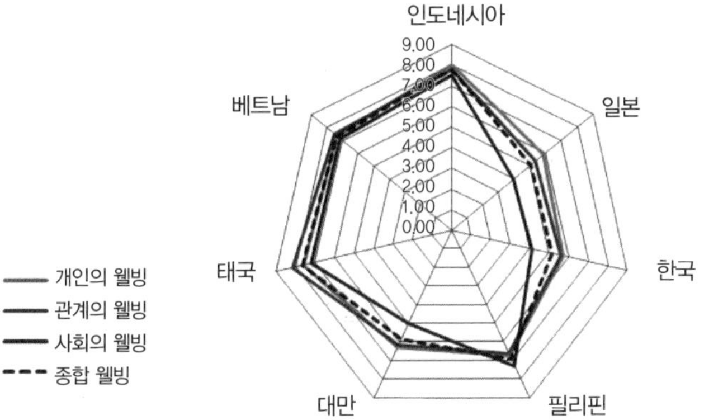

		인도네시아	일본	한국	필리핀	대만	태국	베트남
개인의 웰빙	사례수	1233	11698	2000	1056	2303	995	1094
	평균	8.04	5.86	5.70	6.77	6.31	7.57	7.35
	표준편차	1.55	2.40	2.08	2.07	2.02	1.76	1.69
	최소값	0	0	0	0	0	0	0
	최대값	10	10	10	10	10	10	10
관계의 웰빙	사례수	1214	11698	2000	1057	2303	994	1089
	평균	7.78	5.34	5.62	6.65	6.18	8.13	7.51
	표준편차	1.30	1.62	1.43	1.53	1.56	1.40	1.35
	최소값	2.13	0	0	1.50	0.00	3.13	2.63
	최대값	10	10	10	10	10	10	10
사회의 웰빙	사례수	1174	11064	1977	1018	2267	944	1049
	평균	7.52	3.93	4.12	7.29	5.01	7.18	7.16
	표준편차	1.54	1.99	2.15	1.53	2.17	1.86	1.90
	최소값	1	0	0	2	0	0	0
	최대값	10	10	10	10	10	10	10
종합 웰빙	사례수	1134	11064	1977	1010	2267	943	1044
	평균	7.80	5.05	5.15	6.92	5.84	7.64	7.35
	표준편차	1.04	1.48	1.43	1.20	1.48	1.23	1.12
	최소값	3.33	0	0	2.72	0.21	0	3.31
	최대값	10	10	9	10	10	10	10

웰빙의 개념은 크게 개인의 차원과 사회의 차원으로 구분할 수 있다. 개인의 차원에서 웰빙의 수준을 높이는 필요한 역량은 4가지다. 우선 '신체 지능physical intelligence'이 기본이다. 몸이 잘 작동해야 스트레스와 건강을 관리하고 활동성을 유지할 수 있다. 또 사고하고 이해하고 문제를 해결하는 '인지 지능cognitive intelligence'이 필요하다. 이는 지속적인 학습을 통해 자신감을 형성하도록 하는 기본 역량이다. 그리고 '감성 지능emotional intelligence'과 '영적 지능spiritual intelligence'이다. 감성 지능은 자신의 감정을 다스리고 동시에 타인의 감정을 이해함으로써 조화를 이루도록 하고 영적 지능은 사회 공통의 문제에 대한 공감력을 높인다. 영적 지능이 높으면 사회적 협력과 배려와 소통이 원활해진다.

개인의 웰빙에 대한 관심은 소셜 퀄리티와 바로 연결이 된다. 소셜 퀄리티는 기본적으로 개인이 다른 사람들과 얼마나 좋은 관계를 만들면서 스스로 역량을 확대할 수 있는지를 측정하는 개념이다. 이는 곧 인간의 번영을 위한 사회적 조건이다. 사회학자 위르겐 하버마스Jurgen Habermas와 데이비드 락우드David Lockwood의 구분을 이용해보면 소셜 퀄리티를 크게 2개의 측면 '시스템의 퀄리티system quality'와 '생활세계life-world의 퀄리티'로 나눌 수 있다.

시스템의 퀄리티는 한 사회의 '위험 회복 역량risk resilient capacity'이다. 사람들이 사회 경제적 위기를 기꺼이 회복할 수 있도록 국가가 행정, 경제, 고용 등의 시스템을 통해 다양한 프로그램을 제공하는 능력이 시스템의 퀄리티를 결정한다. 생활세계의 퀄리티는 '사회의 도덕적 자원societal moral resources'이다. 사회가 신뢰와 연대의식으로 협력할 수 있는 역량이다. 가령 국가가 잘못된 결정을 했을 때 풀뿌리 시민의 참여를 통해 제도를 바꿀 수 있는 역량이 생활세계의 퀄리티다.

시스템의 퀄리티와 생활세계의 퀄리티는 서로 긴밀하게 영향을 주고받는 관계에 있다. 만약 사회의 시스템 부문만 너무 강해지면 생활세계는 시스템에 예속된다. 시스템이 강해진다는 것은 시스템이 정교해지는 것을 의미한다. 지나치게 정교한 시스템 안에서 사람들은 통제되고 소외되기 때문이다. 반대로 시스템이 약하고 생활세계만 강하게 작동하면 무질서와 갈등을 일으킨다. 사람들은 생활세계에서 충분히 자신들의 생각과 감정을 표현하고 상호작용을 통해 발전해야 하지만 사회의 통합을 헤치지 않는 범위여야 한다. 공동체가 공통의 지향성을 유지하고 갈등을 긍정적으로 통합하는 건 시스템의 역량이다. 시스템과 생활세계는 서로 긴장하면서 역동적인 관계를 형성해야 한다. 그래야 지속가능한 소셜 퀄리티를 유지할 수 있다.

이제 불신사회에서 탈출해 지속가능한 사회로 가자

● ● ●

시스템과 생활세계의 퀄리티가 잘 균형을 이룬 사회는 '정의justice, 평등equality, 연대solidarity, 역량capability'의 사회적 가치가 살아서 움직인다. 어떤 사회가 좋은 사회인가? 투명한 시스템과 공정한 규칙이 균형 있게 작동하는 사회다. 이것이 '정의'다. 최소한 공동체에서 가장 어려운 사람들이 굶어죽지 않도록 배려하는 사회, 분배의 정의가 실현되는 사회를 좋은 사회라고 한다. 성별, 출신지, 인종 등을 이유로 차별받지 않는 사회가 '평등'의 가치가 지켜지는 사회다. '연대'는 사회적 신뢰를 지키는 기반이다. 연대를 지향하는 사회는 특권이 공통의 규칙을 바꾸는 일을 용납하지 않는다. 규칙이 예측가능하게 작동하기 때문에 보편적 신뢰가 형성된다. 마지막으로 사회의 구성원은 사회 안에서 개인에게 닥친 어려움을 해결할 수 있어야 하고, 능력을 개발할 수 있어야 하고, 공동체의 운명을 결정하는 과정에 적극적으로 참여할 수 있어야 한다. 이런 사회가 '역량'이 있는 사회다. 정의, 평등, 연대, 역량의 가치는 각각 소셜 퀄리티를 평가하는 4개의 지표에 반영된다.

먼저 정의는 복지의 영역이다. 사회 구성원이 금융, 거주, 의료, 노동, 교육 등 사회적 자원에 접근할 수 있는 정도를 나타내는 사회 '경제적 안전socio-economic security' 지표로 측정된다. 최근 한국 사회의 화두로 등장한 포용 사회는 평등의 가치가 핵심이다. 사람들이 차별 없이 사회의 공적 기관과 다양한 집단에 자유롭게 접근할 수 있도록 하는 시스템과 교육 및 직업 훈련 서비스의 접근성을 높이고 노동시장의 참여기회를 확대하는 등 국가의 인적자본 개발 영역은 모두 '사회적 포용social inclusion' 지표에 해당한다. 연대 정신은 보편적 신뢰의 기반이다. 또한 사회 구성원이 책임의식과 공통의 정체성을 기반으로 활동하도록 하는 힘이다. 이는 '사회의 응집력social cohesion' 지표로 나타난다. 응집력이 높은 사회는 신뢰도와 투명성이 높다. '사회의 권한 위임social empowerment'은 한 사회의 역량을 평가하는 지표다. 사회의 역량이란 구성원의 지적역량, 사회의 개방성, 제도적 지원, 개인의 문제 해결 능력 등을 종합한 것이다.

이 4개의 지표가 모두 좋을 때 안전하고 포용적이며 역능성이 높은 신뢰 사회, 즉 소셜 퀄리티가 높은 사회이다. 반대로 지표가 나쁘면 차별적이며 무력한 불신사회로 평가할 수 있다. 한국의 사회 경제적 체질을 완전히 바꾼 1997년 외환위기 후 10년 동안 이

사회의 품격을 구성하는 구조적 요인

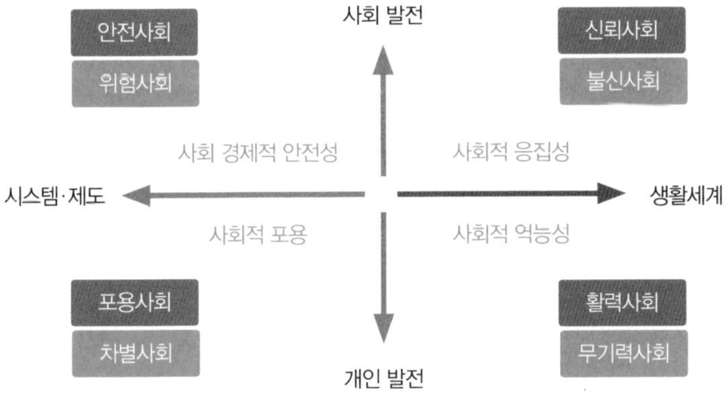

4가지 지표가 어떻게 변화했는지 살펴보자. 그럼 현재 한국 사회가 가진 문제가 무엇이고 소셜 퀄리티가 어느 수준에 머무르고 있는지 선명하게 보인다.

한국은 '사회 경제적 안전' 측면에서 보면 의료와 교육에서는 좋아졌으나 주거와 빈곤 문제는 심화되었다. '사회적 포용' 부분에서 젠더 의식은 좋아졌지만 실업과 불평등은 악화되었다. '사회의 역능성' 영역에서는 정보의 접근성 등이 좋아졌지만 정치적 참여와 삶의 만족도는 떨어졌다. 3가지 지표에서 지난 10년 동안 좋아진 부분과 나빠진 부분이 모두 존재한다. 그런데 유독 '사회적 응집력' 부분은 부정적 평가가 높다. 특히 불신이 압도적으로 높아졌다. 한국인은 오직 가족에게만 높은 신뢰를 보이고 타인, 공동체, 기관 등에 대한 신뢰는 모두 낮았다. 강력하게 형성된 불신은 사회의 밑바닥에서부터 시작해 모든 것을 변화시키는 원동력이 되고 있다. 지금 한국은 심각한 '불신사회'이다. 따라서 지속가능한 사회에 대

한국 소셜 퀄리티(1998~2007)

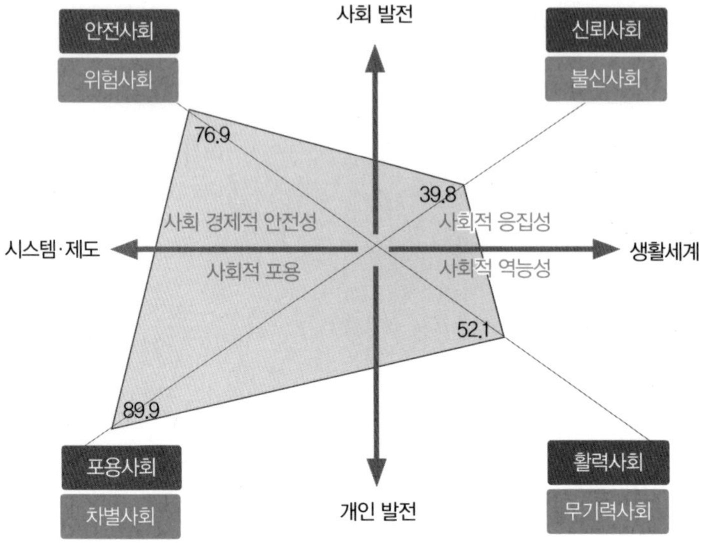

한 해법은 어떻게 불신사회에서 탈출할 것인지 고민하는 것에서 시작해야 한다.

2. 사회의 품격이 있어야 행복해질 수 있다

북유럽 국가는 소셜 퀄리티가 높게 평가된다. 이유가 뭘까? 그들이 우리보다 더 잘살기 때문이라고 생각한다. 경제력이 좋아지면 더 행복해진다는 보편적 믿음의 영향이다. 하지만 실제로는 경제 성장이 소셜 퀄리티를 만드는 것이 아니라 소셜 퀄리티에 많은 투자를 한 국가가 경제 성장을 지속한다.

왜 북유럽 국가들의 소셜 퀄리티가 높은가

부자만 되면 당연히 행복해지고 자연스럽게 품격도 생기는 줄 알았다. 그런데 부자가 되고 보니 행복하지도 않고 품격도 생기지 않았다. 번 돈으로 품격을 만들어보자고 투자도 해봤지만 성과는 없다. 꿈과 희망에 대한 잔인한 배신이다. 미래를 불신하게 된 한국은 지금 많이 아프다.

우리가 기대하는 선진국은 공정한 규칙에 따라 기회가 보장되고 서로가 신뢰하고 체제와 규율이 잘 지켜지며 약자를 배려하는 탄탄한 시스템이 있고 시민의 역량이 공동체를 움직인다. 물론 한국은 아직 선진국이 아니다. 하지만 지금 이대로 가다가는 경제력은 더 커질지 몰라도 품격 있는 선진 사회는 영원히 희망 사항으로 남게 될 것이다.

소셜 퀄리티 순위

순위	국가
1	덴마크
2	아이슬란드
3	스웨덴
4	노르웨이
5	핀란드
...	...
28	한국
29	멕시코
30	터키

합계	28위
복지	2위
인적자본	18위
연대	23위
참여	29위

(출처: SNU ISDPR, 2011)

한국의 소셜 퀄리티는 경제협력개발기구OECD 30개국 중 28위다. 소셜 퀄리티를 평가하는 4개 지표의 순위를 각각 살펴보면 인적자본 개발(사회적 포용) 분야가 18위로 가장 높고 복지(사회 경제적 안전) 29위, 신뢰와 투명성(사회적 결속) 23위, 시민의 참여(사회적 역량) 지표는 29위로 하위권이다. 1위부터 5위까지는 덴마크, 아이슬란드, 스웨덴 등 모두 북유럽 국가가 차지했다(서울대 사회발전연구원, 2011).

그런데 북유럽 국가의 소셜 퀄리티가 우리보다 높은 이유를 물으면 사람들은 대부분 경제력을 주요 요소로 꼽는다. 경제력이 좋아지면 소셜 퀄리티도 높아진다는 보편적 믿음의 영향이다. 그럴듯한 인과관계이지만 완전히 틀렸다. 한국이 국민소득 2만 달러를 달성한 시점은 2007년이다. 북유럽의 노르웨이와 스웨덴은 1980

한국과 유럽의 소셜 퀄리티

	한국 2007	북유럽 모델 노르웨이 1983	북유럽 모델 스웨덴 1988	대륙 모델 독일 1991	대륙 모델 영국 1996
총생산(달러)	22,892	22,475	23,047	22,734	22,908
복지	1.0	4.2	5.7	3.1	2.8
인적자원	1.0	0.9	1.0	0.8	0.9
투명성·신뢰	1.0	1.9	2.0	1.4	1.4
역능성·정치참여	1.0	2.1	2.2	1.5	1.8

년대에 2만 달러에 도달했고 영국과 독일은 1990년대에 이르렀다. 경제력과 소셜 퀄리티가 비례한다면 5개국의 경제적 수준이 비슷할 때 소셜 퀄리티도 비슷한 수준이어야 한다.

하지만 결과는 전혀 달랐다. 이들 국가는 모두 한국보다 훨씬 높은 수준의 소셜 퀄리티를 유지하고 있었다. 특히 사회적 안전 분야, 즉 북유럽 국가는 복지와 분배에서 최고 6배 높았고 독일과 영국도 3배나 높은 수준을 보였다. 신뢰, 투명성, 시민의 참여 부분에서도 한국과 뚜렷한 차이를 보였다. 한국이 이들 국가보다 유일하게 더 나은 영역은 인적자원 투자 부분이다. 이는 사교육 투자 비중이 높은 한국 사회의 특징이 반영된 것이다. 조사결과는 경제 성장이 소셜 퀄리티를 만드는 것이 아니라 소셜 퀄리티에 많은 투자를 한 국가가 경제 성장을 지속할 수 있었다는 사실을 말해준다.

한국 사회는 복지, 투명성, 시민의 참여를 확대하는 인프라보다 인적자본 개발에 엄청난 투자를 집중했다. 그러다 보니 소셜 퀄리티는 전혀 높이지 못했고 엄청난 경쟁 중심의 사회가 되었다. 사회적 안전망이 갖춰지지 않은 상태에서 인적자원 개발에만 투자하면 사람들은 극도로 위험을 회피하는 선택을 하게 된다. 고스펙의 젊

복지와 시민사회의 역량

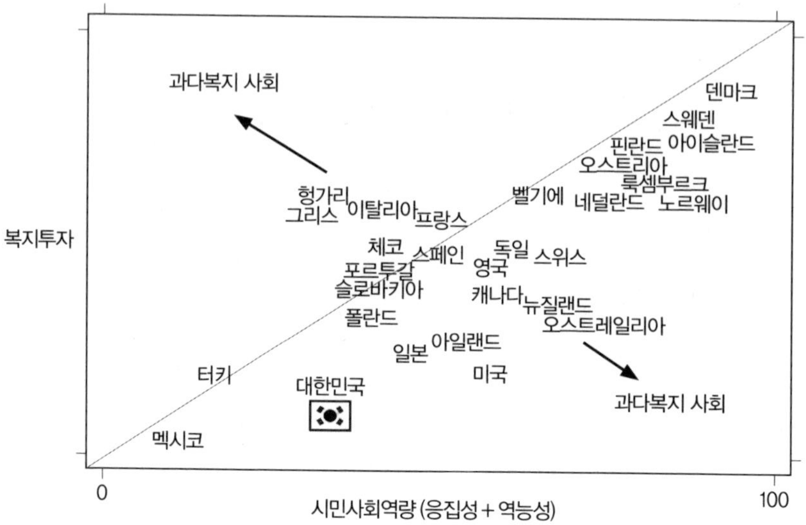

은이들이 공무원이 되기 위해 100대 1 이상의 경쟁을 하는 이유는 실패 후 회복할 수 있는 사회적 안전망이 약하기 때문이다.

반면, 복지투자를 통해 사회 안전망을 구축한 북유럽 국가는 우리와 많이 다른 모습이다. 이들은 창조적 경쟁을 선택하는 비율이 매우 높다. 실패했을 때 회복할 수 있는 사회 시스템이 갖춰져 있기 때문이다. 이런 제도적 노력은 실패해도 괜찮은 문화를 만들었다. 신뢰가 높은 사회는 공생을 추구하며 성장한다. 개인이 어려움에 닥쳤을 때 사회가 도와줄 거라는 믿음이 있다. 그래서 복지투자에 쓰이는 매우 높은 세금을 흔쾌히 받아들인다. 반면, 신뢰가 낮은 한국은 각자도생의 사회다. 복지 혜택에 대한 기대가 낮아서 선진국 대비 조세 부담률이 높지 않은데도 조세저항은 매우 강하다.

그렇다면 북유럽 국가처럼 복지에 집중 투자를 해서 소셜 퀄리티를 높이면 되지 않을까? 이런 생각을 직접 행동으로 옮긴 나라들이 있다. 한국과 생활세계의 수준이 비슷한 헝가리, 그리스, 이탈리아는 북유럽 모델을 받아들여 적극적으로 복지 투자를 확대했다. 하지만 불행하게도 이들 나라는 북유럽과 같은 성과는 얻지 못하고 재정부담만 키웠다.

북유럽 모델의 핵심은 과감한 복지 투자가 아니다. 투명한 시스템을 기반으로 시민의 사회참여가 이루어지고 권한이 잘 행사되는 역동적인 역량이다. 그러한 기반과 역량이 없으면 아무리 복지에 돈을 쏟아부어도 그 성과를 기대할 수 없다. 사회적 투명성이 낮고 시민사회의 역량이 부족한 한국이 현재의 수준에서 복지투자만 확대한다면 이탈리아와 그리스가 겪은 재정 위기를 똑같이 겪게 될 것이다.

복지사회의 조건은 돈이 아니라 투명성이다

● ● ●

복지투자는 언제나 격렬한 논쟁을 부른다. 엄청난 세금을 투입해야 하는데 성공을 낙관할 수 없으니 갑론을박을 할 수밖에 없다. 모두가 북유럽 모델을 희망하지만 남유럽 모델이 될까 두려운 것이다.

왜 남유럽 국가는 북유럽 모델로 성장하지 못했을까? 그 차이를 알면 답이 보인다. 이탈리아와 그리스 등 남유럽 국가의 복지는 의료, 실업, 은퇴 후 연금 등 전통적인 개념의 복지다. 이런 복지 모델은 안정적인 직업을 가진 가구주 중심의 시스템으로 운영된다. 하지만 세상이 변했다. 생애주기가 달라졌고 평생직장도 사라지고 있다. 가구의 개념도 바뀌고 있다. 1인 가구와 노인 가구가 증가하는 추세다. 이는 과거 사회에는 없었던 새로운 위험이다. 은퇴 복지, 직업 훈련, 돌봄 요양 등 전통적 연금으로는 해결할 수 없는 복지 수요가 증가할 수밖에 없다.

바로 여기서 문제가 발생한다. 연금처럼 돈을 나눠주는 단순한 시스템이 아니라 다양한 수요자들에게 정교하게 서비스를 제공할 수 있는 전달 시스템이 필요해졌다. 한마디로 복지 시스템의 관리 역량이 중요해진 것이다. 관리역량이 떨어지는 국가에서 나타나는 대부분 문제는 부패, 즉 '투명성'의 문제다. 사회 인프라에서 가장 중요한 것은 예측 가능성이다. 어떤 돈이 어디로 가고 어떻게 쓰이는지 투명하게 보여야 한다. 사회가 투명하지 않으면 복지는 역동적으로 움직이지 못하고 돈을 써도 사회의 회복력은 강화되지 않는다. 시스템의 퀄리티뿐 아니라 생활세계의 퀄리티가 복지의 성과를 크게 좌우하는 것이다.

북유럽 복지 모델은 과거와 달라진 사회적 새로운 위험에 접근한다. 과감한 노동시장 정책도 복지다. 예를 들어 창업에 실패하면 도전할 자금을 지원한다. 핵심은 돈이 아니라 '안심'이다. 사회적 탄력성의 회복은 소셜 퀄리티와 직결된다. 사회적 신뢰, 소속감, 포용, 적극적이고 자발적인 참여를 통한 공동체의 역동성은 모두 긴밀하게 연결되어 있다.

사실 한국의 사회적 위험도는 객관적으로 북유럽 국가와 큰 차이가 없다. 그럼에도 한국 사회가 느끼는 사회적 불안감은 북유럽 국가보다 매우 높다. 한국은 남유럽 국가와 비슷한 생활세계 수준을 갖고 있으면서 복지투자 비율이 낮다. 무조건 북유럽의 복지 모델만 보고 따라 하면 성과를 거두기 어렵다. 노동정책, 사회 투명성, 시민의 사회참여를 높이는 숙제까지 함께 풀어야 문제가 풀린다.

국가는 국민의 외로움까지 해결해야 한다

● ● ●

1929년 미국은 대공황을 겪었다. 주식시장이 붕괴되고 수많은 실업자가 거리로 쏟아져 나오는 등 경제적 충격이 어마어마했다. 미국 정부는 경제 살리기에 전력을 다했다. 그런데 문제가 있었다. 도대체 경제가 얼마나 나쁜지 정확히 알 수가 없었다. 게다가 정책의 결과로 경기가 실제 살아나는지 확인할 방법도 없었다. 그들은 경제학자 사이먼 쿠즈네츠Simon Kuznets에게 경제의 큰 그림을 알 수 있는 지표를 만들도록 부탁했다. 사이먼 쿠즈네츠는 개인과 기업과 정부의 생산활동을 합해서 나라의 경제 규모를 측정하는 국민총생산GDP의 개념을 제시했다. 이후 오랫동안 국민총생산은 한 국가의 경제 성장과 웰빙의 척도를 이해하는 지표로 활용되었다.

하지만 1960년대를 지나면서 경제적 수준만으로는 삶의 질을 평가할 수 없다는 반성과 함께 사회적 가치를 측정하려는 시도가 이어졌다. 1990년대에는 경제적 가치와 사회적 가치 그리고 환경적 가치까지 포함해 삶의 질을 평가하는 지표들이 개발되었다. 그리고 2000년대에 프랑스 전 대통령 니콜라 사르코지Nicolas Sarkozy의 요청으로 구성된 스티글리츠 위원회의 '국민행복지수Gross National Happiness', 경제협력개발기구의 '더 나은 삶 지수Better Life Index', 그리고 유엔UN의 '지속가능개발목표SDGs'까지 다양한 지표들이 속속 등장했다. 유엔 지속가능개발목표는 인류의 지속가능한 미래를 위해 해결해야 할 문제들을 교육, 일자리, 도시, 소비 등 분야에 걸쳐 17개 항목으로 정리한 것이다. 우리 사회는 유엔 지속가능개발목표를 한국적 상황에 적용해 200여 개의 지표로 체계화하는 연구를 진행 중이다.

최근 주목해야 할 트렌드는 삶의 질을 측정하는 지표에 '행복'의 개념이 중요하게 반영되는 것이다. 영국의 신경제재단NEF, New Economics Foundation은 개인의 감정적 웰빙emotional wellbeing, 활력vitality, 실패에서 벗어날 수 있는 회복력resilience, 자율성autonomy 등 심리적인 부분은 물론 신뢰, 소속감, 지원 관계 등을 모두 측정한다. 삶의 질을 이토록 세밀하게 측정하는 이유는 국가가 국민 개인의 웰빙에 대해 진심으로 고민하지 않으면 정부 정책의 효율성이 떨어지고 효과를 기대할 수 없다는 판단 때문이다.

국민의 행복 관점에서 정책을 만들려는 움직임은 세계 여러 나라에서 포착된다. 아랍에미레이트는 국민 행복을 전담하는 행복웰빙부 장관Minister of State for Happiness and Wellbeing을 임명했다. 영국에는 시민 간 사회적 고립을 최소화하는 정책을 전담하는 외로움부 장관Minister for Loneliness이 등장했다. 최근 삶의 질을 평가하는 지표에서 빠지지 않는 것이 바로 사회적 고립도다. 문제가 발생했을 때 도움을 받을 수 있는지, 아플 때 집안일을 대신해줄 사람이 있는지, 고민의 해결을 위한 컨설팅을 받을 수 있는지 등을 측정한다. 이런 도움을 받을 수 없다면 사회적 고립에 해당한다.

안타깝게도 한국의 사회적 고립도는 경제협력개발기구 회원국 중 1위다. 전통적으로 상부상조의 미덕을 강조해온 한국이지만 현실은 고립된 사람들이 가장 많은 나라다. 유럽은 사회적 고립의 문제를 심각하게 인식하지만 우리는 고민조차 하지 않는다. 한 국가의 지속가능한 성장은 국민 삶의 질을 높이지 않고는 이룰 수 없다. 여전히 국내총생산만을 바라보는 시야에서 벗어나 서둘러 '국민 행복'의 지표를 찾아야 한다.

3. 경제적 성장과 사회적 행복 둘 다 필요하다

글로벌 사회는 사회책임투자에 더 많은 관심을 쏟고 있다. 유럽이나 북미의 투자자들은 이미 수익 가능성만으로 투자를 결정하지 않는다. 시장에서 평가한 기업의 사회적 가치, 즉 사회나 환경에 긍정적 영향을 미치는 사업이나 기업에 임팩트 투자를 한다. 세계의 돈은 지금 정당성 이슈에 몰리고 있다.

이익과 사회적 가치를 동시에 추구해야 한다

한국에서 가장 존경받는 가문은 단연 경주 최부잣집이다. 부자를 부러워해도 존경하기는 쉽지 않다. 그런 점에서 경주 최부잣집은 21세기 한국 사회에 공동체와 도덕의 가치를 일깨운다.

16세기부터 무려 300년간 가난한 사람들을 보살폈던 최부잣집엔 집안을 다스리는 '육훈六訓'이 전해져 온다. 과거를 보되 진사 이상 벼슬을 하지 마라, 1만 석 이상의 재산은 사회에 환원하라, 과객을 후하게 대접하라, 흉년에는 땅을 늘리지 마라, 시집온 며느리는 3년 동안 무명옷을 입어라, 주변 100리 안에 굶는 사람이 없게 하라는 내용이다. 법과 제도적 의무도 없이 도덕적 가치를 기준으로 경제 행위를 하라는 전형적인 도덕 경제의 철학이 담겨 있다. 경주 최부잣집의 육훈에 담긴 가치를 21세기형으로 확장하면 유엔 지

경주 최부잣집 육훈과 유엔 지속가능개발목표의 유사점과 트리플 바텀 라인

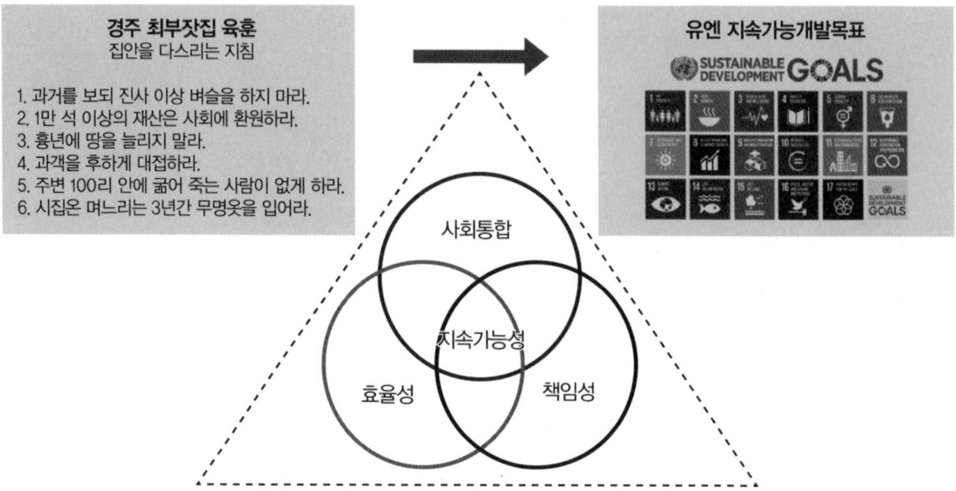

속가능개발목표의 문제의식과 맞닿는다.

유엔 지속가능개발목표는 미래 인류가 지속가능한 성장을 하기 위해 기후변화, 극심한 빈곤, 의료혜택의 불균형, 교육 기회의 제한 등을 세계가 공동으로 시급히 해결하라고 주문한다. 하지만 이미 너무 크게 격차가 벌어진 탓에 각국 정부의 공적자금만으로는 해결할 수 없으며 시장의 자본이 투입되어야 한다고 강조한다.

20세기 세상에서 막강한 영향력을 행사한 노벨경제학상 수상자 밀턴 프리드먼Milton Friedman은 "자본주의 사회에서 기업의 유일한 사회적 책임은 주주 이익의 극대화이다."라고 주장했다. 그의 말은 법전의 경구처럼 이해되어왔다. 하지만 21세기 자본주의는 그의 주장과는 확연하게 다른 길을 향하고 있다. 세계경제포럼WEF 등이 임팩트 투자impact investment에 참여하기 위한 방법을 모색하는가 하면 지속가능한 경영 모델로서 트리플 바텀 라인triple bottom line을 이

기업의 정당성 이슈와 개방체계

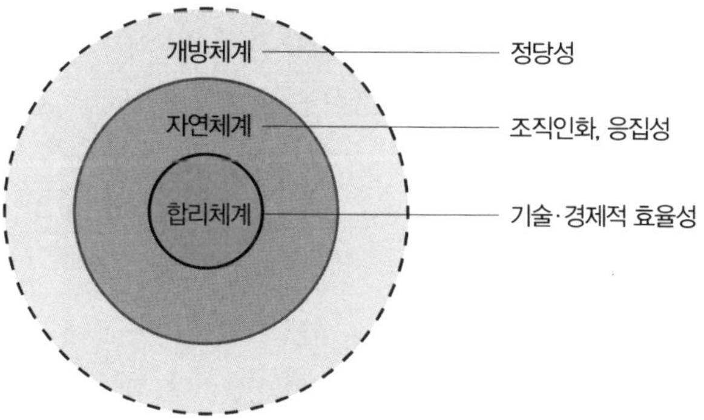

야기한다. 투자 수익을 창출하면서도 사회나 환경 문제를 해결하는 것을 목적으로 하는 임팩트 투자와 비즈니스에서 사람people, 환경planet, 이윤profit의 공동 성장을 경영 모델로 삼는 이론이 주목받는 건 자본이 사회적 가치를 바라보고 있다는 사실을 보여준다.

사회학자 에밀리 발만Emily Barman은 미국과 유럽의 자본주의 역사 연구를 통해 세상이 주주 중심의 이해관계자 자본주의shareholder capitalism에서 벗어나 사회적 가치, 규범, 도덕성을 지향하는 '배려 자본주의caring capitalism'로 진행하고 있다고 말한다. 그런가 하면 미국의 사업가 빌 게이츠는 기업이 단순한 사회적 책임에서 더 나아가 자본주의의 혜택을 받지 못하는 빈민층을 대상으로 적극적으로 기업활동을 해야 한다며 '창조적 자본주의creative capitalism'를 역설하고 있다. 2008년 금융위기를 경험하며 자본주의를 불신하게 된 사람들은 기업이 적극적으로 사회적 문제 해결에 기여해야 한다는 의미의 '포용적 자본주의inclusive capitalism'에 신뢰를 보낸다. 자본주의를 반성하고 근원적으로 변화할 것을 촉구하는 '깨어 있는 자본주의conscious capitalism' 운동도 활발하다.

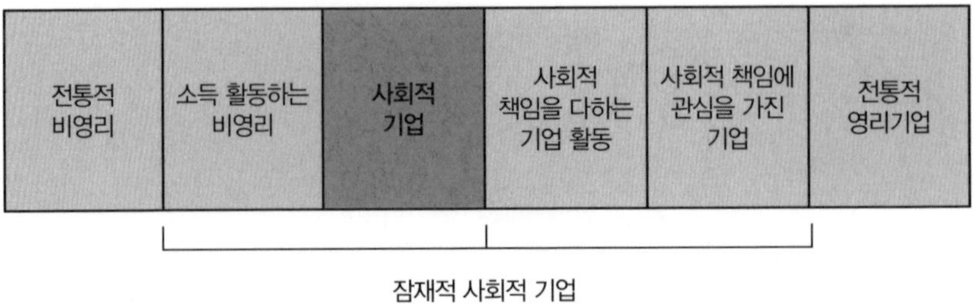

전통적 이익추구 모델에서 벗어나 가치를 창출하는 혁신기업으로 변화한다.

사회적 가치를 추구하는 자본주의는 자연스럽게 기업의 정당성 이슈를 부각시킨다. 기업의 경영 활동은 원래 내부의 핵심 경영진에 의해 결정된다. 기술과 경제적 효율성이 가장 중요한 판단 기준이다. 그런데 사회적 가치를 추구하는 시장의 변화는 기업 외부의 다양한 이해관계자가 경영에 더 큰 영향력을 미치도록 한다. 가령 소비자들은 과거와 다르게 기업의 합법적 경영 활동이나 사회적 가치 실천 여부를 따져서 제품을 선택함으로써 경영에 직접적으로 영향을 미친다. 경영 효율성과 대비되는 정당성 이슈가 실제 경영 수익과 직결되는 것이다.

최근 비즈니스에서 이윤과 사회적 가치를 동시에 추구하는 사회적 기업들이 주목받고 있다. 기업은 이윤을 추구하는 집단이다. 따라서 사회적 기업은 그동안 전통적 기업과는 별개의 영역으로 치부되어왔다. 하지만 이제 사회적 기업은 별개의 경영 모델이 아니다. 향후 모든 형태의 조직이 이익과 사회적 가치를 동시에 추구할 수밖에 없으며 단지 이익 추구와 사회적 가치를 어느 정도 수준에서 배합하는가의 차이가 있을 뿐이다.

그런데 이윤과 사회적 가치를 동시에 추구하는 것은 사회적 기업만의 특징은 아니다. 김위찬 교수는 『블루오션 시프트』에서 '전통적인 기업의 전략에서 벗어나 과거의 기업 모델에 들어오지 않았던 가치를 모델 안으로 포섭할 수 있다면 그것이 바로 블루오션'이라고 정의했다. 사회적 가치가 곧 경제적 가치로 변화될 수 있다는 얘기다.

코카콜라는 인도 시장만을 겨냥한 비팅오Vitingo를 론칭했다. 한화 100원이 채 안 되는 저렴한 음료수 비팅오는 철, 엽산, 비타민A, 비타민C, 아연 등 빈혈에 좋은 5가지 영양소를 함유한 것이 특징이다. 인도의 저소득층에서 빈혈 아동이 많다는 사실에 착안해 '저렴한 가격으로 아동의 빈혈 문제를 해결할 수 있는' 제품을 개발했고 성공했다. 비팅오 사례는 소득 수준이 낮은 저개발국의 굉장히 광범위한 수요자층을 대상으로 한 비즈니스의 성공 모델로서 비싼 하이테크 제품이 아니라도 사회적 가치를 구현하는 방식으로 시장을 확장할 수 있다는 사실을 증명해 보였다.

깨어 있는 자본주의 시대는 존경받는 기업을 원한다

● ● ●

사회적 가치는 정당성의 척도이고 재무적 가치는 효율성의 척도다. 경영의 관점에서 이 두 개의 가치는 기본적으로 다른 영역에 존재한다. 사람이 많이 살지 않는 낙도에 병원을 짓는다고 하자. 이 병원은 절대로 수익을 낼 수 없는 '영원한 적자'를 안고 가야 한다. 병원을 유지하는 방법은 국가의 세금뿐이다. 하지만 병원을 경영하는 책임자는 언제나 당당하다. 병원이 존재해야 할 이유, 바로 정당성이 있기 때문이다. 하지만 기업은 사회적 정당성 가치만으로 사업을 할 수 없다. 기업은 어디까지나 영리를 추구하는 존재이고 재무적인 손해 구조를 지속하며 유지될 수 없다.

하지만 사회적 책임을 강조하는 자본주의는 이 두 개의 가치가 만나는 공간을 만들었다. 전통적으로 사회적 가치를 추구하는 비영리 영역의 조직들은 효율성을 중시하는 방향으로 이동해 사회적 기업으로 등장했다. 반면 그동안 이윤을 지향해 온 기업들은 사회적 정당성의 가치를 어떻게 구현할 것인가를 고민했다. 그 결과가 '기업의 사회적 책임CSR' 경영 활동이다. 최근에는 효율성도 높이면서 사회적 가치도 높이는 방향으로 확산하는 추세다. 사회공헌 활동 등 사회적 책임에 무게를 둔 기업의 사회적 책임을 넘어 아예 사회적 가치를 구현하는 비즈니스 모델을 고민하는 '공유가치창출CSV'의 방향으로 나아가고 있다.

사회적 가치와 효율성의 균형은 기업의 지속가능성을 평가하는 중요한 기준이다. 그러다 보니 기업들은 사회적 가치를 추구하는 경영 활동에 집중하지 않을 수 없다. 하지만 동시에 재무적인 성과를 거두지 못한다면 그저 착하기만 한 기업good company일 뿐이다. 사회적 가치를 공유하는 비즈니스로 수익도 충분히 달성하는 똑똑하고 존경도 받는 기업smart & respected company이 지속가능성을 평가받는다. 반면 돈만 잘 벌고 사회적 책임을 외면하는 불량 기업detestable company과 두 가지를 모두 못하는 멍청한 기업stupid company도 있다.

미국의 경영학자 라젠드라 시소디어Rajendra Sisodia는 『위대한 기업을 넘어 사랑받는 기업으로Firms of Endearment』에서 '존경받는 기업'의 공통점을 분석했다. 이들은 단순히 재무적 성과만이 아닌 조직 구성원과 납품업체supplier와 함께 발전하는 목표를 설정한다. 또 기업의 목표를 고객과 공유함으로써 지지를 이끌어내고, 동시에 사회공헌 활동으로 고객 만족을 추구한다. 이 모든 것이 기업 경영의 목표가 되었을 때 사회에서 존경받고 장기적으로 성장할 수 있다.

비즈니스에서 사회책임투자는 점점 더 중요하게 고려되고 있다. 유럽이나 북미의 투자자들은 이미 수익 가능성만으로 투자하지 않는다. 시장에서 평가한 기업의 사회적 가치, 즉 사회나 환경에 긍정적인 영향을 미치는 사업에 투자하는 임팩트 투자가 눈에 띄게 증가하고 있다. 돈이 정당성 이슈에 몰리고 있다. 투자 대상이 환경, 사회적 책임, 그리고 지배구조 등에서 기준에 충족하는 기업인지를 따지는 네거티브 스크리닝negative screening, 사회 문제의 해결을 위한 임팩트 투자 기업의 의사결정에 적극적으로 영향력을 행사해 주주의 이익을 추구하는 주주행동주의shareholder activism와 스튜어드십 코드stewardship code 등은 모두 사회책임 투자의 유형에 속한다.

선진국에서는 이미 대형 펀드나 개인 투자자들이 사회적 가치에 굉장히 민감하게 반응하고 있다. 유럽의 사회책임투자 비율은 52.6%에 달하고 미국은 38.1% 정도에 이른다. 한국을 비롯해 아시아는 미미한 수준이다. 세계적으로 사회책임 투자는 아직은 벤처기업과 스타트업 중심으로 활성화되어 있는 게 사실이다. 그러나 사회책임 투자는 지속적으로 확장되는 추세이고 머지않아 대기업 투자로도 진출하게 될 것이다.

세계적 경영학자이자 경제사상가인 찰스 햄든 터너Charles Hampden Turner와 폰스 트롬페나스Fons Trompenaars은 『자본주의의 아홉 개 비전Nine Visions of Capitalism』에서 미국식 자본주의를 따르는 기업의 미래가 암울한 이유를 설명하고 '깨어 있는 자본주의conscious capitalism'의 개념을 소개했다. 주주의 이익만 추구하는 경영은 산업 생태계의 건전성을 크게 해친다. 기업의 성공은 주주뿐 아니라 공동체, 즉 구성원, 납품업체, 지역사회 등과 협력할 때 가능하다. 실제로 사회적 책임을 실천한 기업들은 동일 업계 평균보다 15~20%의 임금을 더 지급하지만, 매출은 3배 정도 더 높다. 임원들의 임금도 평직원보다 터무니없게 높지 않게 책정함으로써 분배와 균형의 가치를 실천한다. 사회적 가치를 극대화하면서 정당성의 수준을 높이면 존경받는 기업이 되고 지속가능성을 확보할 수 있다. 이것이 바로 깨어 있는 자본주의 모습이다.

누군가 이익을 보면 누군가 희생해야 한다는 관점에서 벗어나자

● ● ●

기업의 사회적 책임이나 공유가치의 창출을 강조하다 보면 따라 나오는 반론이 있다. 사회적 가치를 추구하는 기업이 더 크게 성장한다는 사실이 많은 연구를 통해 밝혀졌다. 하지만 원래 경영 성과가 좋은 기업들이 사회적 가치를 추구하는 사례가 많고 경영 성과가 좋지 못한 기업은 현실적으로 사회적 가치를 추구하기 어렵다는 주장이다. 즉 돈이 많아서 사회적 가치를 추구할 수 있고 그래서 더 성장한다는 얘기다.

솔직히 인과관계를 쉽게 이야기할 수는 없다. 사회적 가치 경영은 장기적 전략이다. 단기적으로 보면 사회적 가치를 추구하는 기업과 아닌 기업의 성과 차이를 발견하기 어렵다. 하지만 5~10년 후를 보면 단기적 노력으로는 바꿀 수 없는 굉장히 중요한 변화가 나타난다. 물론 10여 년 동안 지속적으로 사회적 가치를 추구하기 위해서는 재무적 성과가 뒷받침되어야 한다. 하지만 '돈이 없어서 시작도 못한다.'라는 주장에 동의하기 어렵다. 핵심은 돈보다 관점의 전환이다. 누군가 이익을 보려면 다른 누군가는 희생해야 한다는 기존 경영학 이론의 관점에서 벗어나 새로운 시장을 창조해야 수익을 낼 수 있다는 사고로 전환해야 한다. 가치와 효율이 서로 다른 영역에 있는 것이 아니라 한 영역에서 다뤄지는 것이 바로 혁신이다.

기업의 사회공헌금은 비즈니스에서 유일하게 실패를 용인하는 돈이다. 기업이 옳은 방향성을 잡고 사회공헌기금을 공급한다면 정말 굉장한 에너지가 될 수 있다. 남을 위해서 또 다음 세대를 위해서 제대로 투자한다면 여러 시도 중에서 일부만 성공해도 사회공헌활동은 성공한 것으로 평가할 수 있다. 특히 기업의 사회공헌기금이 외국에서 성공 사례가 없는 분야나 세금을 지원받기 어려운 상황을 돌파하는 자금으로 제공한다면 사회의 소셜 퀄리티를 높이는 데 매우 의미 있는 영향을 미칠 것이다.

사회 문제의 해결은 지금까지 공공의 투자영역이었다. 하지만 우리나라의 공공성 부문 투자는 경제협력개발기구 국가 중 30위에 불과하다. 공공성 부문의 투자가 성공하기 위해서는 정부의 시스템과 시민사회의 역량이 모두 필요하다. 하지만 한국은 정치에 대해서 엄청나게 욕은 하지만 투표율은 경제협력개발기구 국가 중 꼴찌 수준이다. 그러한 사실이 보여주듯 한국의 시민사회는 역량을 발휘할 만큼 활성화되어 있지 않다. 전 세계인의 가치관을 조사하는 월드밸류서베이WVS를 보면 한국은 경쟁과 효율성 가치에 압도되는 사회다. 어릴 때부터 경쟁에서 이겨야 한다는 교육을 받는다. 북유럽 국가에서도 경쟁은 중요하다. 하지만 이들 사회에는 경쟁과 사회적 가치가 양립한다. 경쟁을 견제하는 연대와 참여의 가치가 균형을 이루고 있다. 그런데 한국은 오로지 경쟁만 강조된다. 경쟁의 가치만 배우고 성장하는 아이들로 채워진 사회가 서로 신되하며 함께 문제를 풀어가는 역량을 쌓을 수 있다고 믿기 어렵다. 당장 눈앞의 문제를 풀겠다며 공공부문의 규칙과 시스템만 고민하는 데서 벗어나 시민사회를 어떻게 활성화하고 역량을 높일 것인가의 방향에서 접근하는 변화가 시급하다.

시장 가격으로 표시되지 않는 가치를 평가해야 한다

새로운 자본주의는 기업이 공공의 영역에 적극적으로 투자할 것을 요구한다. 그동안 기업의 사회공헌은 박애적 행위로 이해되었다. 하지만 요즘엔 임팩트 필란트로피impact philanthropy가 대세다. 사회나 환경 문제를 해결하는 목적으로 투자하는 자선의 개념이다.

투자는 기본적으로 더 많은 가치를 창출한다는 전제가 필요하다. 그런데 시장 가격으로 표시되지 않는 가치는 어떻게 평가할 수 있을까? 결국 평가자에 대한 신뢰의 문제로 귀결된다. 미국의 경우 기업에 대한 규범적 평가기관들이 비즈니스 영역에서 활성화되어 있다. 환경, 사회책임, 지배구조ESG에 대한 광범위한 평가 결과를 바탕으로 리포트가 발표된다. 이들의 평가는 사회적으로 신뢰를 인정받는다.

한국에도 기업을 평가하는 기관이 있지만 대부분 재무적 상태만을 평가한다. 하지만 우리 사회도 기업에 대한 달라진 평가를 요구하는 분위기가 조성되고 있다. 최근 모 라면 회사의 달라진 기업평가를 예로 보자. 오랫동안 라면시장에서 독주해온 A회사의 경쟁력은 맛(질)이었다. 그런데 후발주자 B회사의 고용개선과 정직한 세금납부 사실이 알려지면서 소비자들이 B회사의 라면을 더 많이 구매하기 시작했다. 정당성을 기준으로 소비하는 행위가 도덕적이라는 인식이 소비의 만족도를 높인 것이다. 소비는 이제 경제적 행위이면서 동시에 사회적 행위가 되었다.

그러나 정당성 이슈가 감수성의 영역에 있을 때 우려되는 문제도 있다. 예를 들어 기업의 사회공헌 활동이 재벌 총수의 권한에 정당성을 강화하는 목적으로 이행되는 경우다. 재벌 회장이 적은 지분으로 기업을 지배하는 부당성이 사회적 이슈가 되거나 법률 위반 등으로 지탄을 받게 되면 종종 사회공헌 계획을 통해 기업 이미지 전환을 시도한다. 이를 통해 회장은 기업 지배의 정당성을 얻는다. 이것이 '정당화 효과'다. 특정 단어와 이름이 주는 인상에 정당성을 부여하면 정당화의 습관화가 발생한다. 과거 독재 정부가 '한국적 민주주의'라는 단어를 사용함으로써 독재를 한국적인 민주주의로 치환해 정당성을 확보한 것이 대표적 예이다. 물론 정당화 효과가 모두 부정적인 것은 아니다. 한국의 대학들이 앞서가는 이미지를 주기 위해 문리대학, 사회대학, 농업대학의 명칭을 인문과학, 사회과학, 농업생명과학으로 바꿨는데 실제로 콘텐츠에 변화가 생겼다. 과학대학이라고 이름만 바뀐 게 아니라 실제로 학문의 영역을 확장한 것이다. 정당화의 습관화 효과는 굉장히 강력하다.

기업이 옳은 방향으로 사회적 가치 경영을 하려면 신뢰할 수 있는 평가자가 꼭 필요하다. 미국처럼 어떤 기업이 사회적 가치 경영을 잘하고 또 무엇이 부족한지 평가하는 전문 기관들이 많아져야 한다. 사회적 가치에 대한 평가는 예측 가능한 영역에 있어야 하고 기업들은 이를 기준 삼아 스스로 포지셔닝할 수 있어야 한다. 유럽 등에서는 사회에 정당성 이슈가 등장하면 이를 법제화하는 분위기가 형성되어 있다. 영국의 사회적 가치법은 기업이 납품과 원료조

달을 할 때 사회적 가치를 고려해 구매하도록 규정하고 있다. 물론 유럽은 오래전부터 협동조합이 뿌리내린 기반이 있어서 법을 제정해도 새로 플랫폼을 만들 필요가 없는 이점이 있다.

평가기관이 민간기업으로 활성화된 미국의 방식이든, 협동조합과 같은 전통이 존재하든 둘 중 하나가 있어야 한다. 그런데 한국은 둘 다 없다. 한마디로 소셜 퀄리티의 위기를 알리는 사회적 휘슬이 없는 것이다. 도덕과 정당성의 가치를 일관성 있게 시그널링하는 장치는 없다. 그런데 아이러니하게도 한국은 무척 도덕주의적이다. 한국 사회가 정당성 이슈를 헤치는 스캔들에 훨씬 더 공격적으로 반응하게 되는 이유다. 거버넌스의 일관성은 사회의 안전성과 직결된다. 지속가능한 사회로 나가기 위해 우리에게 당장 필요한 것은 위기를 알리고 예측하고 방향을 재조정하도록 일깨우는 사회적 휘슬이다.

2장

미래의 원동력

: 미래의 주역 밀레니얼 세대를 응원하자

김홍중

서울대 사회학과 교수

서울대 사회학과와 동대학원을 졸업했고 파리의 사회과학고등연구원(EHESS)에서 박사학위를 받았다. 전공 분야는 사회이론과 문화사회학이다. 심리적인 힘이 사회 현상으로 전환되는 지점에 주목하는 '마음의 사회학'을 이론화하고 탐구해왔다.

최근에는 인류세, 포스트휴머니즘, 그리고 신유물론에 관심을 기울이며, 21세기적 사회이론을 구상하고 있다. 주요저서로 『마음의 사회학』과 『사회학적 파상력』이 있다.

* 이 글은 다음의 논문 내용을 중심으로 보완 재구성한 것입니다.

김홍중. 2015. "서바이벌, 생존주의, 그리고 청년세대." 『한국사회학』 49(1)

1. 청년 세대가 꾸는 꿈이 우리의 미래이다

꿈꾸는 능력은 역사적으로, 세대적으로, 계급적으로, 젠더적으로, 인종적으로 불균등하게 분배되어 있다. 어떤 시대는 더 많이 꿈꾸고 어떤 시대는 꿈의 결핍을 겪는다. 누군가는 꿈의 빈곤을 겪고 누군가는 풍요로운 미래의 전망을 향유한다. 어떤 시대는 옛날 꿈을 그냥 이어가고 어떤 시대는 새로운 꿈을 창조한다. 21세기 밀레니얼 세대는 무슨 꿈을 꾸는가? 그들은 어떤 미래를 생산하고 있는가? 여기에 한국 사회의 미래가 있다.

왜 청년 세대를 주목해야 하는가

21세기 청년 세대를 밀레니얼millenials이라고 부른다. 이 용어는 1991년 미국의 세대 전문가 닐 하우Neil Howe와 윌리엄 스트라우스William Strauss의 저서 『세대들, 미국 미래의 역사Generations: The History of America's Future』에 처음 등장했다. 1980년대 초부터 2000년대 초까지 출생한 이들은 밀레니엄(2000년) 이후 성인이 되어 트렌드를 이끄는 주역들이다. 향후 세계 노동인구의 약 35%를 차지할 것으로 예측된다.

세계적으로 밀레니얼은 몇 가지 공통된 특징을 보인다. 유년기부터 디지털 환경에서 자라난 '디지털 네이티브'다. 인터넷을 통해 정보화의 혜택을 크게 누리며 성장했고 상대적으로 경제적 풍요로움을 누리며 집중적인 투자를 받아 교육 수준이 높다. 해외여행이나 유학 등을 통한 글로벌 문화의 경험도 풍부한 참된 의미의 글로벌 세대라 할 수 있다.

한국과 일본과 중국 등 동아시아 3국이 새로운 청년 세대를 주목하기 시작한 것은 2000년 이후이다. 한국의 경우, 2007년에 우석훈과 박권일의 『88만 원 세대』가 출판됐다. '88만 원 세대'는 1997년 외환위기 이후 한국 사회의 시대상을 반영하고 있다. '학교-직장'의 자동적 연결로 특징지어지는 근대적 라이프스타일이 해체되고 졸업 이후 오랜 기간 비정규직이나 미취업 상태로 보내야 하며 결혼과 출산도 의무가 아닌 선택이 되어버린 새로운 삶을 살아가는 이들에 붙여진 이름이 바로 '88만 원 세대'이다. 이 이미지는 이후 오랫동안 한국 사회 청년 세대론의 원형을 이루게 된다.

일본의 경우, 2007년 아사히 신문에 '로스 제네lost generation'라는 용어가 등장하면서 사회적으로 청년 문제가 주목받았다. 1970년대 이후 출생해 버블경제가 붕괴된 1994~2005년에 학교를 졸업해 취업 빙하기를 체험한 세대다. 이들은 미래에 대한 희망의 실감이 사라지는 불안정하고 위태로운precarious 사회, 즉 안심사회安心社會에서 격차사회格差社會로의 이행을 경험한다. 이들은 다양한 별칭을 갖고 있다. 가령, 일하지 않고 일할 의지도 없는 니트족NEET, 부모에게서 독립하지 않는 패러사이트 싱글parasite single, 실업과 비정규직이 일상화된 계급이라는 뜻의 프레카리아트precariat, 혹은 세상사에 관심이 없는 '득도했다'는 뜻의 사토리得道 세대 등이 그것이다.

중국도 상황이 비슷하다. 2000년대 들어 중국 사회는 1980년대생을 바링허우80后, 1990년대 생을 지우링허우90后라고 부르며 청년들의 새로운 삶의 방식에 주목하기 시작했다. 개혁개방 이후 중국 사회의 급격한 자본주의화와 서구화를 상징하는 바링허우와 지우링허우는 개인주의적이고 물질주의적인 가치관 때문에 작은 황제小皇帝라고 비판받기도 했다. 하지만 이들은 동시대를 살아가는 한국과 일본의 청년 세대와 다르게 어느 영역에서든 몇 년만 고생하면 성공할 수 있다는 믿음을 보이며 열정적이고 긍정적인 에너지를 표출하기도 했다.

왜 청년 세대가 넓게는 세계적으로 또 좁게는 동아시아나 한국에서 이처럼 주목받는 것일까? 이유는 복합적이지겠만 무엇보다 21세기의 사회환경이 20세기와 크게 달라졌기 때문이다. 그러다 보니 그 변화에 적응하면서 형성된 청년들의 모습이 과거와 큰 차이를 보인다는 사실이 주된 원인일 수 있다. 원래 '청년'은 근대 유럽에서 발명되어 20세기를 풍미한 개념이다. 청년은 대개 거대 담론의 주체로 호명된다. 혁명, 전투, 운동, 노동, 반항, 저항, 혁신의 주체가 청년으로 상징화되었다. 이는 한국 사회의 경우도 크게 다르지 않았다. 민족주의, 산업주의, 개발주의, 민주주의 등의 시대 변천에 따라 청년은 주도적 행위자로 불려 나왔다. 청년은 군인이었고 노동자였고 학생이었고 투사였고 열사였고 아방가르드였다.

그러나 21세기에 접어들면서 청년의 사회적 의미가 변화하기 시작했다. 한국 사회에 국한시켜 말하자면 청년은 이제 행동하는 존재이기 이전에 사회적 환경(높은 등록금, 만성적 취업난, 정서적 불안, 가혹한 경쟁)의 압력에 고통을 받으며 이에 적응해 나가기 위해서 고투하는 존재로 이해되기 시작했다. 가령 21세기 한국 청년들은 정치적 이념이나 추상적인 대의보다는 현실적이고 합리적인 '생활'의 의미를 더 중시한다. 이들은 경쟁에서 도태되지 않고 '생존'하기 위해 노력하며 자신들의 부모 세대인 386세대와 정치적 의식으로부터 일상적 삶의 태도에 이르기까지 상당한 차이를 드러낸다. 이들은 무엇을 꿈꾸고 있는가? 이들은 어떻게 자신들의 미래를 구상하고 있는가? 이들이 만들어가는 미래는 어떤 모습을 띠고 있는가?

왜 386세대와 밀레니얼 세대는 그토록 다른가

● ● ●

독일 사회학자 칼 만하임Karl Manheim에 따르면 세대는 같은 시기에 태어난 사람들 전체cohort를 가리키는 것이 아니다. 그들이 유사성을 의식하고 정체성과 세대의식을 형성하고 더 나아가 사회를 변화시켜 나가는 힘agency을 발휘할 때 그 인간, 의식, 행위의 결합체를 총칭하는 용어이다. 세대가 세상을 바꾸는 경우 대개 중대한 사건을 동반하기 때문에 세대의 이름에 사건이 부가되는 경우가 많다. 가령 68세대나 광주세대 혹은 386세대가 대표적이다.

필자는 만하임의 논의에서 한 발 더 나아가 세대를 이처럼 공유된 의식consciousness을 넘어서는 집합 '심리'의 관점에서 세대를 파악할 수 있다고 본다. 이런 접근을 '마음의 사회학'이라 부를 수 있다. 마음의 사회학은 크게 세 가지 주요 개념으로 구성된다. 첫째, 심리-능력pscyho-agency. 둘째, 심리-도식psycho-scheme. 셋째, 심리-레짐pscyho-regime이다. 심리-능력은 마음을 하나의 힘으로 파악하는 관점에서 도출된 용어로서 사회를 만드는 것이 바로 행위자들의 심적 능력이라는 시각을 반영한다. 즉 우리의 기쁨, 욕망, 분노, 공포, 불안, 혐오, 연민이 사회를 움직이는 근본적 힘이다. 둘째, 심리-도식이라는 말은 '마음가짐'이라는 용어로 지칭할 수 있다. 이에 의하면 행위자는 자신의 마음을 반드시 사회가 허용하는 특정 법칙들(도식들)에 따라서 운용한다. 즉 우리는 사회적으로 용인된 한도 내에서 욕망하고 꿈꾼다. 셋째, 심리-레짐의 개념은 이런 마음의 작용들이 사회제도, 교육 장치, 법적 질서, 문화와 같은 레짐의 틀 속에서 이루어진다는 사실을 강조한다. 마음은 개인이 소유하고 있는 듯이 느껴지지만 사실 사회적으로 생산되고 조형되는 것이다.

심리-능력, 심리-도식, 심리-레짐의 진화는 사람들이 해결해야 하는 '문제'들과의 관계를 통해서 이루어진다. 우리가 흔히 세상이 변했다고 느낄 때 무엇이 변하는 것일까? 마음의 사회학에 의하면 사람들이 풀고자 하는 문제의 변화가 있고 그 문제의 해결 과정에서 생기는 심리의 변화가 있을 때 세상은 변화한다. 이 말은 구체적으로 무엇을 의미하는 것일까?

20세기 후반의 청년 세대(386세대)와 21세기 밀레니얼 세대(88만 원 세대)는 왜 그토록 다른가? 똑같이 젊고 똑같은 청춘이고 똑같은 생물학적 조건을 가졌던 두 그룹이 보여주는 심도 깊은 차이는 어떻게 설명될 수 있을까? 이 질문에 대한 마음의 사회학의 답은 이른바 '세대의 마음世代心의 차이'라 할 수 있다. 즉 386세대의 마음은 밀레니얼 세대의 마음과 다른 능력, 도식, 레짐을 갖는다. 그렇다면 왜 이들은 다른 심리풍경psycho-scape을 갖게 된 것일까? 그것은 이들이 해결해야 한다고 파악했던 문제의 구성이 변했기 때문이다. 문제가 심리를 규정하고 심리가 세대를 규정한다. 뒤집어 말하면 세대를 이해하기 위해서는 그 세대의 심리풍경을 이해해야 한다. 그들의 심리풍경의 이해를 위해서는 그들의 문제를 이해해야 한다.

왜 진정성은 생존주의로 바뀌었는가

● ● ●

인간은 자신이 풀어야 한다고 생각하는 문제에 많은 종류의 마음 에너지를 투하한다. 386세대를 움직인 문제의 핵심에는 광주 항쟁이 있었다. 폭력에 희생당한 사람들과 그런 폭력을 자행한 군사독재 정권과의 투쟁이 있었다. 모든 사람이 운동권이 되었다거나 모두가 열사나 투사처럼 살았다는 의미가 아니다. 한 시대 청년들의 깊은 마음속으로부터 그들의 문화와 삶의 분위기 속에 이 정치적-도덕적 문제가 자리잡고 있었다는 것이다. 따라서 1980년대부터 1990년대 중반까지 대학에서 고시 공부를 하거나 노골적으로 출세 지향적인 관점을 갖는 것은 부끄러운 태도로 여겨졌다. 운동권은 언제나 소수였다. 하지만 시대적 분위기는 민주주의를 열망했고 청년 세대는 그 주체가 되기를 욕망했다.

이런 마음의 상태를 '진정성authenticity'이라 부른다. 진정성은 내면의 목소리에 귀를 기울이고 자기의 행위준칙을 설정하는 근대적 윤리다. 외부의 압력에 의해 시키는 대로 삶을 사는 게 아니라 자신이 옳다고 생각하는 것을 스스로 찾아내어 그 길을 가는 것에 책임을 지는 태도는 바로 진정성이 만든다. 그 뿌리에는 루소Rousseau나 헤르더Herder와 같은 철학자들의 사상이 있었다. 20세기에 진정성이 지배적 청년문화가 되는 것은 1960년대의 신좌파 운동을 기점으로 한다. 한국 사회에서 이 태도를 자신들의 삶의 문제로 전환시킨 대표적 세대가 386세대이다. 이들이 사회에 진출하던 1990년대 중반까지의 한국 사회는 고도성장 기조를 유지하고 있었다. 대학을 졸업하고 취직을 하고 사회에 진출하여 결혼을 통해 가족을 갖는 라이프스타일이 정상화되어 있었다. 1990년대는 민주화된 사회 분위기와 청년 세대의 문화적 에너지가 결합하여 문학, 예술, 대중문화의 꽃을 피운 시기였다.

그런데 1997년에 IMF 외환위기가 도래하면서 한국 사회는 큰 전환점을 맞이하게 된다. 앞서 언급한 마음의 사회학의 관점에서 말하자면 새로운 문제 구조가 나타나고 이에 적응하기 위한 새로운 심리-레짐이 형성되기 시작한 것이다. 밀레니얼 세대가 유년기를 보낸 1990년대 후반은 이와 같은 심리-사회적 대변동이 일어나던 시점이었다. 한국은 외환위기를 기점으로 국가정책부터 교육까지 신자유주의로 급격하게 방향을 틀었다. 구조조정이 일어났고 기업은 도산했고 다수의 실업자가 발생했다. 세계는 그 안에서 생존 투쟁이 전개되는 공간으로 이해되기 시작했다. 경제적 몰락이 트라우마가 된 사람들은 미래를 불안과 공포 속에서 계산하기 시작했고 대출과 투기 혹은 부자가 되는 것에 대한 노골적 욕망이 TV 화면에 등장하기 시작했다.

이 과정에서 진정성이라는 정치적이고 도덕적인 문제와 다른, 훨씬 더 현실적이고 시급한 문제가 서서히 부상하기 시작한다. 그것이 바로 '서바이벌', 즉 생존의 문제이다. 사회가 전반적으로 '생존-지향적survival-oriented 사회'로 전환되는 과정에서, 특히 청년 세대는 자신의 생존을 위해 자아와 삶을 강박적으로 통치해야 하는 이른바 '생존주의survivalism'를 형성해 나가고 있었다.

2. 왜 청년 세대는 서바이벌을 향해 질주하는가

생존은 모든 생명체의 과제이다. 어떤 존재도 서바이벌로부터 자유롭지 않다. 그러나 서바이벌의 중요성과 서바이벌을 삶의 최고 가치로 설정하는 것은 다른 차원의 문제이다. 생존주의는 서바이벌을 향해 질주하지 않으면 안 되는 상황에 밀려 형성되는 심리-레짐이다. 경쟁에서의 승리와 선택을 가장 시급하고 중요한 문제로 삼고 이를 위해 전력을 경주하는 태도를 지칭한다. 생존이라는 문제가 생겨 생존주의라는 해답이 발명된 것이다.

1980년대 까치 세대가 낳은 2000년대 장그래 세대

1980년대 청년들은 이현세의 만화 「공포의 외인구단」의 주인공인 '까치'에 열광했다. 삐죽삐죽 자유롭게 뻗친 머리에 반항적 눈빛을 가진 까치는 야구의 기본 규칙을 넘어서는 영웅적 행위로 불가능한 승부에서 승리하는 존재로 그려져 있다. 까치는 묘하게도 1980년대 권위와 싸우던 청년들을 닮아 있으며 경제적 '개발주의'가 풍미했던 당시 사회상을 반영하고 있기도 하다.

까치의 자식 세대에 해당하는 21세기 청년을 상징하는 인물은 웹툰 「미생」의 주인공 '장그래'이다. 장그래는 어릴 때는 바둑 영재였지만 프로기사 입단에 실패하고 세상에 떠밀려 나온 성실한 직장인이다. 그는 회사에서 인정받는 것 외에 다른 미래를 생각하지 못한다. 그는 '아직 살아남지 못한 자', 즉 미생未生이다.

"버텨라, 그것이 이기는 것이다."
"최선은 학교 다닐 때나 대우받는 거고 직장은 결과만 대접받는 데고."
"인생은 끊임없는 반복이다. 반복에 지치지 않는 자가 성취한다."

드라마 속 선배가 장그래에게 주는 이런 조언들은 밀레니얼 세대가 대면하고 있는 문제 구조를 노골적으로 보여준다. 그것은 미생未生에서 생生으로 가는 것, 즉 생존이다. 실제로 1997년 이후 2007년 88만 원 세대가 등장하기까지 한국 사회는 지배적 담론의 변화를 체험했다. 서점가는 자기계발과 심리학 서적이 휩쓸었고 TV 속 대부분 예능 프로그램의 포맷은 서바이벌 프로그램으로 변했다. 〈위대한 탄생〉 〈나는 가수다〉 〈신입사원〉 〈부자의 탄생〉 〈마스터쉐프 코리아〉 〈밴드 서바이벌 TOP 밴드〉 〈김연아의 키스 & 크라이〉 등이 그것이다. 이 같은 오디션 프로그램들은 당대 사회의 생존에 대한 불안과 욕망이 얼마나 거셌는지를 드러낸다. 장그래 세대는 외환위기 시절 아버지들의 실업을 목격했다. 경제적 이유로 대학 진학을 하지 못하는 친구가 생겼고 대학 졸업한 후에는 취직이 암울한 상황을 겪었다. 이런 변화를 거치며 청년 세대는 서바이벌에 실패했을 때 겪어야 하는 고통과 모욕을 학습했고 서바이벌이 확보되지 않은 상황에서 이념이나 정의나 대의를 논하는 것의 공허함을 깨닫게 된 것으로 보인다.

실제로 밀레니얼 세대는 여러 조사와 관찰들을 통해서 20세의 전형적인 청년 이미지와 다르게 합리적이고 계산적이고 개인주의적이라는 평가를 받는다. 이런 특성들은 밀레니얼 세대가 한국 사회에서 '살아남는다는 것'에 대해 고민하고 고투하면서 서서히 형성시켜 온 것이다. 청년들은 안전하지 않은 세상에서 자신이 아직 생존하지 못했다고 자각한다. 그 생존의 투쟁이 죽을 때까지도 끝나지 않는다고 생각한다. 그러나 쉽게 틀 밖으로 나가지도 못하는데 밖으로 나가면 지옥이라는 걸 알기 때문이다. 생존하는 유일한 길은 생존할 수 있는 '자신'을 만들어가는 것이다. 이것이 생존주의의 논리이다.

청년 세대에게 한국은 모든 게 경쟁인 오디션 사회이다

● ● ●

"너희들이 뭐가 힘드니? 옛날과 비교해봐라. 대한민국은 이제 국민소득 3만 달러에 육박할 정도로 잘살게 되었는데 무슨 생존을 말하는 거야?"

생존의 공포를 말하는 청년들에게 기성 세대가 자주 하는 말이다. 하지만 이는 생존주의를 완전히 잘못 이해한 것이다. 청년 세대에게 '생존'의 의미는 목숨을 잃는다는, 문자 그대로의 '연명'이 아니다. 생존이란 경쟁에서 탈락이 되지 않는 것, 사회에서 배제되지 않는 것, 무시나 모욕을 당하지 않는 것 등을 포괄적으로 의미한다. 청년 세대에게 대한민국은 오디션 사회다. 모든 게 경쟁이다. 여기서 탈락하면 생존하지 못한 것이다. 다시 말해 생존주의란 경쟁 상황에서 퍼포먼스를 통해 자신의 수월성을 증명함으로써 사회적 배제로부터 스스로 구제하는 것이 지금 가장 중요한 과제라고 판단하는 관점이라 말할 수 있다. 생존주의적 존재들은 삶의 에너지를 자신의 수월성을 높이는 데 쏟아붓는다.

그러나 한 차례의 경쟁에서 살아남았다고 해서 그것이 다음의 승리를 보장하는 것은 아니다. 청년 세대에게 경쟁은 선택 사항이 아니다. 유치원과 초등학교에서 이미 시작되는 치열한 경쟁은 대학과 졸업 이후 취직 과정 그리고 사회생활에서도 지속된다. 모든 삶이 경쟁으로 의미화되는 사회는 탈출구 없는 서바이벌 게임으로 여겨진다. 청년 세대는 이런 현실을 '지옥'에 비유해 '헬조선'이라고 부르기도 했다. 여기에서 주목해야 하는 것은 생존주의가 대단한 성공에 대한 야망이나 야심과는 무관하다는 것이다. 생존주의자가 꿈꾸는 것은 역설적으로 '보통'의 삶이다. 평범하고 안정된 삶, 소시민적 행복이다.

2019년 방영된 JTBC 드라마 〈SKY 캐슬〉이 사회적으로 큰 반향을 일으켰다. 드라마에 등장하는 다수 인물은 자녀 교육을 위해 모든 자원을 쏟아붓고 경쟁한다. 이들 중에서 아들을 최고의 의과대학에 합격시켜서 부러움과 존경의 대상이 된 한 부모가 등장한다. 그런데 막상 의대생이 된 아들은 부모에게 반항적 태도를 보이기 시작한다. 갈등이 지속되다가 부모가 아들을 다그쳤다. 그러자 그는 부모에게 그들이 원하는 합격증을 줬으니 그것으로 자신의 역할을 완수했다고 선언한다. 그간 부모가 자신을 위해 제공한 헌신에 대한 혐오와 부정의 태도를 보인 것이다. 생존주의적 준칙에 따라 최선을 다해 자식을 키운 부모는 큰 상처를 입고 결국 자살을 선택했다.

충격적인 장면이다. 하지만 이는 사실 생존주의 사회의 리얼리티를 적나라하게 반영하고 있다. 부모는 아이가 사회에서 잘살아남기를 바라는 마음으로 자녀를 생존주의자로 키우고 있다. 하지만 아이들은 되려 부모에게 분노의 감정을 품는다. 부모의 지원 덕으로 좋은 대학에 진학한 청년들도 마찬가지다. 어릴 때 부모에게 순종하며 생존주의를 받아들였지만 청년이 되어 '지금의 삶이 과연 내가 원한 삶의 모습인가?' 스스로 질문하면서 회의감을 갖게 되고 자신의 삶을 마음대로 설계한 부모에게 적개심을 드러내는 것이다.

밀레니얼 세대의 꿈은 발전주의와 민주화 시대에 형성된 꿈과 다르다. 우리가 세대를 단순히 나이의 차이로 접근하지 않고 심리 풍경의 차이로 접근할 때 주목해야 하는 것이 바로 이 욕망의 차이이다. 밀레니얼 세대가 풀어야 하는 서바이벌이라는 문제는 부모 세대가 풀어야 했던 진정성이라는 문제만큼이나 어렵고 고통스러운 과제이다. 서바이벌이 부과하는 자아의 변형, 축소, 왜곡을 넘어서 작고 소박한 '정상성'에 대한 욕망의 의미를 읽어야 한다.

청년 세대는 자신의 자아와 '투자' 관계를 맺는다

근대적 청춘 개념의 특성 중의 하나는 방황, 도전, 모험, 실패가 허용되어 있었다는 점이다. 젊기 때문에 잘 못 할 수 있다고 생각할 수 있지만 그러한 이탈을 통해 성장해서 성인이 되는 것이다. 이것이 가령 교양Bildung이라는 전통적 개념이다. 교양은 체험이기도 하고 성장이기도 하고 형성이기도 하다.

생존주의는 이 시간을 허용하지 않는다. 한 번의 실패가 결정적이기 때문에 스스로에게 우회로를 허용할 수 없다. 대신 청년 세대는 자신의 자아와 '투자'의 관계를 맺는다. 삶은 투자와 그것이 낳

생존주의자의 자아 형성 과정

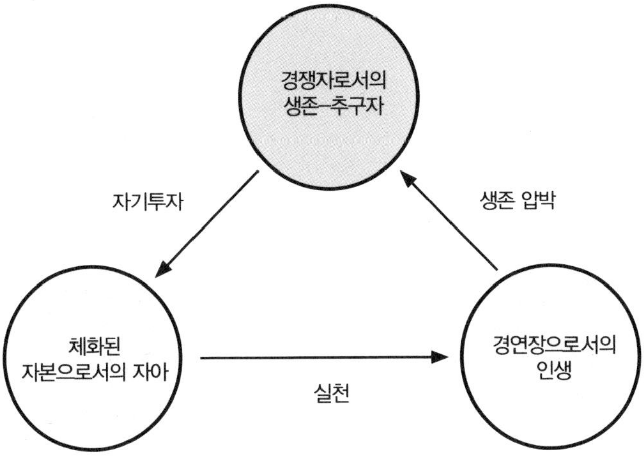

게 될 기대소득으로 계산된다. 공부는 전형적인 투자이다. 그것은 무언가를 획득하기 위해서 현재의 욕망을 인내하는 것이다. 취미도 여행도 투자이다. 생존에 적합한 자아를 만들기 위한 투자이다. 투자는 행위에 부여되는 가장 강력한 의미가 된다. 생존주의자에게 자신의 신체, 지적 능력, 교양, 외국어 능력, 사교성, 표현력, 매력, 회복력, 꿈꿀 힘은 개성이나 능력이기 이전에 하나의 '자본'이다. 수량으로 측량되어 서열이 매겨질 수 있다. 이 사람은 캐피털 지수 97이니 나보다 높고 저 사람은 캐피털 지수 68이니 나보다 낮다는 식으로 가치를 평가한다. 이러한 자아들이 만나는 곳은 격투장의 이미지로 형상화될 수 있다.

이것이 바로 생존주의가 주도적인 사회에 나타나는 병리 현상이다. 생존주의는 개인들의 능력을 공격적이며 격렬한 방식으로 계발시키고 잘 적응한 사람들을 선발하는 촘촘한 제도적 장치를 통해 가동된다. 그러나 이 과정에서 자아를 오직 생존 과정에 몰두

하게 되는 존재들은 여러 형태의 문제들을 체험한다. 생존이 인간 '존재'의 모든 것은 아니며 생존을 보장받는다고 해서 삶의 모든 차원이 풍요로워지는 것도 아니기 때문이다. 인간의 존재론적 욕망은 '생존'의 정언명령을 때로는 초과한다.

실제로 21세기 밀레니얼 세대가 공유한 이 '서바이벌'의 과제 앞에서 모두가 순응적인 생존주의자가 된 것은 아니다. 세대는 생존 과제에 대한 해석과 반응을 둘러싸고 분화되어가는 양상을 보인다. 다른 목소리들이 생성되는 것이다.

3. 우리는 청년의 미래를 어떻게 응원해야 하는가

청년들이 생존에 매몰되어 미래를 풍요롭게 생산하지 못하는 사회는 불행한 사회이다. 21세기 한국 사회는 청년들을 어떻게 이해하고 청년들이 어떻게 자신들의 세계를 구성해 나가도록 희망해야 하는가? 그 답을 찾기 위해서 한국 사회는 청년 세대를 피상적으로 응원, 위안, 혹은 비판하지 말고 좀 더 깊이 이해하면서 청년 세대에게 행위 공간을 허용해줘야 한다.

청년 세대는 생존, 공존, 독존, 탈존을 지향한다

청년 세대의 심리-레짐은 크게 네 가지 유형으로 나눌 수 있다. 우선 서바이벌의 압박을 수용하며 이에 적응해가는 이른바 '생존生存주의'의 경향이 있다. 그리고 개체의 생존을 넘어서 다양한 형태의 공존을 추구하는 공존共存주의, 조악한 생존주의를 비판하면서 좀 더 세련된 형태의 개인주의를 추구하는 독존獨存주의, 존재를 강화시키는 대신 소멸이나 약화에 경도된 탈존脫存주의가 있다. 이 네 가지 유형은 일종의 추상화된 범주로서 '생존'을 둘러싼 네 가지의 방향성을 상징한다고 보면 된다.

공존주의는 생존주의의 헤게모니에 반대해 공생과 공존의 가치에 호소한다. 경쟁하는 삶의 방식에 문제를 제기하고 집합적 라이프스타일을 대안으로 모색한다. 타인과의 공동체를 구현하고 그 안에서 삶의 의미를 찾고 다양한 형식의 운동을 통해 정체성을 형성한다. 여기에는 전통적 시민사회의 여러 운동이나 학생운동의 흐름도 있지만 페미니즘이나 생태주의, 평화운동, 대안주거운동, 마을만들기, 협동조합, 비건주의와 같이 21세기적 공존 원리를 모색하는 새로운 흐름도 내포된다.

생존주의에 저항하는 또 다른 태도는 독존주의다. 이는 생존주의와 일정한 거리를 두고 개인의 자율적 삶을 확보하고자 하는 태도로서 타인들과 어울림, 사교적 삶, 연결된 생활보다 개인의 독자성과 독립성을 더 중시한다. 독존주의는 기본적으로 생존주의의 필연성으로부터 상대적으로 자유롭고 풍부한 문화 자본을 소유한 자들의 미학적 라이프스타일이라 할 수 있다. 생존주의가 보장하지 못하는 자아의 행복이나 존엄성에 대한 예민한 감수성은 독존주의가 소중하게 여기는 가치라 할 수 있다.

마지막으로 탈존주의는 생존주의로부터의 이탈의 힘을 가리킨다. 탈존은 존재로부터 벗어나려는 욕망, 생존의 압력을 견딜 수 없기 때문에 생존주의적 사회로부터 사라지려는 욕망이 포함된다. 탈존의 욕망은 한편으로는 부정적이고 병리적이지만 다른 한편으로는 새로운 삶의 형식의 발명이기도 하다. 가령 자살이나 우울과 같이 생존주의의 가혹한 경쟁으로부터 밀려나서 탈존을 향하게 되는 심리적 에너지도 있지만, 존재의 활동폭을 더 줄이고 더 적게 존재하면서 살아가려는 21세기의 생태적 탈존주의도 존재한다.

이 네 가지 심리-레짐은 따로 존재하는 것이 아니라 현실에서는 서로 뒤섞이며 혼종화되는 경향이 나타난다. 즉 그 누구도 순수하게 생존주의자거나 탈존주의자인 것이 아니라 일정 부분 생존주의를 따르면서 동시에 공존이나 독존을 지향하고 또한 탈존을 생각하지 않을 수 없는 시대를 살고 있는 것이다. 생존주의의 헤게모니가 상당히 강력하지만 탄핵, 페미니즘 리부트, 그리고 코로나19에 대한 성공적 대응으로 연결되는 최근의 사회적 흐름 속에서 생존주의와 그 대안들 사이의 경계가 역동적으로 재구성되고 있는 듯이 보인다.

왜 청년 세대는 네트워크 시대에 '디스커넥트'를 꿈꾸는가

● ● ●

밀레니얼 세대는 생존-공존-독존-탈존이 혼합된 새로운 라이프스타일을 만들어가고 있다. 이들은 기본적으로 생존을 지향한다. 밀레니얼 특유의 실용주의와 합리성이 영향이다.

그러나 이들은 동시에 독존에 대한 강한 감수성을 갖는다. 디지털 시대, 네트워크 시대의 독존은 단순히 '혼자 있음'이 아니라 여러 연결망 속에 접속되어 있되 자발적으로 스스로를 '디스커넥트' 할 수 있는 상태를 말한다. 인터넷을 통해서 현존하지 않는 사람들과 연결되어 있으면서 자신이 원하지 않으면 언제라도 끊어버릴 수 있는 선택적 관계, 즉 내가 통제할 수 있는 관계로서 독존이다. 밀레니얼 세대의 독존주의는 이런 점에서 공존주의와 논리적으로 배치되지 않는다. 평소에 독립적인 삶을 추구하다가도 자신이 중요하다고 생각되는 사회적 의제가 생기면 적극적으로 참여해 공존적 가치를 위한 행동에 나설 수도 있다. 이들의 공존주의는 면대면 face-to-face 접촉과 친밀성에 기초한 연대감이 아니라 좀 더 느슨하고 유연한 형태를 띤다.

탈존주의는 386세대와 밀레니얼 세대를 구분하는 가장 중요한 감수성이다. 밀레니얼 세대는 발전과 진보의 세계관이 허구가 된 지구적 환경 위험, 저발전, 그리고 위험사회의 행위자들이다. 이들은 개인의 미래로부터 지구의 미래까지를 공격적인 개발과 발전으로 상상하지 않는다. 이들에게 탈존은 어떤 점에서는 새로운 미래를 꿈꾸는 생산적인 가능성이기도 하다. 언젠가 젊은 커플의 이야기를 들은 적이 있다. 스쿠버 다이빙을 즐기는 커플이었다. 이들은 한국의 연안 바다가 얼마나 오염되었는지 자신들의 눈으로 확인하고 지구의 현실을 자각했다. 개인의 힘으로 통제할 수 없는 심각한 환경문제를 인식하면서 자신의 손상된 DNA가 출산이라는 행위를 통해 나타났을 때 책임질 수 없는 문제들을 고민했다. 결국 아이를 낳는 것은 무책임하다는 나름의 합리적인 결론을 내렸다. 이렇게 비참한 세상에서 새로운 생명을 낳고 싶지 않은 마음은 자연스럽게 비혼주의와 연결되었다. 자발적인 비혼주의 태도는 나름 긍정적인 탈존의 방식이다.

생존, 독존, 공존, 탈존이 어우러진 새로운 마음의 레짐은 어느 하나의 가치로 규정되지 않는 다면성과 입체성을 띤다. 바로 이 때문에 기성 세대가 밀레니얼 세대를 이해하기 어려운 것인지 모른다. 밀레니얼 세대는 경우에 따라 생존의 중요성을 중시하지만 공존의 가치를 버리지 않는다. 또한 기본적으로 독존적 욕망에 따라서 움직이고 탈존의 긍정적 가치에도 눈을 떠가고 있다. 밀레니얼 세대의 이런 다면성은 진화하고 있고 변화하는 중이다. 그것이 어떤 방향으로 흘러갈지는 아무도 예측할 수 없다.

청년 세대의 핵심적 도덕 가치는 공정과 안전이다

매우 복합적인 청년 세대의 심리-레짐을 형성한 사회변동의 구조적 힘은 무엇이었을까? 그것은 한국 사회가 20세기 후반에서 21세기로 넘어오는 과정에서 체험했던 민주화와 신자유주의화의 중첩된 힘이다.

한국 사회는 1987년에 민주화를 이루었지만 1997년에 신자유주의로의 급격한 사회변동을 겪는다. 21세기 한국 사회는 민주화와 신자유주의화가 서로 삼투하여 섞이고 융합하고 갈등하면서 한편으로는 민주주의적이고 다른 한편으로는 신자유주의적인 매우 독특한 양상을 보이면서 진행되어왔다.

밀레니얼 세대는 민주화의 실질적 변화를 누리면서 자라난 세대인 동시에 신자유주의적 사회구조의 힘에 의해서도 형성된 이중적 지향성을 보인다. 이들은 민주주의가 주창하는 여러 형태의 권리들에 민감하고 그것을 획득하기 위한 실천에도 민첩하다. 일상적인 수준에서 밀레니얼 세대는 폭력성, 젠더 불평등, 불공정성을 견디지 못한다. 그러나 이와 동시에 이들은 신자유주의적 경쟁 시스템을 기초로 한 교육을 받고 자라났기 때문에 경쟁을 자연스럽게 여기며 더 폭넓은 의미의 사회철학적 관용과 통합논리를 절차적 합리성의 언어로 비판하는 경향이 있다.

신자유주의와 민주주의가 교차되는 지점에서 생성된 밀레니얼 세대의 핵심적 도덕 가치가 '정의justice'다. 사실 386세대에게 '정의'라는 용어는 당시의 권위주의적 군사정권에 의해 소유되고 오염된 용어였다. 정의사회구현이라는 5공화국의 대표적 표어가 이를 잘 보여준다. 그런데 2010년 마이클 샌델의 저서 『정의란 무엇인가』가 큰 인기를 끈 이후 '정의'는 21세기 한국 사회의 새로운 화두로 떠올랐다. 밀레니얼 세대는 이 용어에 강한 심적 에너지를 투하했다.

흥미로운 것은 정의 개념을 둘러싼 밀레니얼 세대의 젠더적 차이다. 가령 남성 청년들은 '공정성'에 대한 높은 관심과 요구를 보였다. 이들에게 정의는 절차적 공정성과 동일시되었다. 여성 청년들은 거센 페미니즘 리부트의 물결 속에서 '안전'이라는 가치에 집중했다. 정의로운 사회는 여성들이 안전한 사회와 다름없다.

공정으로서의 정의와 안전으로서의 정의는 밀레니얼이 '생존'을 추구할 때 요청되는 사회의 이미지를 잘 드러낸다. 남성 청년들이 공정한 게임의 룰의 적용에 더 주목한다면 여성 청년들은 성적, 육체적, 상징적 폭력이 없는 사회를 꿈꾸는 것이다. 두 개의 정의는 때로는 부딪치기도 하고 갈등하기도 한다. 밀레니얼 세대 내부의 젠더 차이는 격렬한 혐오 정서를 동반한 대립으로 귀결되기도 했다. 그러나 공정과 안전 그 어떤 것이 더 진정한 정의인가를 논하는 것은 무의미하다. 이 세대의 욕망이 그런 두 가지 지향을 모두 보여준다는 사실에 주목할 필요가 있다.

청년 세대에게 행위의 공간을 허용해야 한다

● ● ●

21세기는 20세기와는 근본적으로 다른 새로운 세계로의 전환 과정을 드러낸다. 9.11 테러로 시작되어 문명충돌 양상을 띠며 개시된 21세기는 자본주의의 위기, 생태계의 위기, 기술적 진보, 인터넷, 로봇, 세계화와 그 위기, 4차 산업혁명과 같은 다양한 양상으로 전개되고 있다. 글로벌한 수준에서 로컬한 수준까지 국민-국가를 바탕으로 전개되던 사회적 질서가 변동하고 있다.

이는 넓은 의미에서 '복합적 뉴-노멀'이라고 볼 수 있다. 청년 세대가 맞이한 것은 바로 이와 같은 급변하는 환경이다. 만일 앞으로의 세대가 지금과 다른 어떤 새로운 양상을 띤 세계라면 이에 대한 창조적인 대응의 중요한 주체로서 청년 세대를 제시할 수 있다. 새로운 감수성, 철학, 문화, 그리고 비전이 요구된다. 청년 세대는 이 과제를 잘 풀어나가야 한다.

아마도 이를 위해서 생존, 공존, 독존, 탈존의 방향성이 새롭게 정향되어야 하지 않을까. 가령 이제 생존은 단순한 개인의 생존이 아니라 인간과 생명의 생존이라는 새로운 수준의 함의를 띠고 있다. 이런 점에서 공존은 더욱 확대되고 심화되어야 하는 가치이며 기술의 발전이 가져오는 독존의 가능성도 크게 확장되어 있다. 탈존은 부정적 의미의 존재로부터의 이탈이 아니라 20세기적 발전주의, 개발주의가 규정한 존재의 모습에서 벗어나는 것, 즉 새로운 존재의 상상을 포괄할 수 있다.

한국 사회는 20세기의 역사적 경험에 뿌리내린 생존주의를 재조립reassembling해야 한다. 생존주의는 한국이 국망國亡, 냉전적 반공주의, 발전주의, 그리고 신자유주의적 구조화를 이루어오면서 형성해온 한국적 근대성의 특수한 심리-레짐이다. 청년들이 생존주의에 경도될 수밖에 없었던 것은 아직 사회적, 경제적, 가족적으로 완숙한 안정성을 얻지 못한 존재들이라는 점, 즉 그들의 존재론적 취약성에 기인한다. 그러나 청년들이 생존에 매몰되어 미래를 풍요롭게 생산하지 못하는 사회는 불행한 사회이다. 21세기 한국 사회는 청년들을 어떻게 이해하고 또 청년들이 어떻게 자신들의 세계를 구성해 나가도록 희망해야 하는가? 이에 대한 해답을 찾기 위해서 한국 사회는 청년 세대를 피상적으로 응원과 위안 혹은 비판하지 말고 좀 더 깊이 이해하면서 청년 세대에게 행위의 공간을 허용해줘야 한다.

3장

미래의 생태계

: 미래 도시는 협력의 생태계여야 한다

김도년

성균관대 건축학과·미래도시융합공학과 교수

성균관대학교에서 도시설계를 가르치며 스마트 그린 시티 랩Smart Green City Lab을 운영하고 있다. 현재 UN 지속가능개발목표 선도거점대학의 대표 역할을 하고 있으며 용산 도심재생 계획을 총괄하고 있다. 국가 스마트시티위원회 위원이며 대통령직속 국가건축정책위원회 위원과 녹색성장위원회 위원을 역임했다.
상암 디지털미디어시티DMC, 2012 여수 세계엑스포 마스터 플랜과 국가과학비즈니스벨트IBS 사업의 기획설계 등 다수의 도시설계 프로젝트의 마스터 플래너로서 주도적인 참여를 해왔다. 이러한 공로로 근정포장을 받았다.

1. K-스마트 시티는 어떻게 만들어졌을까

4차 산업혁명은 새로운 문명과 도시의 시대를 개막했다. 우리에게도 기회가 열렸다. 타국의 성공 사례가 아닌 한국의 라이프 스타일과 문화, 산업 생태계를 탑재한 스마트 시티를 만들어야 다음 세대에 경쟁력을 갖게 된다. 바로 지금 한국형 미래 도시 상암 디지털미디어시티의 경험을 주목하고 복기해야 하는 이유다.

한국에는 40년 후의 미래 도시가 있다

"상암 디지털미디어시티는 40년 후 미래 도시의 모습을 한 현대 도시다."

몇 년 전 미국 할리우드의 영화 로케이션 디렉터에게 들은 말이다. 그는 당시 유명 SF 영화의 촬영 후보지를 찾아 한국을 방문했다. 해당 영화에서 상암 디지털미디어시티의 촬영본이 편집과정에서 제외되는 바람에 공개된 완성작에는 등장하지 않았다. 하지만 그가 이곳을 40년 후 미래 세계를 상징하는 도시의 모습이라고 단언한 것에 솔직히 깜짝 놀랐다. 상암 디지털미디어시티는 이후 다른 영화 「어벤져스: 에이지 오브 울트론」에 등장해 전 세계에 소개되었다.

23년 전 상암 디지털미디어시티는 분명 미래형 도시로 계획되었지만 실제로 이런 평가를 예상하지는 못했다. 상암 디지털미디어시티가 40년 후 미래 도시의 모습이라는 외부의 시선이 우리에게는 낯설 수 있다. 하지만 미래 우리가 살아갈 도시를 어떻게 만들어갈 것인지 고민하는 현재의 우리에게는 충분히 의미가 있는 평가다.

상암 디지털미디어시티는 이미 해외 주요 언론과 학계로부터 '스마트 시티'의 성공 사례로 자주 언급되고 있으며 벤치마킹할 모델로 주목받고 있다. 한국에서 먹고사는 일이 시급했던 세월을 지나 미래 도시에 대한 논의를 본격적으로 시작한 것은 1990년대 후반이다. 우리가 살아가야 할 미래의 도시는 어떤 모습이어야 하는가에 대한 진지한 질문이 생겨났고 다양한 비전을 제시하는 도시의 개념들이 등장했다. 살기 좋은 도시liveable cities, 회복적 도시resilient cities, 환경 도시eco cities 등 여러 모델이 논의 테이블에 올랐고 2000년대를 지나면서는 지속가능한 도시sustainable cities와 스마트 시티smart cities에 관심이 쏠렸다. 특히 스마트 시티는 압도적인 데이터 검색량을 보였다. 이는 스마트 시티에 대한 대중의 호감도가 높고 사회적으로 스마트 시티가 도시의 미래라는 인식이 널리 퍼져 있다는 것을 의미한다.

스마트 시티란 도대체 어떤 도시를 말하는가? 보편적으로 상용되는 단어인 만큼 누구나 스마트 시티를 알고 있다고 생각하지만 제대로 알지 못한다. 스마트 시티의 정의가 무려 120여 개에 달한다는 사실이 이를 증명한다(국제전기통신연합 ITU). 스마트 시티는 SF 영화에 나오는 것처럼 인공지능과 로봇이 통제하는 도시라고 말하기도 하고 자율주행차를 비롯한 최첨단 기술이 도시 곳곳에 적용되어야 스마트 시티라고 정의하기도 한다. 그런가 하면 정보통신기술로 건강한 환경과 안전한 먹을거리가 보장되는 도시라고 설명하기도 한다. 스마트 시티를 정의하는 말은 많지만 하나의 정답은 없다. 스마트 시티는 완성형의 개념이 아니다. '다음 세대를 위한 좋은 도시 만들기'를 목표로 시대의 도시문제 해결과 새로운 수요에 대응하기 위해 우리의 지혜와 첨단기술을 적극적으로 활용하는 도시를 만들어가는 과정으로 이해하는 게 적절하다.

상암 디지털미디어시티가 스마트 시티인가 아닌가 논쟁이 있을 수 있다. 하지만 미래 산업으로서 디지털 미디어 산업 생태계를 조성한다는 의미에서 한국형 미래 도시의 모델이자 동시에 스마트 시티의 거점인 것은 확실하다. 이곳엔 현재 주요 방송사와 언론사, IT 기업, ICT 연구기관, 창업 인큐베이팅 센터, 영화, 게임 등의 콘텐츠 제작사를 비롯해 첨단 산업과 문화 콘텐츠를 지원하는 공공기관과 대기업 등 1,000여 개의 기업이 입주해 있다. IT 및 다양한 문화 콘텐츠 제작과 창업 등 창조적인 분야에서 일하는 근로자가 5만여 명에 이른다. 도시의 연간 매출은 무려 20조 원에 달한다. 상암 디지털미디어시티는 세계 최초로 5G 융합 자율주행 테스트베드를 구축한 도시이며 국내 최고 수준의 정보통신기술 인프라를 갖췄다. 이를 토대로 현재 이 도시에 적용할 실시간 자율주행 버스도 연구 개발 중이다.

상암 디지털미디어시티 프로젝트는 2002년 월드컵 대회 준비의 일환으로서 2000년 본격적으로 추진되었다. 당시 도시계획의 목표는 50년 후 대한민국을 대표하는 도시로서 지속적인 먹을거리를 창출하는 산업도시를 만드는 것이 목표였다. 하지만 23년 전 상암동의 상황은 좋지 않았다. 특히 쓰레기 매립지 난지도는 난제 중 난제였다. 약 2억 톤의 쓰레기가 길이 2킬로미터, 폭 1킬로미터, 높이

난지도 옛 모습과 현재

100미터 규모로 차곡차곡 쌓여 형성된 난지도 쓰레기 매립장은 대한민국 압축성장의 부산물이자 서울의 골칫거리였다. 오로지 쓰레기로만 형성된 난지도는 핵전쟁으로 모든 것이 망가져 버린 세상이 바로 이런 모습이 아닐까 싶을 정도로 황폐한 공간이었다.

이곳에 2002월드컵 메인스타디움을 건설해서 대회를 성공적으로 치러내야 했고 동시에 상암동 일대를 한국형 미래 도시로 변화시켜야 했다. 도시계획가에게는 무척 난감한 과제일 수밖에 없었다. 그런데 복잡한 마음을 안은 채 난지도 쓰레기 산에 오른 날, 바로 숙제가 풀렸다. 황량하기 그지없는 난지도에 올라보니 남쪽으로는 대한민국 금융 중심지 여의도의 스카이라인이 펼쳐졌고 북쪽으로는 북한산의 능선이 시선을 사로잡았다. 때마침 붉은 노을이 내려앉아 연출된 멋진 풍경은 미래 도시에 대한 상상력을 자극하기 충분했다. 바로 그때 머릿속에 떠오른 게 자연과 어우러진 문화의 공간이었고 즉석에서 노을공원과 하늘공원이라고 이름을 붙였다. 쓰레기 매립지로 악명이 높았던 버려진 공간에 정보통신기술 인프라를 구축해 스마트 그린시티로 변화시킨 상암 디지털미디어시티

1997
2km
100m
1998
2017

프로젝트의 첫 출발이었다.

상암 디지털미디어시티 일대는 여느 도시에서 보기 어려운 대규모의 공원과 주거 기능을 갖췄고 무엇보다 첨단 미디어 산업의 중심지로서 주변 도시들과 교류하며 성공적으로 도시 생태계를 형성했다. 하지만 이 도시는 아직 완성되지 않았다. 미래 도시를 향한 프로젝트는 지금도 진행 중이다. 상암 디지털미디어시티의 기원과 성장 과정을 복기하는 이유는 바로 이 때문이다. 모두의 미래를 위한 스마트 시티란 어떤 도시이고 무엇을 통해 만들 수 있는지 상암 디지털미디어시티의 경험을 복기함으로써 목표를 구체화하고 실행하는 계기로 삼아야 한다. 현란한 기술을 적용한 도시의 인프라와 첨단과학이 주는 편의성보다 '지속가능한 삶을 위한 도시'의 조건이 무엇인지 함께 논의해야 한다. 스마트 시티가 진정 모두가 원하는 '좋은' 도시가 되려면 무엇보다 도시를 바라보는 좋은 관점이 필요하다.

산업은 도시의 엔진이고 문화는 도시의 에너지다

● ● ●

상암 디지털미디어시티에서 주목할 것은 독자적인 신산업 생태계다. 이 도시의 성공은 무엇보다 생산공동체를 완성했기에 가능했다. 산업은 도시의 엔진이고 산업 생태계가 없는 도시는 지속하기 어렵다.

23년 전 상암은 디지털 미디어를 도시의 핵심 산업으로 선택했다. 대한민국에서 가장 기술적으로 발전한 분야이면서 동시에 미래 성장 가능성이 충분하다는 판단에서였다. 하지만 1997년 당시 한국에서 디지털 미디어는 매우 생소한 분야였다. 가전 브랜드는 소니이고 휴대폰은 모토롤라가 최고였던 시설이있고 미래 촉망받는 산업으로 이동통신을 꼽던 시절이었다. 국내에서는 디지털이라는 단어조차 낯설었다. 하지만 글로벌 시장은 미래 산업의 트렌드로 디지털 미디어 분야를 주목하고 있었다.

50년 후에도 도시를 먹여 살릴 산업으로서 디지털 미디어를 선택한 건 세계 최대의 미디어 콘텐츠 시장인 미국에서 가능성을 확인했기 때문이다. 1990년대 후반 미국 인구의 10%를 차지하는 아시아계 소비자들 사이에서 한국 드라마가 큰 인기를 끌고 세계적인 미디어 그룹 타임워너Time Warner가 한국 시장을 주목하는 등 변화가 감지되었다. 산업을 리드하는 기업과 트렌드를 선도하는 소비자가 모두 있는 미국은 테스트 베드와 같다. 이곳에서 한국의 디지털미디어 산업의 경쟁력을 확신했다.

상암 디지털미디어시티의 롤 모델은 미국 로스앤젤레스의 할리우드와 샌프란시스코의 실리콘밸리다. 미디어 산업의 할리우드, 디지털 산업의 실리콘밸리와 같은 혁신도시가 목표였다. 할리우드는 영화산업의 생태계가 탄탄하게 형성된 도시다. 정보, 교육, 일자리가 모두 있다. 이런 이유로 전 세계에서 배우, 감독, 작가를 꿈꾸는 창조적 인재들이 끊임없이 모여든다. 사람, 자본, 그리고 생산 플랫폼을 갖춘 할리우드는 세계 영화산업의 중심지이자 기회의 도시다. "영화를 하고 싶다면 할리우드로 가라."라는 말처럼 "미디어 콘텐츠의 미래를 이야기하고 싶다면 상암 디지털미디어시티로 가라."라는 말을 듣는 게 목표였다. 그래서 영화, TV, 음악, 교육, 게임 5가지 문화 콘텐츠 분야의 기획과 생산, 판매, 제작이 모두 가능한 산업 인프라를 구축했다.

상암 디지털미디어시티를 계획하던 당시 세계적으로 미디어시티가 많이 조성되었다. 홍콩의 사이버포트Cyberport, 말레이시아의 사이버자야Cyberjaya, 대만의 신주 사이언스 파크Hsinchu Science-Based Industrial Park, 독일의 쾰른 미디어시티Media Park Cologne, 아랍에미리트의 아부다비 미디어시티Abu Dhabi Mediacity 등이 대표적이다. 하지만 이들 도시는 상암 디지털미디어시티와 같은 가시적 성과를 거두지 못했다.

도시계획은 성공에 대한 의지만으로 원하는 성과를 거둘 수는 없다. 미디어시티가 산업 생태계를 성공적으로 구축하기 위해서는 미디어 산업의 잠재력과 이를 지원할 수 있는 정보통신기술 산업의 역량이 우선되어야 한다. 상암 디지털미디어시티의 성공은 도시의 콘텐츠와 산업에 대한 많은 연구와 분석이 뒷받침되었기에 가능했다. 도시는 단순히 산업 생태계만을 뜻하지 않는다. 도시가 만들어진다는 것은 새로운 문화가 만들어지는 것을 의미한다. 하나의 도시가 지속가능한 발전을 하기 위해서는 경제적 가치 외에 사회 문화적 역량을 창출하고 문화 교류의 거점이 되어야 한다. 이것이 도시의 성장 잠재력이다.

우리가 선진국이 개발한 모바일폰을 들여와 카메라를 부착해 CDMA 단말기 중 최초로 이동전화와 디지털 카메라가 복합된 카메라폰을 탄생시킨 것처럼 가수 서태지가 '랩=영어'라는 공식을 깨고 한국어로 된 랩을 불러 한국 대중문화에 혁명을 일으켰다. 나아가 현재 해외로 역수출되는 K팝의 탄생을 가능하게 했다. 마찬가지로 상암 디지털미디어시티는 미디어 산업클러스터이자 동시에 새로운 문화의 발신지가 되었다. 이 도시에서 다양한 한류 콘텐츠들이 제작되어 세계로 퍼져 나가고, 한 해 다운로드되는 문화 콘텐츠는 무려 20조 건에 이른다.

상암 디지털미디어시티의 성공을 다룬 해외 반응

MIT Tech : USA

IAU Science Cities : France

Shanghai Urban Planning Review : China

Business Week : USA

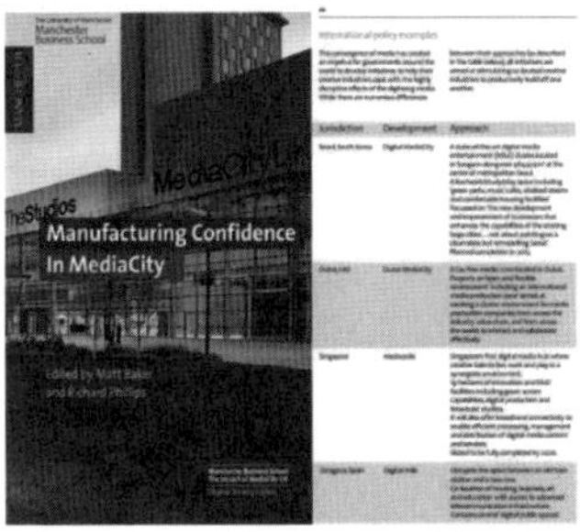

Manchester Business school Magazine : U.K

CincoDias.com : Spain

그뿐인가? 할리우드에서 영화를 촬영하기 위해 방문하고 대규모 국제 문화 행사를 보기 위해 또 많은 오디션 프로그램에 참여하기 위해 사람들이 이 도시로 모여든다. 길에서 우연히 유명한 아티스트와 연예인을 만날 수 있고 K드라마 속 현장을 어렵지 않게 찾을 수 있다. 그래서 이곳은 한류를 경험하고픈 해외 관광객들이 꼭 방문하기 원하는 문화도시가 되었다. 상암 디지털미디어시티는 창조적 젊은이들에게는 기회의 도시이고 문화를 향유하고 싶은 사람들에게는 엔터테인먼트와 관광의 도시이다. 또한 한류 콘텐츠를 소비하고 싶은 전 세계 사람들에게는 맞춤형 미디어 콘텐츠를 제공하는 장이다.

상암 디지털미디어시티는 '쓰레기 매립장이 있던 땅에 스마트 인프라를 설치했더니 경제적, 사회적, 환경적 가치를 창출하는 스마트 그린시티가 되었다.'라는 성공신화를 만들었다. 좋은 도시일수록 경제, 사회, 환경의 가치를 함께 만들어낸다는 사실을 증명한 것이다.

하나의 도시가 만들어지고 완성되기까지는 긴 시간이 필요하다. 해외 사례를 보면 신주쿠新宿 도심은 50년, 뉴욕의 배터리 파크 시티Battery Park City는 40년, 런던의 카나리 와프Canary Wharf도 30년이 걸렸다. 아파트 단지 중심의 우리나라 신도시 개발은 이보다 빨리 끝나지만 대부분 도시는 긴 세월에 걸쳐 완성된다. 그러다 보니 그 과정에 사회적 변화와 정치적 영향력이 개입하기 쉽다. 계획이 바뀌기도 하고 프로젝트가 취소되는 일도 비일비재하다. 도시계획이 단기적 판단에 좌우될 때 좋은 도시를 만들겠다는 처음의 목표는 좌표를 잃게 되고 도시는 엉뚱한 방향으로 나아간다. 도시가 미래 더 나은 방향으로 발전하기 위해 정말 필요한 것은 완벽한 계획보다 변함없이 도시의 본질에 집중하고 접근하는 자세다.

도시는 시대의 문제를 풀며 진화한다

● ● ●

국제도시 파리의 모습으로 누구나 떠올리는 풍경은 고풍스러운 건물이 만들어낸 키 낮은 스카이라인과 저 홀로 우뚝 솟은 에펠탑이다. 하지만 이것이 파리의 전부는 아니다. 라데팡스la défense로 상징되는 초현대적인 도시도 역시 파리다. 이 두 개의 이질적인 장면은 '도시의 지속가능성과 역사를 어떻게 융합해야 하는가?'라는 물음을 던진다.

도시는 진화하는 과정에서 필연적으로 정체성 논쟁을 겪는다. 가령 대한민국의 서울은 근대화, 산업화, 경제 발전을 상징하는 도시 경쟁력의 경제적 면모와 600년 역사 도시의 정체성을 동시에 가지고 있다. 두 개의 정체성은 도시 진화의 과정에서 '보존'과 '효율성' 이슈로 서로 충돌해왔다. 보존과 경제성 중 어느 방향이 더 옳은지 답을 할 수는 없다. 다만 역사는 도시가 경제적 가치와 사회적 가치, 환경적 가치의 균형을 찾을 때 비로소 발전할 수 있다는 사실을 명확하게 보여준다. 따라서 도시의 정체성과 효율성을 둘러싼 논쟁은 가치의 충돌이 아닌 융합과 조화의 관점에서 해법을 찾아야 한다.

도시는 시대의 문제를 해결하며 진화한다. 첨단기술과 인간이 축적해온 지혜와 지식을 활용해 문제를 풀고 새로운 수요에 대응하는 과정이 바로 진화다. 이런 의미에서 스마트 시티의 핵심은 온라인과 오프라인이 결합한 증강도시augmented place라 할 수 있다. 미래의 기술을 현재로 가져오면 그 시대의 첨단기술이 된다. 그리고 도시는 축적된 지식과 지혜 속에 이를 녹여 융합했을 때 발전하고 진화한다. 이를 통해 삶의 질을 향상하고 생산의 혁신을 이끌어낸 도시들이 세계의 문명과 문화를 주도했다.

도시는 '문명'과 '문화'를 뜻한다. 도시의 어원인 라틴어 키비타스civitas는 문명을 의미한다. 도시는 '창조'가 일어날 수 있고 창조를 지원하는 환경을 말한다. 이것이 도시의 본래 역할이다. 그러기 위해서 그 시대의 첨단 기반 시설, 즉 스마트 인프라가 필요하다. 스마트 인프라가 조성한 창조적 환경에서 인간과 도시는 새로운 관계를 맺을 것이다. 도시는 지금과는 사뭇 다른 새로운 문명과 문화의 발생지가 될 수 있다.

도시의 진화

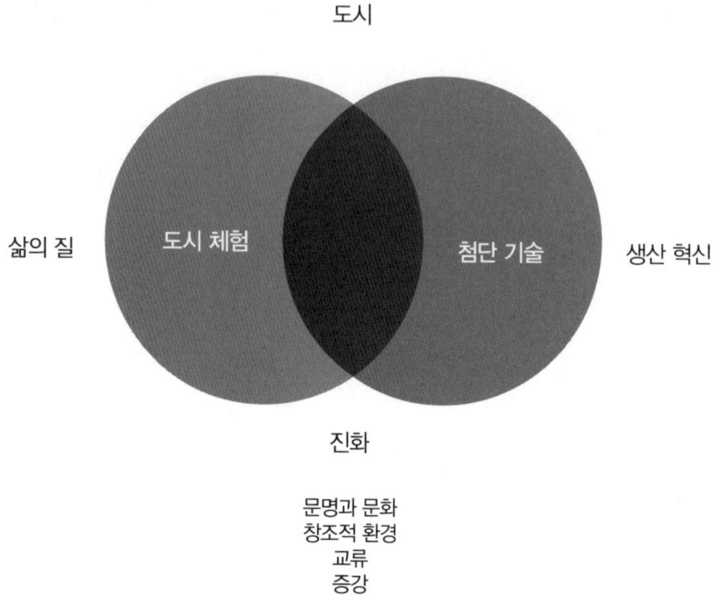

하지만 첨단기술이 반드시 도시를 발전시키는 것은 아니다. 기술 중심적 사고로 기술을 잘못 선택하면 도시는 위험에 빠질 수 있다. 심지어 사라질 수도 있다. 과거 세계 문명의 기원이었던 그리스 아테네를 보자. 문명의 흔적으로 남은 유적들이 도시의 주 수입원이 되어버린 현재의 아테네에서는 역동성을 찾을 수 없다. 르네상스 문화의 중심지였던 이탈리아의 피렌체도 역시 관광 수입으로 유지되는 도시이며, 더 이상 혁신의 모습을 찾기 어렵다. 현재 세계 어느 나라도 이들 도시를 자국의 미래 모델로 생각하지 않는다. 하지만 아테네와 피렌체는 도시의 미래를 고민하는 우리에게 꼭 필요한 조언을 줄 수 있다.

이들 도시는 도대체 어떻게 문명과 문화의 중심지가 될 수 있었을까? 또 무슨 이유로 역사의 뒤안길로 사라진 걸까? 역사적으로 발전된 도시가 황금기를 유지하는 기간은 30년을 넘기 어렵다고 한다. 도시가 지속가능하기 위해 필요한 조건은 무엇인가? 자율주행차가 다니는 똑똑한 도시를 이야기하기보다 미래 도시의 '목적'과 '방법'에 대한 활발한 논의와 합의가 시급하다. 우리 인간의 미래를 위한 도시는 실패가 자산이 되고 새로운 시도를 북돋아주는 사회 시스템을 갖춘 기회의 장소여야 한다. 이를 위해 인재를 육성하고 이들이 모여 생산에 참여할 수 있는 개방적인 환경과 생산 인프라를 갖춘 도시 생태계가 중요하다. 창조적 인재들의 우연한 협력unplanned collaboration과 뜻밖의 기쁨serendipity이 일어날 수 있는 장소와 길이 많아야 한다. 이런 도시환경이 창조를 가능하게 하고, 비로소 도시는 문명과 문화의 발신지가 될 수 있다.

2. 스마트 시티의 본질은 협력 공동체이다

스마트 시티는 도시 곳곳에 '우연한 협력'이 가능한 첨단 제조업의 생태계를 만들고 담아내는 플랫폼이어야 한다. 화학자, 물리학자, 교통전문가, 시인, 화가 등 서로 다른 영역에서 활동하는 사람들은 사고체계도 다르다. 이들이 우연히 만나서 대화하고 충돌하고 협력할 때 창조성이 극대화되고 새로운 도전과 생산이 가능해진다. 도시 곳곳에서 뜻밖의 기쁨이 일어난다.

21세기 제조업의 귀환과 도시 생태계의 재생

19세기 말 도시는 자주 '악의 소굴' '질병의 진원지'로 비유되었다. 단순한 비유가 아니라 실제로 그랬다. 오염물질을 쏟아내는 공장들, 매캐한 공기, 인구 밀집으로 인한 주택난, 더러운 주거환경, 각종 범죄는 도시의 현실이었다.

산업화가 빠르게 진행된 20세기에는 새로운 모습의 도시가 등장했다. 모듈형 건축으로 공장에서 생산되는 건축의 가능성이 확인되었고 '철' 구조, 첨단기술, 새로운 공법을 사용한 초고층 건물들이 도시를 채웠다. 생산과 공급의 역할이 강조되었던 도시는 새로운 기술과 산업의 수요처로서 새롭게 인식되었다. 지난 산업혁명을 반영한 근대도시modernism city들은 기후변화 등의 심각한 문제를 동반했지만 최고의 모델로 받아들여졌다.

20세기 도시의 가장 큰 변화는 도시의 생산기능이 매우 약해졌다는 것이다. 도시 안에서 살고live, 일하고work 여가와 문화play를 즐기는 인간의 활동은 교육과 산업을 촉진시켰고 그 과정 속에서 도시는 발전했다. 그런데 20세기 도시는 공장을 퇴출시켰다. 생산의 핵심, 즉 일work을 도시 밖으로 내보낸 것이다. 제조업을 퇴출해버린 도시에는 서비스와 소비 중심의 산업 구조만 남았다. 그러자 새로운 문제들이 나타났다. 바로 일자리의 양극화다.

도시는 금융과 법률 등 소수의 고학력층을 위한 일자리와 음식을 나르거나 편의점에서 아르바이트하는 등 다수의 단발적 서비스 일자리로 재편되었다. 게다가 공동체 안에서 기술을 전수하고 재창조가 이루어지는 생산 시스템이 사라지면서 도시의 창업 역량은 크게 떨어지기 시작했다. 이것이 20세기 도시의 가장 큰 문제다. 제조업을 잃은 도시는 일자리 확장이 어려워졌다. 이는 청년 실업 등의 구조적 문제로 나타났다.

그런데 21세기에 들어서면서 도시는 다시 변화하기 시작했다. 도시 밖으로 내몰렸던 생산work이 돌아온 것이다. 바로 첨단 제조업이 그 주인공이다. 디지털 기술을 활용한 새로운 산업들은 기존 산업과 융합하며 새로운 산업 생태계를 조성하고 많은 창조적 인재들을 불러모으는 기반이 되고 있다. 지금 세계는 첨단 제조업의 중요성을 인식한 도시들이 선도하고 있다고 해도 과언이 아니다. 나라마다 첨단 제조업 생태계를 조성하고 유지하기 위해 전폭적인 투자를 아끼지 않는 이유다.

창조적 산업 생태계를 기반으로 기존 산업의 고도화에 역량을 집중시킨 도시는 미래 세계의 문명을 주도할 것이다. 한마디로 미래는 도시의 시대다. 실제로 최근 세계 경제지표에 국가뿐 아니라

국가, 기업, 도시의 경제규모 순위 (단위: 달러)

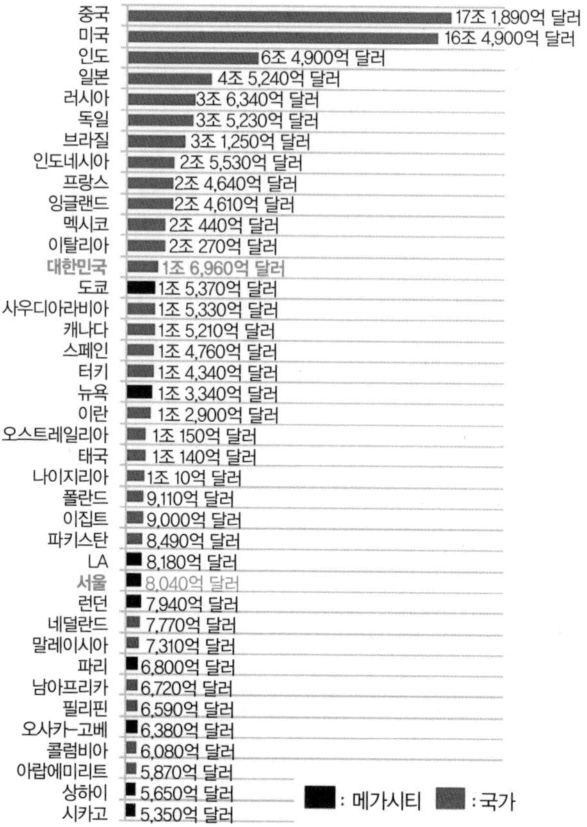

(출처: 시카고 글로벌 이슈 협의회, '경제 상위 100위: 성장하는 세계 질서에서의 도시 영향력과 순위', 2016)

'도시 경제권'이 함께 등장하기 시작했다. 도시 경쟁력을 평가하는 조사에서 중요하게 다루어진 지표는 다름 아닌 제조업 고용률이다. 2016년 시카고국제문제협회Chicago Council on Global Affairs의 조사에서 서울의 제조업 고용률은 10.2%로 베를린 7.4%, 뉴욕 1.9%보다 높았다. 하지만 이 수치가 곧 서울이 베를린보다 미래 경쟁력이 높다는 것을 의미하는 것은 아니다. 서울은 전통적 제조업이 서서히 감소하는 추세이지만 여전히 전통적 제조업이 더 많은 비율을 차지하는 반면에 베를린은 전체 제조업 중 첨단 제조업이 차지하는 비율이 매우 높다. 뉴욕도 마찬가지다. 연구결과 창조적 산업 생태계 조성에 필요한 첨단 제조업 비율은 5%라고 한다. 스마트 시티는 바로 첨단제조산업의 생태계가 구축된 도시라고 할 수 있다.

현재 유럽연합EU의 47개 도시에서 스마트 시티 프로젝트를 시범 적용하는 중이다. 이들 도시 프로젝트에서 가장 중요한 부분이 바로 첨단 제조업 생태계의 구축이다. 구글, 지멘스, 미쯔비시, 화웨이 등 글로벌 기업들은 스마트 시티를 미래 주력사업으로 선정하고 적극적으로 프로젝트에 뛰어들고 있다. 컴퓨터 회사 IBM이 '스마터 시티Smarter City'를 팔고, 통신장비 업체 시스코가 '스마트 앤드 커넥티드 커뮤니티Smart and Connected Community'를 파는 게 현실이다. 스마트 시티는 그 자체로 비즈니스 모델이고 미래 산업의 성장 동력이기도 하다. 이런 움직임이 의미하는 것은 하나다. 미래의 도시는 결국 스마트 시티로 갈 수밖에 없다.

도시 생태계는 '우연한 협력'으로 살아 움직인다

● ● ●

미국 보스턴의 이노베이션 디스트릭트Innovation District는 세계적인 창업 생태계다. 200여 개의 스타트업이 있고 5,000명이 넘는 창조적 인재들이 일하고 생활한다. 도시 곳곳의 공간과 거리에서 청년들은 자유롭게 교류하고 협업하며 생산을 확장하고 있다. 이노베이션 디스트릭트는 미국의 경제 성장률을 뛰어넘는 성장을 거듭하는 중이다. 이곳에서만 연간 6,700만 달러(2016)의 세수를 거둬들인다. 이노베이션 디스트릭트는 원래 보스턴에서 가장 낙후된 항구 지역이었다. 하지만 이곳에 첨단 인프라를 구축해 제조업 생태계를 조성했다. 이로 인해 미국에서 가장 오래된 도시 보스턴은 현재 '세계에서 디지털 경제에 가장 잘 준비된 도시'로 꼽힌다. 이노베이션 디스트릭트는 보스턴의 미래이며 스마트 시티의 거점으로서 도시의 발전을 견인하는 중이다.

첨단 제조업 생태계가 성공하기 위해서는 '우연한 협력unplanned collaboration'이 가능한 환경을 만들어야 한다. 우연한 협력이란 말 그대로 창조적 생산자들이 도시라는 공간에서 우연히 만나 어울리며 완전히 새로운 가치를 창출하는 생산활동을 말한다. 가령 노벨물리학상을 받은 학자와 노벨화학상을 받은 학자가 우연히 식당에서 만나 동석한다고 하자. 약간의 어색함이 지나고 나면 자연스러운 대화가 시작될 것이다. 그런데 이 두 사람이 함께 식사하는 동안 항상 노벨상급의 대화만 오가지는 않을 것이다. 자연스럽게 튀어나오는 다양하고 엉뚱한 화제들은 두 사람 모두에게 창조적 에너지가 된다. 화학자, 물리학자, 교통전문가, 시인, 화가 등 서로 다른 영역에서 활동하는 사람들은 사고체계도 다르다. 그들이 우연히 만나서 대화하고 충돌하고 협력하는 과정에서 창조적인 아이디어가 떠오를 가능성이 크다. 이는 새로운 도전으로 이어지고, 또 생산으로 이어진다. 미래의 스마트 시티는 도시 곳곳에 우연한 협력이 가능한 첨단 제조업의 생태계를 만들고 담아내는 플랫폼이 되어야 한다.

보스턴 이노베이션 디스트릭트는 처음부터 디지털 네이티브digital native를 위한 창조와 협력의 공간으로 설계되었다. 디지털 네이티브란 태어날 때부터 디지털 환경이 익숙한 세대를 말한다. 디지털 기기를 원어민처럼 자유자재로 활용하는 이들은 기존 도시와 다른

보스턴 이노베이션 디스트릭트의 경제 효과

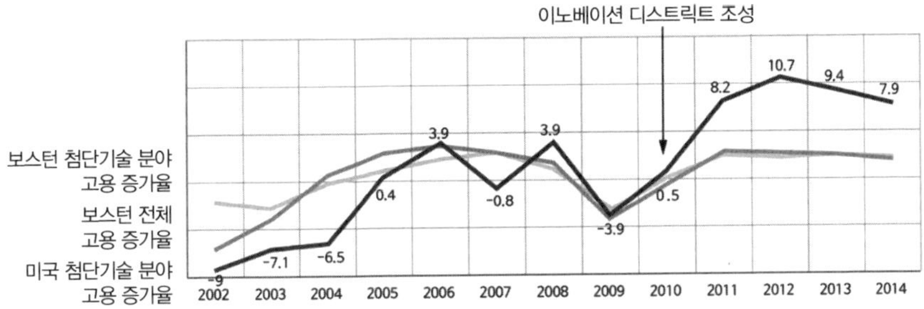

보스턴 이노베이션 디스트릭트

디스트릭트 홀

플랫폼을 필요로 한다. 디지털 네이티브들은 개인적 성향이 강하다. 일도 놀이처럼 하길 원하고 규칙적인 생활의 패턴을 거부한다. 하지만 원할 때는 기꺼이 협업하는 모습을 보인다. 이노베이션 디스트릭트는 이런 속성의 청년들이 자연스럽게 교류하고 우연한 협력이 가능한 공간으로서 설계되었다. 우연한 협력은 창조적 젊은이들이 '일'하고 '생활'하고 '문화를 즐기는' 창업 생태계가 스스로 성장할 수 있는 역동의 에너지인 셈이다.

앞서서 스마트 시티를 준비하는 세계 도시들의 공통점은 성공적으로 스마트 시티의 거점을 구축했다는 것이다. 뉴욕은 전통적인 금융 중심지인 로어 맨해튼Lower Manhattan에 첨단 제조업 생태계를 만들었다. 2010년부터 지금까지 이곳에 투자한 금액이 약 300억 달러에 달한다. 땅값이 비싸기로 소문난 로어 맨해튼에 주거형 아파트와 시세보다 저렴한 임대료를 받는 창업 공간이 들어섰다. 이런 노력의 결과 로어 맨해튼은 미국에서 가장 '핫'한 창업 도시가 되었다. 창업을 꿈꾸는 청년들 사이에서 '실리콘밸리보다 맨해튼'이라는 말이 돌 정도다.

그런데 이곳을 찾는 젊은 창업가들은 한결같이 도시 인프라보다 '이웃neighbor이 좋아서' 로어 맨해튼을 선택했다고 말한다. 창업이라는 공통의 관심을 가진 다양한 이웃들과 자연스럽게 어울리고 협력할 수 있는 플랫폼이 사람과 생산을 불러들인 것이다. 로어 맨해튼 개발을 추진했던 마이클 블룸버그Michael Bloomberg 전 뉴욕시장이 공언한 대로 뉴욕은 '기업이 있어서 인재가 오는 도시가 아니라 인재가 있어서 기업이 오는' 도시로 빠르게 진화하는 중이다.

세계 핀테크 산업의 중심지로 떠오른 테크 시티Tech City는 런던을 대표하는 창업 생태계다. 전통적인 금융 도시 런던을 디지털 금융

도시 생태계의 재생: 인재들의 우연한 협력을 위한 생산 플랫폼

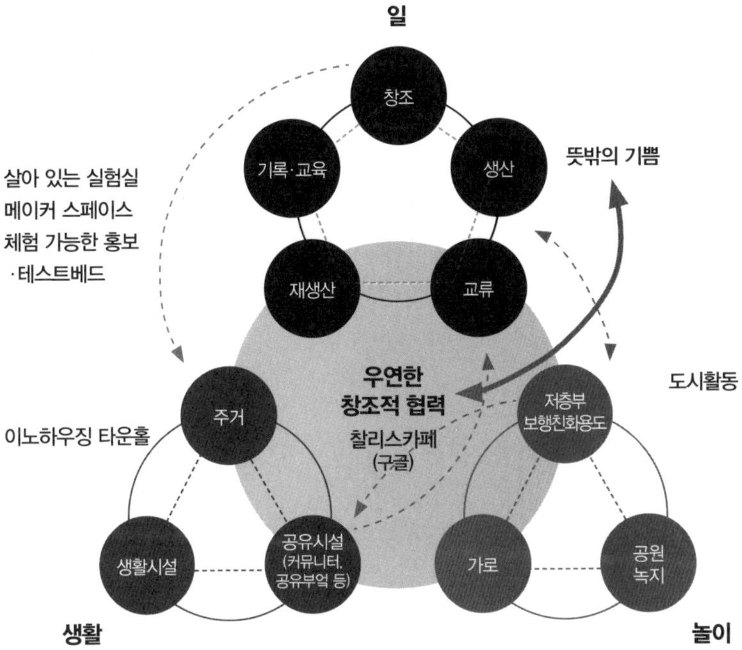

산업의 도시로 바꾸는 첨병으로서 유럽 전체 핀테크 투자 중 무려 42%가 테크 시티에서 이뤄진다. 이곳이 핀테크 창업을 꿈꾸는 세계 인재들의 성지가 된 것은 정보, 돈, 제조 인프라가 모두 있기 때문이다. 런던의 핀테크 산업 성장률은 2014년 기준 136%에 달하며 테크 시티는 4차 산업혁명 시대를 이끄는 데이터 경제 도시의 성공 모델로 불린다.

그러나 브렉시트로 인해 테크 시티의 미래를 우려하는 목소리도 높아지고 있다. 생태계의 핵심은 개방성이다. 사람과 돈과 물품의 자유로운 교류는 도시가 진화하기 위한 필수 역량이다. 브렉시트는 거꾸로 도시의 벽을 높이는 선택이다. 그래서 이후 테크 시티가

어떻게 개방성을 유지하며 런던의 미래를 만들어갈 수 있을지 세계가 지켜보는 중이다.

스마트 인프라가 충족해야 할 5가지 조건

● ● ●

도시는 사람과 환경의 상호작용에 의해 변화한다. 사람들의 요구를 해결하기 위해 첨단기술을 적용해 물리적 환경을 바꾸고 다른 수요가 발생하면 또다시 대응하는 선순환 과정을 거치면서 도시가 만들어진다.

서울을 예로 보자. 서울 도심의 시청 앞 광장은 지난 세월 동안 여러 번 모습이 바뀌었다. 산업화 이전 광장은 사람들이 자유롭게 왕래하던 길이었다, 하지만 이후 이곳은 자동차를 위한 도로로 바뀌었고 전 세계에서 가장 크고 복잡한 교차로가 완성되었다. 그러다 1980년대 이후 민주화 시위를 비롯한 다양한 집회의 장소로 자주 점유되었다. 서울시는 이곳을 다시 시민들에게 광장으로 돌려주는 결정을 내렸다. 새로운 시대적 가치를 수용하고 수요에 대응하는 도시의 자연스러운 모습이다.

그런데 광장이 도로로 변화되고 다시 도로가 광장으로 변화되는 과정은 단순하지 않다. 도로든 광장이든 공간을 바꾸려면 새로운 교통 시스템이 필요하다. 다니던 자동차를 막았으니 지하철과 버스 등 대중교통 인프라가 확충되어야 한다. 이때 도시계획과 관련한 첨단기술이 동원된다. 기반 시설, 새로운 기술, 그리고 우리의 축적된 지혜가 융합되면서 비로소 도시의 스마트화가 진행된다. 뉴욕의 타임스퀘어도 대표적인 도시의 스마트화 사례다. 타임스퀘

스마트 인프라 기본 기능

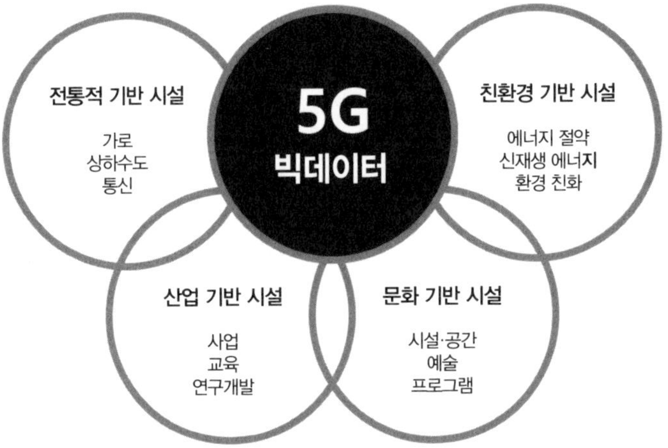

스마트 인프라는 첨단기술로 기존 인프라를 통합하고 연계해 네트워크화한다.

어는 뉴욕에서 가장 복잡한 브로드웨이와 7번가 한쪽에 만든 보행 광장이다. 타임스퀘어는 대중교통 우선 시스템, 지능형 신호체계, 특수포장, 공유 자전거와 공유 차량 보관소 등 첨단기술이 움직이는 도시공간이다. 스마트 인프라의 목표는 가로, 상하수도, 통신 등 전통적인 인프라와 산업 인프라, 문화 인프라, 친환경 인프라 등을 스마트 기술로 통합하고 연결함으로써 도시의 비효율을 고효율로 바꾸고 불필요한 부분을 제거하는 것이다. 스마트 인프라인가 아닌가의 평가는 단편적인 기술의 모습이 아니라 첨단기술의 적용으로 도시가 얼마나 효율적으로 기능할 수 있는가를 따져봐야 한다.

스마트 인프라가 기본적으로 충족해야 할 기능은 다섯 가지 정도로 요약된다. 첫째는 맞춤형 지식의 제공provision of customized knowledge 기능이다. 도시공간의 거주자, 근로자, 방문객들이 필요로 하는 맞춤형 정보를 제공하는 첨단 디지털 인프라가 필요하다. 둘째, 건물

내외부의 상호작용을 위한 투과성을 높이는 가로환경permeable street edge을 조성해야 한다. 예를 들어 길과 접하는 건축물의 지상층은 외부와 소통이 가능하도록 열린 공간으로 설계함으로써 사람들의 활동 영역을 자유롭게 확장할 수 있어야 한다. 이를 통해 도시 공간의 융통성과 유동성을 확보할 수 있다. 셋째, 혼용 가능한 공간mix of uses의 개념을 적용해야 한다. 한 공간을 필요에 따라 때로는 회의실로 사용하고 때로는 사무실로 사용하는 유연한 시스템이 있어야 한다. 이런 개념들이 적용되면 넷째 조건으로서, 도시는 증강도시augmented place의 정체성을 갖게 된다. 즉 디지털 기술과 아날로그 환경의 상호작용이 가능한 스마트 인프라를 통해 도시의 기능이 되고 도시의 정체성도 개선된다. 그리고 마지막으로 이 모든 과정에 에너지 효율과 신재생 에너지를 활용하는 기술이 적극적으로 적용되어야 한다. 스마트 인프라는 현란한 기술의 표현이 아니라 궁극적으로 삶의 질을 개선하는 방향으로 계획되고 구축되어야 한다.

용산전자상상가의 실험 '공간은 창조를 지원한다'

● ● ●

한국은 총인구 대비 디지털 네이티브의 비율이 세계 2위다. 청년 인구 중 무려 99.6%가 디지털 네이티브다. 하지만 청년들의 창업 환경은 경제협력개발기구 국가 중 하위권에 속한다. 1인당 국민총소득GNI 대비 창업비용은 약 490만 원으로 경제협력개발기구 평균 113만 원(2019)보다 크게 높고, 창업절차 및 소요시간 등 지원 시스템의 효율성은 경제협력개발기구 34개 국가 중 21위(2019)에 불과하다. 국내 창업기업의 5년 생존율은 28.5%로 역시 경제협력개발기구 평균 41.7%(2018)보다 낮다. 한국은 풍부한 디지털 인적 자원을 보유하고 있지만 그 역량을 생산으로 유도할 창업 생태계로서 스마트 시티 거점을 조성하는 데 크게 뒤지고 있다.

디지털 네이티브의 창업을 독려하는 정책과 계획이 단순히 필요한 공간만 제공하는 방식으로 접근한 결과다. 차고garage 하나만 제공해주면 마치 스티브 잡스가 애플을 만들어낸 것과 같은 성공을 내놓을 거라는 생각은 틀렸다. 디지털 네이티브에게 필요한 건 책상과 의자가 아니라 우연한 협력과 생산의 플랫폼이다.

2018년 창업공간이 아닌 플랫폼의 효과를 증명하기 위해 서울에 테스트 베드를 만들었다. 바로 '용산전자상상가'다. 용산전자상가는 한때 아시아 최대 규모의 IT 메카로 불렸지만 2000년대 중반 이후 급격하게 쇠락의 길을 걸었다. 전자상거래 시대가 열리고 주력 상품이었던 PC 수요의 하락이 주요 요인이다. 공실률이 20%가 넘을 정도로 활기를 잃은 상가 건물에 창업공간을 만들었다. 청년들에게 남는 사무실을 주는 방식이 아니라 새로운 생산 플랫폼을 조성했다.

빈 사무실이 넘치는 낡은 건물에 디지털 도구들을 들여놓고 창업자들이 언제든지 아이디어를 직접 시제품으로 만들 수 있도록 했다. 또 배움이 필요할 때 가르쳐줄 사람과 만들어진 제품의 판매 가능성을 판단해주는 멘토와 수시로 교류하는 프로그램도 도입했다. 이곳에 모인 청년 창업가들이 자연스럽게 어울릴 수 있는 식당, 회의 공간, 여가 공간도 마련했다. 공간 설계는 철저하게 디지털 네이티브가 좋아할 만한 배치와 시스템을 적용했다. 건물 내 이동을 위한 공간은 닫혀 있는 복도가 아닌 개방적인 길의 개념으로 설계했다. 서로의 활동이 오픈되면서 자연스럽게 관심이 집중

도시 생태계 만들기

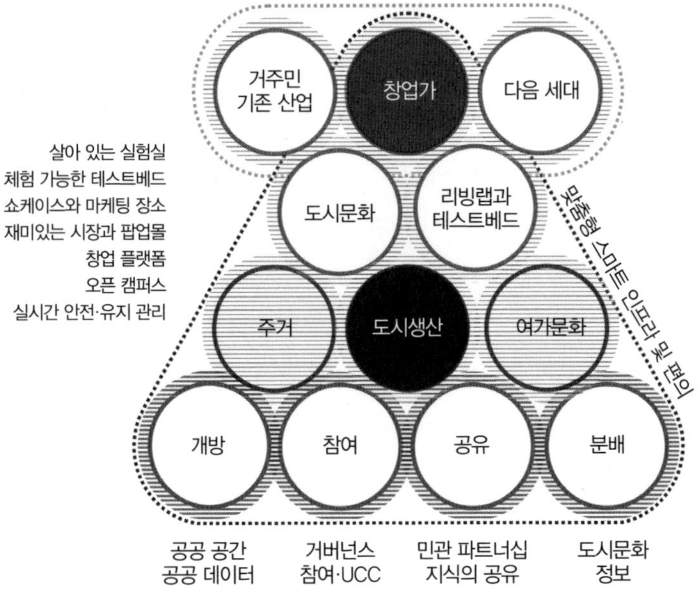

되고, 쉽게 서로의 작업에 참여할 수 있는 가로환경을 조성한 것이다. 이는 우연한 협력을 지원하는 창업 생태계에서 매우 중요한 요소다.

용산은 창조적 도시의 에너지로서 새로운 문화의 발신지로도 자리매김하고 있다. 바로 해커톤 문화다. ICT 분야 기획, 개발, 디자이너 등 청년들이 정해진 기한 내에 제품 및 기획을 완성하는 해커톤 대회는 디지털 시대를 대표하는 글로벌 문화다. 마이크로소프트사는 아시아 최초의 해커톤 대회를 바로 용산에서 진행했다. 한국의 청년 창업가들은 2박 3일 동안 해커톤을 통해 일과 놀이의 결합이라는 미래의 창업 문화를 경험했다. 이와 같은 용산전자상상가의 새로운 시도와 도전은 가시적 성과로 이어졌다. 오픈한 지 6개월 만에 방문객 수가 무려 300% 이상 증가했다. 지난 2년 동안 11개의 스타트업이 창업했으며 53명의 고용효과가 나타났다. 용산전자 상상가는 테스트 베드로 진행한 탓에 규모는 크지 않다. 하지만 한국형 창업 생태계의 거점으로서 가능성을 충분히 보여줬다.

창조적이고 건전한 기업가 정신을 가진 창업가 앙트레프레뉴어entrepreneur는 미래를 생산해낼 주체다. 미래 도시는 이들의 역량이 최대한 발휘될 수 있는 창조적 환경을 갖춰야 한다. 창조적 젊은 창업가들이 선호하는 도시는 풍성한 문화가 있고, 도시 자체가 살아 있는 실험실living lab이자 체험할 수 있는 테스트 베드로서 역할을 할 수 있는 스마트 인프라가 구축된 스마트 시티다. 스마트 시티는 도시 자체가 상호작용하는 거대한 시장이다. 그 안에서 개방, 참여, 공유, 분배의 가치가 자유롭게 실현되어야 4차 산업혁명이라는 새로운 문명이 가능해진다.

도시는 시대에 따라 능동적으로 변한다. 하지만 일터work, 주거live, 여가·문화play가 조화롭게 융합되어 교육과 산업을 촉진하는 도시가 좋은 도시라는 사실은 역사상 한 번도 변하지 않았다. 도시 생태계의 3요소 일, 주거, 문화를 기반으로 도시 재생과 스마트화 프로젝트를 연계했다. 그럼으로써 도시는 혁신지구를 개발하고 스마트 시티로 진화하는 목표를 동시에 실현할 수 있다. 4차 산업혁명 시대에 도시와 국가의 산업 경쟁력은 건강한 도시 생태계의 조성에 달려 있다.

3. 도시는 어떻게 미래에 대응하는가

도시의 진화는 예상되는 문제를 해결하는 게 아니라 현재의 문제에 대응하는 과정이다. 현재 도시의 문제를 제대로 알았을 때 옳은 방향을 설정할 수 있다. 이것이 미래 도시의 비전이 된다. 도시가 안고 있는 문제들은 단순하지 않다. 사실 매우 복잡하고 까다로운 과제다. 하지만 열심히 풀면 언젠가는 답이 나오는 것이 바로 도시의 문제다.

기술만으로 좋은 도시가 완성되지 않는다

인공지능, 사물인터넷, 빅데이터, 초고속 통신망 등 스마트한 인프라로 최적의 효율을 끌어내는 스마트 시티에 대한 기대는 대부분 긍정적이다. 획기적인 교통 시스템, 기후변화에 대응, 공공안전의 확보 등을 통해 궁극적으로 삶의 질이 향상되리라는 믿음 때문이다. 하지만 역사적으로 혁신의 기술은 늘 양면의 얼굴로 다가왔다. 과학기술의 발달로 도시는 편의성과 효율성을 얻었고 새로운 문화와 독특한 문명을 탄생시켰다. 하지만 주택, 교통, 환경, 범죄, 실업, 빈곤, 인간 소외 등 다양한 도시의 문제가 발생했다. 스마트 시티는 지금까지의 도시와는 차원이 다른 삶의 변화를 예고하지만 변화의 주체는 기술이 아니라 인간이다. 그래서 미래 도시로 가는 길목에 있는 지금 가장 중요한 질문을 해야 한다. 스마트 시티는 정말 더 나은 삶을 약속할까? 스마트 시티는 누구를 위한 도시일까?

솔직히 스마트 시티가 모든 사람에게 현재보다 더 나은 삶을 가능하게 할 수 있다면 정말 좋겠다. 하지만 현실적으로는 쉽지 않다. 스마트 시티가 가져올 변화에서 수혜받은 사람들이 있다면 그렇지 않은 사람들도 존재할 것이다. 그래서 누군가는 스마트 시티의 비전에 동의하고 또 다른 누군가는 동의하지 않는다. 하지만 결국 도시는 더 큰 흐름을 따라 진화할 것이다. 다만 그 과정에서 소외되는 사람들의 요구도 어떻게든 해결하려 노력할 것이다. 기술은 좋은 도시를 만들지만 기술만으로 좋은 도시가 완성되는 것은 아니다.

역사적으로 도시는 늘 공급자 관점으로 개발되어왔다. 소수의 사회 엘리트가 방향성을 결정하고 추진하는 하향식 도시계획에서 민주주의적 의사결정이 훼손되는 게 사실이다. 가령 도시에 지하철 노선을 하나 건설하는 데도 수많은 이권 권력들이 개입한다. 소수의 행정가가 당연한 듯 주도권을 갖고 시민 대표들이 논의에 참여해도 모수가 워낙 낮아 다수의 요구를 대표하기 어렵다. 게다가 시민을 대표한다고 나서는 사람들이 실제로 시민의 이익을 대변하지 않는 경우도 자주 있다. 도시개발에는 민주주의 의사결정 방식이 적용되지만 현실은 민주주의를 표방한 의사결정 과정을 따를 뿐이다.

좋은 도시를 만들려면 공급자가 아닌 수요자 관점으로 접근해야 한다. 그런데 스마트 시티는 바로 이 부분에서 능력을 발휘할 수 있다. 바로 빅데이터 분석을 기반으로 작동하는 스마트 인프라 덕분이다. 인공지능의 기술을 이용해 침묵하는 다수의 데이터를 분석함으로써 더 많은 시민의 진짜 요구를 최대한 파악하고 도시계획의 방향성에 적용할 수 있다. 물론 이런 혁신 기술이 개인의 모든 문제를 해결할 수는 없다. 다만 도시가 지향하는 큰 문명의 흐름에서 볼 때 개인의 가치를 존중하는 방향으로 이끌 수 있다는 기대는 충분히 가능하다.

인공지능 인프라는 도시의 민주적 시스템을 완성할 만큼 완벽하지 않고 만능의 시스템도 아니다. 데이터의 편향성 문제, 알고리즘 독재의 위험, 빈부 격차가 디지털 격차로 이어지며 발생하는 불평등의 문제 등에 대한 답을 인류는 아직 찾지 못했다. 미래 인류의 삶에 미칠 영향에 대한 철학적 논의는 여전히 매우 부족하고 기술의 속도를 따라잡을 엄두도 못 내는 상황이다.

'스마트 시티는 누구를 위한 도시인가?'라는 질문이 포함하는 여러 문제를 한 번에 해결할 수는 없다. 하지만 도시계획의 본질에 집중함으로써 미래를 더 나은 방향으로 이끌어갈 수는 있다. 도시계획의 본질은 기술로 '삶의 질'을 향상하는 것이다. 첨단기술은 다수의 삶을 위해 활용되어야 하고, 도시는 구성원들의 문제를 해결하는 방향으로 나아갈 때 비로소 지속가능하다. 스마트 시티의 긍정적 미래는 기술의 발전으로 만들어지는 것이 아니라 어떤 관점으로 접근하는가에 달려 있다.

미래의 문제는 현재의 문제로 풀면 된다

미래를 계획할 때 가장 중요한 요소는 예측 가능성이다. 도시계획에서 예측은 건실한 의사결정 과정에 의해서 이루어진다. 도시계획을 수립할 때 도시의 물리적 환경을 나타내는 공간 정보를 비롯해

시민들의 다양한 활동과 상호작용에서 발생할 수 있는 사회, 경제, 문화, 인문 분야의 정보를 모두 분석하는 과정이 반드시 포함된다. 바로 예측과 관련해 더 좋은 의사결정을 하기 위해서다.

하지만 예측이란 원래 완벽할 수 없다. 아무리 꼼꼼한 계획도 100%의 해법을 제시할 수 없다. 스마트 시티의 인프라 안에서 발생 가능한 첨단의 지능형 범죄와 같은 현실적인 문제도 마찬가지다. 이런 문제의 해법을 찾아보고자 미국 MIT 연구팀과 함께 '예측할 수 없는 것에 대한 예측'의 방법을 논의한 적이 있다. 그 시작은 도시에서 '변하지 않는 것'과 '변해야 할 것'을 구분하는 것이다. 그 과정에서 충분히 예측 가능한 문제들을 파악할 수 있다. 당시 연구결과를 두고 여러 의견이 오고 갔다. 결론은 예측할 수 없는 것에 대한 것보다 예측할 수 있는 것을 더 잘 예측할 수 있게 하자는 것이었다. 즉 창업 생태계를 계획할 때 예측할 수 없는 문제에 대한 고민보다 충분히 예측 가능한 문제에 더 집중하자는 것이다.

가령 창업 생태계에서 가장 중요한 것은 시제품prototype의 제작을 위한 지원이다. 시제품이 있어야 상품화를 할 수 있고 창업도 가능해진다. 창업가들이 어려움 없이 시제품을 제작하고 창업으로 연결하는 과정은 생태계 안에서 변함없이 유지되어야만 하는 '변하지 않는 것'이다. 이때 생태계 안에서 협력을 방해할 만한 요소들, 즉 수요자들의 불만은 사전에 비교적 정확하게 예측할 수 있다. 창업가들의 우연한 협력을 방해하는 가장 큰 요소는 자신의 노력을 빼앗기거나 인정받지 못하는 결과에 대한 두려움이다. 이를 해소하기 위해 창업 생태계는 계획 단계부터 첨단의 시제품 제작소뿐 아니라 법률, 금융, 지식거래 및 인증을 포괄하는 지원체계를 갖춰야 한다. 그래야 비로소 자연스러운 협력이 이루어지고 긍정적인 성과도 기대할 수 있다.

창업가들의 우연한 협력을 지원하는 요소 중 하나로서 최고의 요리사가 만든 음식이 합리적인 가격으로 제공되는 식당을 운영하는 것도 좋은 예다. 돈이 충분하지 않은 청년 창업가들이 밥을 먹을 때마다 느끼게 될 현실적 불만은 창업의 의지, 도전, 협력에 부정적인 영향을 미칠 수 있다. 최고 수준의 식당은 단순히 휴게 공간이 아니라 창업가들이 스스로 '최고'라는 인식을 하도록 지원하는 솔루션이 될 수 있다.

디지털 네이티브의 패턴을 분석해 인적관계를 돕는 전문적인 프로그램과 시스템을 배치하는 것도 불만을 예측하고 대응하는 장치다. 스마트 기술은 이처럼 예측 가능한 문제의 해결을 위한 인프라를 구축하는 데 적극적으로 사용된다. 그렇다면 이런 노력은 완벽한 해피엔딩으로 끝날까? 그렇지는 않을 것이다. 이 모든 계획은 협력을 강제하는 것이 아니라 협력을 쉽게 할 수 있도록 촉진하는 역할에 머물 뿐이다. 선택과 결과는 사람의 몫이다. 예측하기 어려운 부정적 문제에 대한 완벽한 방어는 계획할 수 없다. 다만 첨단 인프라가 범죄를 촉진하지 않는 것에 더 집중한다는 의미다.

사람들의 활동을 촉진하는 데 주력한다는 의미에서 구성원(주민)에게 자치의식을 심어주는 것도 도시계획에 포함되어야 할 중요한 요소다. 언젠가 국내 지사체들의 소셜 퀄리티를 조사한 적이 있다. 놀랍게도 오래된 도시 종로가 가장 높은 평가를 받았다. 그 이유를 살펴보니 자연경관, 역사, 그리고 무엇보다 오랜 세월 형성된 시민 네트워크의 힘이 컸다. 시민 네트워크는 시민사회의 깊이를 보여주는 것으로서 그만큼 풀뿌리 시민들의 참여가 활발하다는 것이다. 한국은 도시를 만들 때 사회적으로 부동산 개발에 많은 관심이 집중된다. 하지만 이렇게 개발된 신도시의 소셜 퀄리티는 높을 수 없다. 도시는 도시계획 안에 부동산 개발자의 관점이 있는지, 삶의 질을 개선하는 콘텐츠가 있는지에 따라 완전히 다른 방향으로 진화한다.

도시의 진화는 예상되는 문제를 해결하는 게 아니라 현재의 문제에 대응하는 과정이라고 할 수 있다. 현재 도시의 문제를 제대로 인지했을 때 옳은 방향을 설정할 수 있다. 그리고 이것이 미래 도시의 비전이 된다. 도시가 안고 있는 문제들은 단순하지 않다. 하지만 도시는 역사적으로 다양한 도시의 문제들을 조금씩 해결하면서 진화해왔다. 현재의 도시는 그 노력의 결과다. 도시의 문제는 매우 복잡하고 까다롭지만 해결하지 못할 숙제는 아니다.

시대정신을 담은 인프라가 곧 도시의 품격이다

● ● ●

봉준호 감독의 영화 「옥자」가 공개되었을 때 세계 영화시장이 동요했다. 특히 영화의 작품성에 대한 것보다 넷플릭스 개봉작이라는 것이 이슈였다. 기존 영화시장의 유통구조를 과감하게 벗어나 넷플릭스를 통해 개봉한 「옥자」에 대한 업계의 견제는 거셌고 국제영화제 출품 자체를 반대하는 목소리가 높았다. 우여곡절 끝에 출품할 수 있었지만 수상은 하지 못했다.

봉준호 감독의 선택은 시장의 변화를 예고한 것이다. 이는 전 산업계에 새로운 기회가 생겼음을 의미한다. 가정에서 영화를 보는 시대의 개막은 건축 시장에도 영향을 미쳤다. '넷플릭스를 즐기기 좋게 설계된 집'이 속속 지어지는 현실은 시대의 변화에 대한 건축과 도시의 반응이다. 역사적으로 건축은 시대의 가치를 공간과 환경으로 만들어낸 역할을 해왔다. 이는 곧 도시의 변화를 의미한다. 급격하게 발전하는 첨단기술, 산업의 변화, 그리고 이로 인한 라이프스타일의 변화를 미래 도시가 어떻게 담아낼 것인지 진지한 고민이 필요하다.

도시는 토목이 아닌 지식산업 생태계다. 즉 콘텐츠가 중요하다. 좋은 도시는 좋은 콘텐츠를 갖고 있다. 글로벌 사회가 지향하는 가치가 지역의 삶과 어느 정도 연계되어 있는가, 또 이를 가능하게 하는 건강한 시장과 제도를 갖추고 있는가는 좋은 콘텐츠를 구분하는 기준이 된다. 한마디로 도시의 시대정신과 사회적 가치가 도시의 품격을 결정한다는 얘기다.

현재 전 세계가 당면한 문제는 바로 기후변화이다. 기후변화의 대응은 미래 도시가 지속 가능하기 위해 추구해야 할 가치이자 시대정신이다. 기후변화는 도시의 발달과 밀접한 관계가 있다. 온실가스를 배출하는 주범이 도시이기 때문이다. 그런데 빠른 미래에 도시의 인구는 더 증가해 약 15억 명이 도시에 거주할 것으로 예측된다. 아시아와 아프리카에서만 9억 명 정도가 도시에 거주할 것이라고 하니 앞으로 전 세계에 서울 규모의 도시가 90개나 더 생길 것이다.

스마트 시티는 기후변화 대응이라는 시대정신을 스마트 인프라에 적용하고 에너지 절약이라는 사회적 가치를 실현한다. 신재생에너지, 에너지효율 최적화smart grid, 정보통신기술을 활용한 수자원 관리 시스템water grid 등은 스마트 시티를 완성하는 주요 인프라다. 에너지 절약의 또 다른 수단은 '공유와 개방'이다. 사람과 사람, 사람과 기계, 기계와 기계의 소통은 사물인터넷, 인공지능, 증강현실 같

변하지 말아야 할 것과 변화해야 할 것

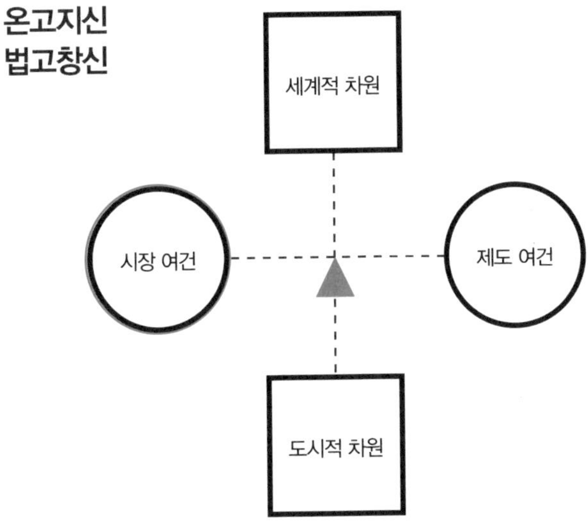

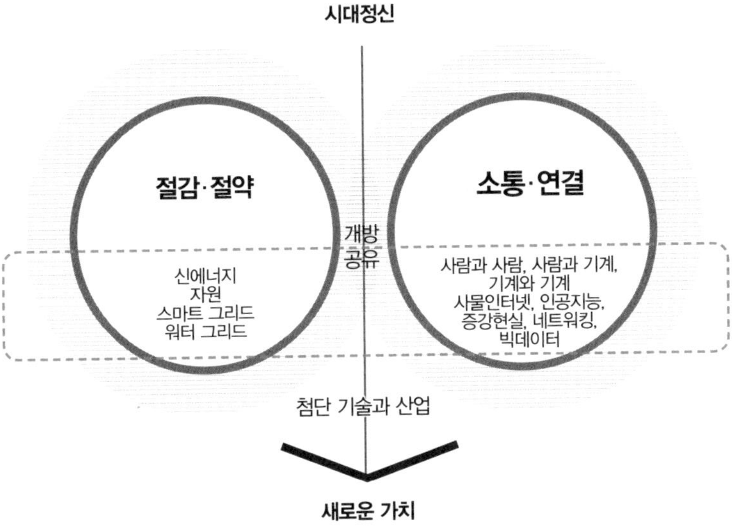

은 수많은 기술로 가능하다. 스마트 시티의 첨단 인프라는 공유와 개방의 방식을 통해 시대정신을 새로운 가치로 만든다.

과거 산업혁명 이후 새로운 기술과 산업이 등장할 때마다 세상은 변화로 인한 혼돈을 겪었다. 이 과정에서 건축과 도시는 첨단 산업과 기술을 통해 미래를 제시하고 삶을 구체화해왔다. 건축과 도시의 변하지 않는 가치는 사람들의 더 나은 삶을 추구한다는 것이다. 도시가 첨단 산업과 기술을 담아 행복한 삶의 장소와 공간을 구현하고자 노력할 때 도시의 지속가능한 생명력이 시작된다.

스마트 시티의 경쟁력은 시민의 공감에서 시작된다

● ● ●

우리는 이미 다른 나라의 입장에서는 미래의 도시로 평가받는 스마트 시티에 살고 있다. 세계는 스마트 시티를 가장 잘 만들 수 있는 나라로 한국을 꼽는다. 정보통신기술 발전 지수 세계 1위(2015), 초고속 인터넷 보급률과 초고속 인터넷 속도 세계 1위(2016), 세계 최초 5G 상용화 등 기술적 능력을 갖추었고, 디지털 네이티브 비율이 세계 1위(2014)로 인재도 풍부하다. 또 U시티, 세종시, 상암 디지털미디어시티, 송도국제도시 등 도시 건설 관련 지식과 성공 및 실패의 경험도 충분하다. 실제로 많은 나라들이 스마트 페이나 공유 자동차, 첨단 방범·방재 시스템 등의 부분에서 한국을 롤 모델로 생각한다.

하지만 우리에게는 이 모든 역량을 통합하는 주체가 없다. 축적한 경험을 라이프스타일로 해석하고 조합하는 창조적 기획력이 매우 부족하다. 진행 중인 대부분의 도시개발 계획에는 여전히 살고 일하며 문화적인 공간에서 우연한 협력을 촉진하는 기획이 빠져 있고 도시가 쌓아 온 경험과 역량은 충분히 반영되지 않고 있다. 여러 원인이 있겠지만 신도시 수준의 규모와 영화에 나올 법한 엄청난 기술들이 적용되어야만 스마트 시티라고 생각하는 것이야말로 가장 큰 장애물이다.

세계적으로 스마트 시티의 모델로 주목받는 런던의 베드제드Bedzed는 고작 82가구가 거주하는 주거단지다. 우리나라의 아파트 단지 한 개보다 규모가 작은 이곳은 화석 에너지를 전혀 사용하지 않는 신재생에너지 도시다. 친환경 에너지의 사용과 에너지 손실을 최소화하는 첨단 건축기술, 전기자동차 운행 등을 통해 베드제드는 미래 제로 에너지 도시의 가능성을 증명해 보였다. 그런가 하면 구글과 페이스북은 본사와 직원 주택단지에 첨단기술을 적용해 작은 스마트 시티를 조성하고 있다. 이처럼 규모가 작은 스마트 시티의 조성이 매우 중요한 이유는 일반 사람들에게 스마트 시티를 체험할 기회를 제공하기 때문이다.

과거 산업혁명을 주도했던 국가들은 첨단기술의 상품화는 실증을 통해 사람들의 감동과 공감을 얻어야만 가능하다는 사실을 익히 알고 있다. 현재 4차 산업혁명과 스마트 시티를 주도하는 국가 중에서 유일하게 지난 산업혁명에 참여하지 못한 국가가 바로 한국이다. 스마트 시티에서 한국이 경쟁력을 갖추기 위해서는 우리의 역량과 기술이 집약된 '작은 실증'의 성공이 필요하다. 정부는 여러 부처와 기관들의 사업과 도시 사례를 모아 자산으로 활용해야 한다. 기업들은 모델하우스와 같은 홍보관이나 전시관에 돈을 투자할 것이 아니라 시민들이 직접 스마트 기술과 도시를 체험할 수 있는 경험의 공간을 제공해야 한다. 시민들이 도시 곳곳에서 스마트 시티의 가치를 자연스럽게 체험해야만 공감할 수 있다. 그래야 비로소 시장의 관심을 집중시킬 수 있다.

우리는 지난 산업혁명을 주도한 국가들을 쫓아가기 바빴다. 하지만 4차 산업혁명과 스마트 시티는 우리가 주도할 수 있는 기회다. 온고지신溫故知新과 법고창신法古創新의 관점으로 한국형 스마트 시티를 고민해야 한다. 한국이 스마트 시티의 표준을 만들어나간다는 혁신적 사고가 필요하다. 가령 한국이 주도적으로 스마트 시티 지수smart city index를 만들 수도 있다. 스마트 시티 지수는 도시의 산업, 환경, 교통, 문화 등 다양한 분야 중 어디가 강하고, 또 약한지 진단함으로써 개발의 방향을 설정하는 기준이 된다. 스마트 시티의 표준을 만든 나라와 기업은 미래 도시, 문화, 그리고 산업의 중심이 될 수 있다. 다른 나라와 기업이 정한 기준에 맞는 스마트 시티가 아니라 한국의 문화, 기술, 인적 역량으로 스마트 시티를 만들어나갈 힘을 이미 갖고 있다. 필요한 건 창조적 생각을 신뢰하고 혁신을 머뭇거리지 않고 빠르게 행동하는 것이다.

4장

미래 기술과 격차

: 인공지능에 과학, 사회학, 철학을 탑재하자

김대식

카이스트 전기 및 전자공학부 교수

독일 막스―플랑크뇌과학 연구소에서 뇌과학으로 박사학위를 받았고 미국 MIT에서 박사후과정을 거쳤다. 그 후 일본 이화학연구소 연구원, 미국 미네소타대학교 조교수, 보스턴대학교 부교수로 근무했다. 주로 뇌과학과 뇌공학, MRI, 인공지능 등의 분야를 연구하고 있다.
주요 저서로는 『김대식의 빅퀘스천』 『김대식의 인간 vs 기계』 『그들은 어떻게 세상의 중심이 되었는가』 『당신의 뇌, 미래의 뇌』 『인간을 읽어내는 과학』 등이 있다.

1. 학습하는 기계와 학습당하는 인간의 세상이 온다

과거 기계는 인간이 만든 룰에 따라 데이터를 처리하는 수준이었다. 하지만 인공지능은 인간이 데이터를 넣으면 기계가 스스로 룰을 결정한다. 앞으로 인공지능은 직접 세상을 보고 스스로 인식할 것이다. 정보를 처리하는 기계가 아닌 정보를 이해하는 기계의 시대가 멀지 않았다.

인공지능의 이해능력은 데이터 학습능력이다

"SF 영화에서만 보았던 미래가 현실로 다가온다."

4차 산업혁명 시대를 설명할 때 빠지지 않고 등장하는 말이다. 할리우드 SF 영화에서 본 장면이 무엇이든 미래 세상은 지금까지 우리가 경험했던 현실 세계와 전혀 다를 것이라는 생각은 충분히 하게 된다.

인공지능이라는 주제로 토론을 시작하면 대개 두 가지 세상이 등장한다. 하나는 영화 〈터미네이터〉가 보여주는 인류가 멸망한 세상이다. 극단적으로 암울하지만 상상에 가까운 이야기다. 물론 4차 산업혁명의 기술들이 터미네이터를 우리 삶에 들여놓을 수 있지만 현실이 되려면 무척 오랜 시간이 필요할 것이다. 현재 세상에서 가장 뛰어난 휴머노이드 로봇이 뒤뚱뒤뚱 걷다가 저 혼자 넘어지는 정도의 수준에 불과하니 말이다. 또 다른 미래의 이야기는 경제적 차원에서 인공지능 기술로 인해 현존하는 일자리의 47%가 사라진 세상이다. 공포스럽지만 현실적이다. 사실 대부분 미래 사회에 관한 토론은 이 문제에 집중된다. 인공지능과 노동의 문제는 매우 중요한 이슈다. 하지만 이것이 미래 세상의 모든 이야기는 아니다. 인공지능 기술이 우리 삶에 밀착되었을 때 발생하는 일들은 생각보다 더 디테일하고 더 광범위하게 바꿀 것이다. 인공지능 사회에 대한 현실적 이해를 위해서는 기술, 인간, 사회의 문제를 바라보는 조금 다른 각도의 시각이 필요하다.

인공지능 기술에 대한 막연한 상상, 환상, 공포는 현 과학기술의 수준과 인공지능의 원리를 잘 이해하지 못하는 데서 비롯된다. 인공지능은 인간의 뇌를 모방한 기술이다. 그래서 사람들은 인공지능을 인간과 동일시하기 쉽다. 하지만 기계는 근본적으로 인간의 아주 간단한 능력을 모방하는 것조차 매우 힘들다. 미국 로봇 공학자 한스 모라벡Hans Moravec은 '인간에게 쉬운 일은 기계에게 어렵고 기계에게 쉬운 일은 인간에게 어렵다.'라는 모라벡의 역설Moravec's paradox로 인간과 기계의 차이를 설명했다. 가령 인간은 아주 어린 아이라도 보고, 듣고, 느끼고, 걷고, 소통하는 걸 쉽게 할 수 있는 일이다. 하지만 기계는 이런 일을 쉽게 할 수가 없다. 이는 인공지능이 정보를 처리하는 방식과 데이터의 속성을 알면 이해가 쉽다.

인공지능의 이해능력은 한마디로 데이터를 학습하는 능력이다. 인터넷 공간에 인간들이 흘려놓은 행동의 족적들이 바로 데이터다. 현재 인류는 10^{21}승이나 되는 엄청난 데이터를 갖고 있으며 멀지 않아 100제타바이트 수준의 데이터를 보유하게 될 것이다. 그런데 우리가 이 수치 속에 미처 모르는 사실이 있다. 100제타바이트에 이르는 빅데이터가 모두 동일한 성격의 데이터가 아니라는 것이다. 데이터는 원래 두 개의 성격으로 분류된다. 하나는 정량화가 가능한 수학적이고 기계적인 정보들이다. 이를 구조화된 데이터structured data라고 한다. 검색으로 찾을 수 있고 활용하고 있는 대부분 정보는 구조화된 데이터이다. 이는 전체 데이터양의 약 10%에 불과하다. 빅데이터 시대라고 하지만 실제로는 아직 스몰데이터를 활용하는 수준에 머물러 있다.

그렇다면 나머지 90%의 데이터는 뭘까? 바로 정량화가 불가능한 비구조화된 데이터unstructured data이다. 동영상, 사진, 자연어(인간의 언어) 등의 데이터는 구조화하기 어렵고 기계는 기본적으로 구조화되지 않은 데이터를 자유롭게 처리하지 못한다. 구조화된 데이터는 선형으로 꾸준히 증가하지만 비구조화된 데이터는 기하급수적으로 증가한다. 이런 식이면 향후 빅데이터 중 99.99%는 비구조화된 데이터가 차지하게 될 것이다.

비구조화된 데이터의 분석이 어려운 이유가 바로 인간과 기계의 차이다. 사람에게 강아지 사진을 보여주면 찰나의 순간 '개'라고 인식한다. 하지만 기계는 사람이 '개'라는 걸 설명해줘야 한다. 인간의 뇌를 모방한 기계를 만들고 싶었던 인공지능 엔지니어들은 이 문제 앞에서 고민에 빠졌다. 기계에 개를 어떻게 설명하면 좋을까? 그래서 생각한 방법은 기계에 개에 관한 수백 가지의 특징을 모두 정보로 입력해주는 거였다. 그랬더니 어느 순간 기계가 개를 알아보기 시작했다. 하지만 똑같은 개가 돌아눕는 등 다양하게 자세를 취하거나 흑백 사진으로 바뀌면 기계는 다시 개를 알아보지 못했다. 보편적 방법으로 개를 설명하면 개가 아닌 다른 동물들이 확률분포에 속하게 된다. 아주 구체적으로 개를 설명하면 기계는 개의 모습이 약간만 달라져도 알아보지 못하는 것이다. 보편성과 구체성은 반대의 개념이다. 두 개를 동시에 만족시키는 건 사실 불가능하다.

인공지능이 정보를 이해하는 시대가 온다

최근 인공지능에 관심이 뜨겁다. 그런데 인공지능 연구가 시작된 것은 1950년대로 꽤 오래전이다. 약 70여 년 동안 기호주의 인공지능symbolic AI, 즉 인간이 정한 규칙에 따라 판단하는 지식 기반의 추론 시스템을 연구해왔다. 이 연구는 정량화가 가능한 구조화된 데이터의 학습 부분에서는 상당한 성과를 거뒀다. 하지만 물체 인식과 언어처리에서는 한계를 넘지 못했다.

그러다 2012년 '기계에 세상을 설명해주지 말고, 기계에 학습하는 기능을 주자.'라는 생각을 하게 되면서 인공지능 연구의 패러다임이 완전히 바뀌었다. 데이터를 기반으로 기계 학습하는 연결주의 인공지능connectionist AI의 개념이 탄생한 것이다. 연결주의 인공지능은 쉽게 말해 인공신경망이다. 인공신경망은 블랙박스라고 생각하면 된다. 그 안에 상호 연결성을 갖는 다양한 프로세싱 유닛processing unit이 존재한다. 인공지능 학습의 핵심은 보통 '인공신경 세포'라 불리는 이 유닛 간의 연결고리값을 '라벨된' 데이터를 통해 최적화시키는 것이다.

인공지능이 고양이를 학습한다고 하자. 고양이 사진을 입력하면 고양이를 모르는 기계는 당연히 엉뚱한 답을 낸다. 이때 누군가 정답은 '고양이'라는 걸 알려줘야 한다. 바로 고양이라고 이름이 붙은 데이터를 많이 제공하는 것이다. 이것이 지도학습이다. 지도학습의 원리는 간단하다. 정답에서 오답을 뺐을 때 나오는 차이 값을 계산한다. 그러고 나서 계속 랜덤으로 연결고리를 바꾸면서 다시 정답에서 오답 빼기를 반복해 그 차이가 0이 나올 때까지 시스템을 돌리는 것이다. 이때 정답, 즉 이름이 표시된 데이터가 많을수록 기계의 학습 능력은 올라간다. 하지만 지도학습은 계산량은 많지만 수학적으론 비교적 간단한 방법이다. 그럼에도 이 방식이 나름 현실적인 시간 내에 계산할 수 있는 건 그래픽처리장치GPU라는 기술이 등장했기 때문이다.

인공지능 알고리즘, 즉 인공신경망을 최적화한 상태에서 기계는 인간의 상상대로 사물을 인식하기 시작했다. 고양이가 누워 있든 웅크리고 있든 알아볼 수 있다. 헤어스타일을 바꿔도 같은 사람이라고 답한다. 젊은 헤리슨 포드와 나이든 헤리슨 포드도 동일 인물로 인식한다. 심지어 성형수술 전과 후 얼굴도 같은 인물임을 알아본다. 드론에 인공지능 눈을 달아서 띄우면 사물은 물론이고 인간의 얼굴을 정확하게 인식한다. 기계가 세상을 보기 시작한 것이다.

과거에는 인간이 만든 룰에 따라 기계가 데이터를 처리하는 수준이었다. 하지만 딥러닝 기반의 인공지능은 인간이 데이터를 넣으면 기계가 룰을 결정한다. 룰과 데이터의 관계가 뒤집힌 것인데 여기엔 한 가지 큰 문제가 있다. 기계가 찾아낸 룰을 인간은 대부분 이해하지 못한다. 확률 분포적 룰이라는 것과 '어쨌든 된다'는 건 알지만 그 안에서 또 무엇이 되고 안 될지 예측하는 건 어렵다. 이런 상태에서 인공지능이 내놓은 답을 인간은 어떻게 받아들여야 할까?

지금까지는 인간이 세상을 바라보고 정보를 분석해 기계에 입력했지만 앞으로는 인공지능이 직접 세상을 보고 스스로 인식할 것이다. 정보를 처리하는 기계가 아닌 정보를 이해하는 기계의 출현이 멀지 않았다.

인공지능이 직접 데이터 생산을 한다

● ● ●

인공지능의 인식능력은 어느 정도일까. 아래 두 문장을 보자.

1) 'Obama speaks to the media in Illinois.'
2) 'The president greets the press in Chicago.'

이 두 문장은 같지 않다. 사용된 단어가 다르다. 하지만 사람들은 이 두 문장의 의미가 같다는 것을 안다. 인공지능 연구자들이 두 문장을 워드 벡터word vector로 표현해 새로운 벡터 공간으로 임베딩embedding할 수 있다. 이 실험에서 인공지능은 신기하게도 오바마 옆에 프레지던트를 나열했고 미디어 옆에 프레스를 나열했다. 비슷한 의미의 단어를 클러스터링한 것이다. 이 기술은 서로 다른 언어에서도 실력을 발휘한다. 영어책 1만 권을 맵핑mapping하고 다시 한국어책 1만 권을 맵핑한 후 한국어로 고양이를 찾으면 고양이 바로 옆에 떡하니 Cat이 배열된다. 한국어책에서 고양이가 한 역할과 영어책에서 캣이 한 역할을 이해하고 배치한 것이다.

여기서 한 걸음 더 나아가 인공지능은 특정 화가의 스타일을 정확하게 인식하고 또 만들어내는 것도 가능하다. 딥러닝 기반의 알고리즘에 화가 고흐와 뭉크의 그림을 학습시키면 인공지능은 고흐와 뭉크의 그림을 잘 구별한다. 그리고 이어서 고흐와 전혀 관계가 없는 엉뚱한 사진을 입력한 후 고흐의 그림으로 바꾸도록 했더니 인공지능은 입력된 사진을 고흐의 화풍으로 완전히 바꾸어놓았다. 인간이 눈으로 고흐의 그림을 찾아낼 수 있는 건 고흐의 스타일을 이해하기 때문이다. 하지만 눈이 아닌 말로 고흐의 스타일을 표현하긴 어렵다. 그런데 인공지능은 고흐의 스타일을 이해하지 않아도 데이터를 기반으로 비슷하게 만들 수 있다. 고흐뿐 아니라 칸딘스키나 피카소도 가능하고 서양화를 동양화로 바꾸는 것도 수월하다. 이쯤 되니 상상력이 돋는다. 언젠가는 인공지능이 고흐가 고프로GoPro로 찍었을 법한 동영상도 만들어내지 않을까.

인공지능은 이제 단순히 데이터를 인식하는 수준을 넘어 데이터를 생산하는 수준에 도달했다. 인간이 생산한 그림과 글과 영상을 학습하고 인식하는 수준을 넘어 인공지능이 직접 그리고 쓰고 동영상을 만들어낼 수 있게 된 것이다. 대표적인 알고리즘이 생성적 적대 신경망GAN, generative adversarial network이다. 생성적 적대 신경망은 데이터를 생산하는 인공지능과 이 데이터를 판별하는 인공지능 두 개의 모델이 서로 싸우는 방식으로 학습한다. 예를 들어 '사람의 얼굴을 그려보라.'라는 명령을 입력했다고 하자. 생성하는 알고리즘은 얼굴이 뭔지 모르니 일단 아무렇게 그린다. 그러면 판별하는 알고리즘은 '아니다.'라고 피드백을 준다. 그러면 데이터 생성 알고리즘은 확률이 높은 쪽으로 차이를 줄여가는 것이다. 경제학의 미니맥스 게임과 같은 방식이다.

생성적 적대 신경망을 통해 그려낸 그림은 놀라울 정도로 실사에 가깝다. 솔직히 실제 사람과 구분이 어려울 정도다. 재미있는 건 이렇게 그린 얼굴들이 모두 미남미녀라는 점이다. 초기 기계학습을 시킬 때 할리우드 배우들의 얼굴을 사용한 덕분이다. 최근엔 일반인들의 얼굴 데이터를 사용해 더욱 현실적인 이미지를 생산한다. 어쩌면 10여 년 후 우리는 TV에서 인공지능이 만들어낸 앵커가 진행하는 뉴스를 보게 될지도 모르겠다.

인공지능의 발전은 어두운 미래를 상상하게 한다

2017년 4월 전 세계를 깜짝 놀라게 한 인공지능이 공개되었다. 캐나다의 스타트업 라이어버드Lyrebird가 개발한 음성 합성speech synthesis 알고리즘이다. 누구의 목소리든 버락 오바마 전 대통령, 도널드 트럼프 대통령, 힐러리 클린턴 전 국무장관 등 유명인의 목소리로 바꿔버리는 알고리즘의 등장으로 상상 속 한 장면이 더 빠르게 현실로 다가왔다.

음성 합성 알고리즘은 0.5초 안에 1,000개의 문장을 생성할 수 있는 그래픽처리장치 클러스터를 갖추고 있다. 많은 문장을 읽을수록 학습 데이터가 쌓여 사용자와 거의 같은 목소리를 흉내낸다. 이런 방식으로 널리 공개된 유명인의 목소리뿐 아니라 일반인의 목소리도 완벽하게 흉내낼 수 있다. 이 놀라운 인공지능의 시연을 지켜보노라면 머릿속에서 무서운 생각이 전개되는 걸 막을 수 없다. 미래의 어느 날 우리는 오바마이든 트럼프이든 그들이 실제로 얘기하지 않은 대화 내용을 생생하게 듣게 될지도 모른다. 또 어머니의 전화를 받고 급히 병원비를 보냈는데 알고 보니 보이스 피싱일 수도 있다.

그런데 목소리를 바꾸는 스타일 트랜스퍼 기술은 소리가 아닌 영상도 가능하다. 영국의 스타트업 신테지아Synthesia는 아예 영상

속 인물이 다양한 외국어로 말하도록 하는 알고리즘을 개발했다. 이 알고리즘으로 트럼프 대통령이 한국어로 연설하는 영상을 만들 수도 있다. 이는 더빙과는 전혀 다르다. 사람들이 더빙된 영화를 선호하지 않는 이유는 배우의 목소리가 다르고 단어의 길이와 입 모양이 달라 자연스럽지 않기 때문이다. 향후 이 알고리즘을 활용해 여러 언어로 맞춤형 콘텐츠를 제공할 수 있다면 문화 콘텐츠 비즈니스는 새로운 전환점을 맞게 될 것이다.

하지만 이 기술 역시 어두운 미래를 상상하게 한다. 아니, 이미 현실에서 가능성이 입증되고 있다. 독일의 막스 플랑크 연구소Max Planc Institute가 선보인 페이스 투 페이스Face2Face는 영상 속 인물의 표정을 내 표정으로 조작하는 알고리즘이다. 내가 입을 크게 벌리면 영상 속 인물, 그가 트럼프 대통령이든 러시아의 푸틴 대통령이든 그대로 따라 한다.

목소리를 바꾸고 언어를 바꾸고 얼굴을 바꾸는 기술을 하나로 결합하면 어떤 일이 벌어질까? 가령 한국에서 A후보와 B후보가 막상막하의 대선을 앞두고 있다고 하자. 그런데 선거 일주일 전 온라인에 동영상 하나가 공개된다. A후보가 마약을 하면서 나라를 팔아먹겠다고 얘기하는 핵폭탄급 동영상이다. 당사자가 나서서 적극적으로 부인하지만 동영상 속 인물은 누가 봐도 A후보다. 논쟁이 들끓는 가운데 투표가 진행되고 A후보는 패배했다. 그런데 6개월 후 문제의 동영상이 MIT 재학생이 만든 가짜 동영상이라는 게 밝혀졌다. 하지만 선거는 끝났고 가짜 동영상과 B후보 당선의 인과관계를 증명하는 것은 불가능에 가깝다. A후보가 억울함을 호소해도 결과를 바꿀 수는 없다. 이뿐일까? 어머니와 화상통화를 했는데 알고 보니 사기거나 중요한 상황에서 내가 진짜인지 가짜인지 스스로 증명해야 하는 웃지 못할 상황이 일상적으로 일어나는 세상도 가능하다.

2019년 미국의 비영리 인공지능 연구기관 오픈 에이아이Open AI는 문장 생성 전문 인공지능 GPT-2*를 발표했지만 소스 코드는 공개하지 않기로 했다. 일반적으로 논문이 발표되면 아카이브에 공개하고 알고리즘 자체 소스 코드는 깃허브GitHub에 올려 일반인들이 자유롭게 편집에 적용할 수 있도록 허용한다. 오픈 에이아이 측이 코드 공개를 거부한 이유를 '너무 위험하기 때문'이라고 밝혔다. 생성적 적대 신경망 방식이 적용된 GPT-2는 어떤 주제든 몇 개의 단어나 문장으로 상당히 그럴듯해 보이는 글을 만들어낼 수 있다. 내용은 물론이고 내용에 맞는 사진 설명까지 만든다. 예를 들어 인간이 '핵물질을 실은 열차가 오늘 신시내티에서 탈취했다.'라는 문장을 입력하면 GPT-2가 이어받아서 '해당 사건은 도심의 한 철도에서 발생했으며 해당 핵물질은 신시내티대학의 트라이앵글 파크 핵 연구소에서 개발한 것'이라고 글을 완성한다(Open AI 홈페이지). 입력된 문장은 단 한 줄이지만 인공지능은 10줄이 넘는 어휘력을 구사한다.

이 알고리즘을 개발한 오픈 에이아이 측에서 지적한 위험성은 바로 '가짜 뉴스'의 생산이다. 상당히 높은 수준의 위 기사에 등장하는 '트라이앵글 파크 핵 연구소'는 실제로 존재하지 않는 가짜다. 이미 여러 음모론 사이트에 등장하는 가짜 뉴스들은 현재 모두 인간이 만든 것이다. 하지만 GPT-2가 실제로 적용되면 수천만 개의 가짜 뉴스들이 짧은 시간 동안 생산될 수 있다. 이런 상황이 되

* 최근 성능이 더 업그레이드된 GPT-3가 소개됐다.

데이터 편향성과 인공지능의 판단

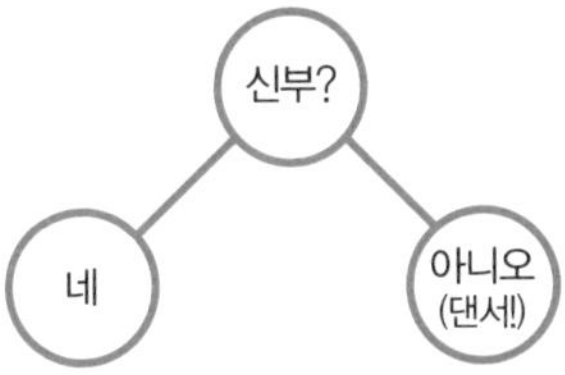

면 진실이 가짜를 이길 수 있을까?

왜 인공지능 판사가 인간 판사보다 위험한가

인간의 사고는 편향성에서 자유롭지 못하다. 이는 뇌의 작용이기 때문에 완벽한 극복도 어렵다. 하지만 인간은 스스로 편향성의 위험을 경고한다. 편향적 사고가 합리적 판단을 방해한다는 사실을 알고 있기 때문이다. 인간의 편향성은 인간의 뇌를 모방한 인공지능에도 그대로 드러난다. 인공지능이 학습하는 데이터에 이미 인간의 편향적 사고가 반영되어 있기 때문이다.

데이터 편향성은 간단한 방법으로 확인할 수 있다. 구글에서 '교수'라는 단어로 이미지를 검색하면 대부분 백인 남자의 사진이 등장한다. '흑인 청소년'을 검색하면 감옥에 있거나 매우 불량스러운 모습의 흑인 남자의 사진이 나타난다. 인류가 가지고 있는 100제타바이트의 데이터는 전혀 중립적이지 않다. 그런데 인공지능은 인간의 편견과 편향성이 포함된 데이터로 열심히 학습하고 있다.

실제로 흑인 여성의 이미지를 인공지능에 보여주면 고릴라로 판단하기도 한다. 백인 신부의 이미지는 100% '신부'라고 알아보지만 인도의 신부는 '댄서'라고 답한다. 이유는 간단하다. 인공지능이 학습하는 데이터는 이름표가 붙은 데이터다. 이름표는 사람들이 구글과 페이스북 등을 통해 열심히 붙여준 것이다. 그런데 기존의 데이터에 이름표를 붙인 사람들은 아프리카나 중동이나 아시아보다는 북미나 유럽의 사람들일 확률이 높다. 상대적으로 일찍 인터넷 환경이 조성되고 경제적으로 안정된 사회이기 때문이다. 정치 경제적으로 불안한 사회에서 셀카 사진을 올리고, 강아지 사진을 올리고, 맛집 사진을 올릴 확률이 얼마나 되겠는가.

기계학습에 사용되는 데이터의 약 70~80%는 백인 편향성이 있다고 알려져 있다. 그러다 보니 인공지능은 백인들을 더 잘 알아본다. 데이터 편향성은 텍스트에서도 나타난다. '그he'라는 단어와 관련성이 있는 단어로는 '똑똑하다' '지배하다' '명령하다' 등이 추천되고 '그녀she'라는 단어는 '춤추다' '가슴' '마녀' 등의 단어들이 등장한다. 인공지능이 편향된 데이터로 학습하면 어마어마한 성별, 인종, 종교, 소득 등의 특성에 대한 차별적 판단을 하게 되고, 오히려 편향성이 더 강화된 데이터를 재생산하는 결과를 낳게 된다.

사람들은 '편향성으로 가득한 인간 판사보다 오히려 인공지능 판사에게 재판을 받으면 더 공정할 것'이라고 말하기도 하지만 이는 사실이 아니다. 인공지능의 편향성은 기술의 문제가 아니다. 기계는 단지 인간을 좇아갈 뿐이기 때문이다. 이런 세상을 만든 건 인간이다. 우리는 이미 편견과 편향성으로 뒤범벅된 정보들과 의도적으로 생산된 가짜 뉴스가 범람하는 세상에 살고 있다. 인간이 개발 중인 인공지능은 스스로 학습하며 진화의 길을 걷는다.

우리 인간은 이로 인해 발생할 수 있는 문제를 막을 대안을 갖고 있을까? 민주주의 사회를 지탱하는 핵심 가치로서 신뢰는 어떻게 지켜야 할까? 무섭게 질주하는 인공지능에 비해 기술이 바꿀 미래 우리의 삶과 사회를 고민하고 준비할 시간은 충분해 보이지 않는다.

2. 인공지능 시대에 어떻게 민주주의를 보완할 것인가

인공지능은 인간의 행동이라는 데이터를 학습하고 최적화하는 알고리즘이다. 최적화란 사람들의 데이터를 활용해 유용성을 극대화하도록 결합을 설계하는 것이다. 이 설계에 '누구의 의도'가 반영되고 있는지 똑바로 지켜봐야 한다. 정부든 기업이든 개인의 광범위한 데이터를 결합하고 통제할 힘을 갖고 있다면 그들이 원하는 방향으로 시민의 자유를 제한할 수 있기 때문이다.

누가 기술을 통제할 것인가를 논의해야 한다

미래 사회를 상징하는 과학기술 중 하나가 자율주행 알고리즘이다. 자율주행차의 상용화로 인간이 얻게 될 편의성과 효율성은 상당히 긍정적이다. 교통비가 감소하고 교통사고 사망자 수가 줄고 교통체증도 없고 전기로 움직이는 친환경 자동차로 인해 기후변화의 속도를 늦출 수 있다. 그렇게 되면 인간은 완전히 새로운 자유를 경험할 것이라는 기대도 높다. 그런데 과연 그럴까?

자동차는 그 자체로 인간의 개인적 자유를 표현한다. 자동차의 개발로 인간은 가고 싶은 곳이 있으면 언제든지 갈 수 있게 되었다. 자율주행 자동차 시대에도 이동의 자유는 그대로 보장되어야 하지만 오히려 자유를 제한받을 가능성이 제기된다. 자율주행차는 기본적으로 차량에서 일어나는 모든 일과 탑승자의 개인정보를 데이터로 기록한다. 이 데이터를 학습한 인공지능이 자율주행차를 운행한다. 그런데 만약 자율주행차가 설계된 시스템에 의해 탑승자의 의도를 무시하고 특정 지역으로 운행하는 걸 거부한다면 어떻게 할까? 인공지능 연구 분야에서 미국을 바짝 쫓고 있는 중국을 예로 보자.

중국이 온라인에서 인공지능 기술을 바탕으로 여러 사이트를 차단하는 건 비밀이 아니다. 정부가 사이버 공간에서 시민이 갈 수 있는 곳과 갈 수 없는 곳을 정하고 있다. 오프라인 공간은 아직 열려 있지만 자율주행차가 도입되면 상황은 달라질 것이다. 사람들은 정부가 가지 말라고 금지한 곳으로 갈 수 없다. 만약 이를 어기고 자유로운 이동을 시도한 사람의 정보는 실시간으로 정부의 손에 들어간다. 정부는 이렇게 수집된 데이터를 활용해 개인에게 사회적 신용도social credit를 부여하는 방식으로 시민을 통제할 수 있다. 신용점수가 낮은 사람은 이동은 물론 사회활동도 제약받게 된다. 상상 속 이야기가 아니다. 실제로 중국 정부는 사이버 공간에서 활동하는 개인의 데이터를 광범위하게 수집하고 이를 기반으로 사회적 신용도를 정해 패널티를 부여하고 있다. 신용도가 낮은 사람은 오프라인 세상에서 기차나 비행기 예약을 할 수 없는 경악할 만한 일이 현재 벌어지고 있다.

인공지능은 인간의 행동이라는 데이터를 학습하고 최적화하는 알고리즘이다. 최적화란 사람들의 데이터를 활용해 유용성을 극대화하도록 결합을 설계하는 것이다. 이 설계에 '누구의 의도'가 반영되고 있는지 똑바로 지켜봐야 한다. 정부든 기업이든 개인의 광범위한 데이터를 결합하고 통제할 힘을 갖고 있다면 자신들이 원하는 방향으로 시민의 자유를 제한할 수 있기 때문이다. 자율주행차의 운행은 곧 시작될 것이다. 물론 아직은 정해진 구역 내에서 주행하는 단계지만 이미 우리 현실에 들어온 기술이다. 자율주행차의 운행은 그 자체로 새로운 도시환경을 의미하고 유용성이 매우 크다.

하지만 그 대가로 인간이 내어줄 권리들, 이동의 자유가 제한되고 인권이 침해받는 위험성을 분명하게 인식해야 하고 '누가 기술을 통제할 것인가'에 대한 사회적 논의가 활발하게 진행되어야 한다. 우리는 기술을 마치 숲을 이루는 나무의 모습으로 이해하고 있다. 기술이 바꿀 세상의 진짜 모습은 나무가 아닌 숲을 봐야 비로소 보인다.

구글과 페이스북은 새로운 자본주의의 시작점이다

● ● ●

'#페이스북을 삭제하라DeleteFacebook.'

전 세계로 확대되고 있는 페이스북 계정 삭제 운동을 장려하는 해시태그다. 이 운동이 시작된 이유는 약 23억 명의 인구가 이용하는 것으로 알려진 페이스북이 민주주의를 송두리째 위협하는 상징이 되어버렸기 때문이다.

발단은 미국의 대통령 선거와 영국의 브렉시트 투표다. 글로벌 선거 캠페인 회사 케임브리지 애널리티카CA, Cambridge Analytica는 페이스북 가입자의 개인정보 8,700만 건을 이용해 타깃 유권자들의 심리를 공략하는 방식으로 미국과 영국의 선거에 개입했다. 미국 대선에서는 트럼프를 도와 경합 중인 주의 표심을 정하지 못한 유권자들에게 경쟁자인 힐러리의 부정적인 뉴스를 지속적으로 노출

함으로써 심리를 조정하는 작업을 수행했다. 이들은 역시 같은 방법으로 영국 브렉시트 투표에 참여할 유권자들에게 접근했다. 케임브리지 애널리티카 직원의 내부고발로 세상에 알려진 후 페이스북 이용자들은 단단히 뿔이 났다. 미국과 영국 정부도 페이스북의 개인정보 유출의 불법성 등을 따지기 위해 마크 주커버그를 상대로 청문회를 여는 등 조사를 진행하고 있다. 결과에 따라 페이스북의 존폐가 결정될 것이라는 예측도 나온다.

하버드 비즈니스 스쿨의 쇼샤나 주보프Shoshana Zubof 교수는 『감시 자본주의Surveillance Capitalism』에서 구글과 페이스북이 상징하는 인터넷 비즈니스는 새로운 비즈니스 모델이 아니라 새로운 자본주의 시작점이라고 정의했다. 헝가리 경제역사학자 칼 폴라니Karl Polanyi의 이론을 빌려 설명하면 자본주의의 경쟁력은 역사적으로 가치가 없던 것에 가치를 부여하고 그 가치를 거래할 수 있는 시장을 만드는 능력이다.

원시시대의 인간은 각자 개인을 위해 사냥하고 채집했다. 이 시대 인간의 노동은 가치가 없는 상품이었다. 농경사회에 진입하면서 노동은 돈과 거래되는 상품으로 가치를 갖게 되었다. 이후 돈과 돈의 거래만으로도 돈을 벌 수 있는 금융시장의 발전으로 돈의 가치는 더 확장되었다. 인터넷 비즈니스는 새로운 상품을 만들었다. 밥을 먹고 물건을 사고 책을 보는 등 개인의 일상적 행동이 가치를 갖게 되었다. 인간이 흘리고 다니는 데이터를 자원으로 성장하는 새로운 자본주의 시스템이 탄생한 것이다.

인공지능은 데이터라는 자원을 활용해 예측이라는 상품을 생산한다. 인간의 행동을 예측할 수 있다니! 이거야말로 최고의 상품이 아닌가. 예측은 통제와 지배를 가능케 한다. 그러나 인공지능의 예측은 앞으로 벌어질 일을 미리 안다는 의미가 아니다. 누군가 원하는 걸 예측해놓고 강화학습을 통해 예측한(?) 대로 사람들의 행동을 바꿔놓을 수 있다는 것을 의미한다.

사이버 공간의 데이터를 감시하고 인간의 내면적 가치를 채굴해 소비자의 선택을 예측할 수 있게 됐다. 그러한 미래 자본주의 사회는 더 이상 노동력과 자본이 아닌 인간의 경험과 계획들이 거래되고 경매되는 감시 자본주의 사회가 될 것이라는 주보프 교수의 경고를 무조건 동의하지는 않더라도 진지하게 귀를 기울여야 할 이유는 충분하다.

가짜가 범람하는 포스트 트루스 시대가 시작됐다

아날로그 세상과 디지털 세상의 가장 큰 차이는 '시간'과 '진실'의 개념이다. 아날로그 세상에서 과거, 현재, 미래는 매우 명확하게 구분된다. 과거는 지나온 시간이다. 따라서 과거의 기록은 바꿀 수 없다. 물론 과거의 기록을 왜곡하려는 시도는 늘 있었지만 완벽할 수는 없었다. 과거의 기록은 아날로그 방식, 즉 물질적인 기록이다. 왜곡하려면 물질을 변화시켜야 한다. 레오나르도 다빈치의 「모나리자」를 아무리 완벽하게 위조해도 결국 원작과 차이를 찾아낼 수밖에 없다. 그런데 디지털 세상의 기록은 조금 다르다. 디지털은 아날로그와 달리 모방품의 차이가 없다. 만약 현재 힘을 가진 자가 미래 본인의 더 큰 권력을 위해 과거의 기록을 바꾸고 싶다면 가능할까? 디지털은 모든 기록의 실시간 업데이트가 가능하다. 그것이 과거의 기록이라고 할지라도 말이다.

우리는 인공지능 기술이 가장 크게 영향력을 발휘할 영역이 바로 진실, 오리지널에 대한 도전이라는 것을 잘 알고 있다. 사실 여부와 상관없이 기존의 데이터 학습만으로 알고리즘은 글과 이미지, 목소리, 동영상을 창작할 수 있다. 그것도 아주 빠르게 무한생산이 가능하다. 사람들은 인공지능이 거짓을 진실처럼 바꿀 수 있다는 것은 알지만 그 결과물이 진실인지 거짓인지 가려낼 능력은 없다.

거짓이 진실을 덮어버리는 세상은 이미 시작됐다. 진실을 가려내기도 힘들지만 가짜 뉴스에 파묻힌 진실을 굳이 주목하고 확인하려고도 하지 않는다. 진실과 사실과 거짓의 개념이 중요하지 않게 되어버린 포스트 트루스post-truth의 개막이다. 이는 거짓을 진실로 둔갑시키는 가짜 뉴스, 이를 악용하는 선동가들, 그리고 편향된 사고로 세상을 바라보는 대중이 만든 결과물이다. 사이버 공간에 넘쳐나는 매체들, 막무가내로 뉴스를 확산시키는 플랫폼이 된 개인의 웹사이트, 그리고 SNS를 통해 유통되는 허위 정보들은 차별과 혐오와 인신공격으로 가득하다. 그런데도 사람들의 태도는 무감각하기만 하다. 거짓이 드러나도 '그래서 어쨌다고?'라거나 '그저 놀이'라고 말한다. 최소한 '거짓은 나쁘다'는 개념조차 무의미해지고 있다.

민주주의적 의사결정에 대한 신뢰는 합리적 집단지성의 힘을 믿기 때문이다. 비록 다수의 목소리가 민주주의 시스템에서 충분히 발현되지 못했을지라도 현명한 대중의 논의를 통해 사회 자원을 극대화하는 이상적인 목표만큼은 견지해왔다. 인공지능의 시대가 민주주의 사회에 미칠 영향에 대해서는 긍정적 주장과 부정적 주장이 모두 존재한다. 개인의 데이터를 처리하는 인공지능을 이용해 다수의 생각을 의사결정에 반영할 수 있다는 주장은 일리가 있다.

하지만 진실과 거짓이 뒤섞인 데이터를 학습하는 건 인공지능만이 아니다. 인간도 마찬가지다. 가짜 뉴스와 포스트 트루스 현상은 사회적 의사결정 과정에서 강력한 힘을 발휘할 것이다. 미래의 인간이 과거보다 더 똑똑하거나 이성적일 것으로 기대하기도 어렵다. 인공지능 시대를 앞두고 세상은 합리적 이성의 힘과 민주주의 가치를 다시 복기하고 있다. 오래전 죽은 철학자와 경제학자들의 이야기는 어쩌면 인공지능 시대를 위한 조언이었을 지도 모르겠다.

3. 4차 산업혁명이 가져올 격차를 줄여보자

4차 산업혁명은 새로운 형태의 에브리웨어 피플과 섬웨어 피플을 나눌 것이고 사회는 전혀 다른 모습으로 재구조화될 것이다. 확실한 사실은 현재보다 더 큰 격차사회가 온다는 것이다. 21세기 민주주의는 힘든 도전에 직면했다. 인공지능은 세상의 모든 시스템을 바꿀 것이다. 우리는 지금까지 한 번도 경험하지 못한 역사의 시작점에 서 있다. 인공지능의 시대는 지금 새로운 철학을 필요로 한다.

미래 사회의 불평등을 어떻게 해결할 것인가

'대공황은 히틀러를 낳았고 금융위기 10년은 이단아 트럼프를 낳았다.'

미국 컬럼비아대학 역사학 교수 애덤 투즈Adam Tooze가 저서 『붕괴Crashed』에서 내놓은 결론이다. 내용인즉슨, 인류의 역사는 세계화와 반세계화를 반복하며 진행하는데 세계화로 인해 심화되는 경제적 양극화는 거대한 불만과 반세계화의 흐름으로 이어진다. 이런 세상에서는 기존 정치인에 대한 불신을 자극해 대중을 선동하는 포퓰리스트populist가 지도자로 부상한다. 대표적 인물이 트럼프 대통령이라는 것이다.

애덤 투즈는 2차 산업혁명이 완성된 19세기 후반을 1차 세계화의 시작으로 본다. 이 시기 글로벌 무역이 확대되었고 세계는 전보로 소통하는 시스템을 구축했다. 이때 부상한 국가들이 현재 선진국으로 분류된다. 1차 세계화는 제1차 세계대전으로 끝났다. 극심한 경제 대공황이 시작되면서 극우적 민족주의를 지렛대로 등장한 인물이 히틀러다. 1차 반세계화의 결론은 알다시피 제2차 세계대전이다. 이후 2차 세계화가 시작되었다. 이 흐름에 진입한 대한민국은 현재 선진국 근처에 와 있다. 그리고 2008년 글로벌 금융위기를 기점으로 세계는 다시 2차 반세계화의 흐름에 접어들었다.

세계화가 진행되는 동안 기술과 자본력이 있는 선진국과 그렇지 않은 국가 간 격차가 커졌다. 이는 개인의 삶에서도 마찬가지다. 교육의 혜택을 많이 받거나 자본이 있는 사람들은 자신의 능력을 팔 수 있는 기회가 많아졌다. 하지만 상대적으로 교육 수준이 높지 않고 돈이 없는 사람들은 더 치열한 경쟁을 해야 한다. 그래서 세계화는 사람들을 두 부류로 나눈다. 외국어가 가능하고 전문직종에 종사하기 때문에 세계 어느 곳이라도 일을 할 수 있는 에브리웨어 피플everywhere people과 오직 태어난 나라에서만 먹고살 수 있는 썸웨어 피플somewhere people이다. 이들의 비율은 20대 80이다. 세계화는 기본적으로 20%의 사람들에게 부가 집중되는 구조다.

2008년 금융위기 후 세계는 그동안 성장을 주도해온 경제 시스템의 약발이 떨어졌다는 걸 깨닫고 있다. 세계화의 혜택을 받지 못한 80%의 사람들은 비로소 세계화를 진정 원했던 적이 없다는 것을 자각하기 시작했다. 반이민, 미국 우선주의를 주장하는 트럼프 대통령은 이런 반세계화 흐름의 상징이다. 역사적으로 반세계화의 결론은 '충돌'이었다. 미중 무역전쟁, 연쇄적으로 타격받는 국가들, 심화되는 디커플링 현상 등 미래를 예측하기 어려운 지금은 반세계화의 에너지가 팽창하는 중이다. 과거 1950년대 세계는 핵무기의 위험성을 예측하고 함께 모여 논의한 끝에 통제할 수 있는 규칙을 만들었다. 적어도 당시 세상은 함께 협의하는 분위기가 형성되어 있었다. 하지만 지금은 다르다. 잘 만들어놓은 핵무기 협약도 다시 파기되는 상황이다.

하필 이토록 불확실한 상황에서 인간은 인공지능의 시대를 열고 있다. 인공지능 시대의 어두운 전망은 사실 기술에서 비롯된 문제가 아니다. 세계화와 반세계화가 충돌하는 역사적 흐름의 변화에서 튀어나오는 사회적 문제들을 과학기술이 더 확장하고 확산시킬 수 있는 것이 문제다. 미래는 이미 시작되었는데 준비를 위한 계산은 너무 복잡하고 인공지능이 바꿀 세상의 변화 속도는 너무 빨라서 예측하기도 어렵다.

전 세계적으로 분노와 혐오를 확산하는 극단적 편향성으로 가득한 가짜 뉴스가 범람하고 있다. 여기에 진실과 신뢰의 개념을 뒤흔들 수 있는 인공지능 기술이 더해지면 시민들은 어떻게 합리적 집단지성을 지켜낼 수 있을까? 반세계화의 흐름 속에서 권위주의적이고 폐쇄적인 정부가 인공지능을 시민의 통제 수단으로 사용하는 것을 막을 수는 있을까? 인공지능으로 대다수 일자리가 사라지는 새로운 경제체제를 대비해 무엇을 준비해야 하는가?

4차 산업혁명은 새로운 형태의 에브리웨어 피플과 섬웨어 피플을 나눌 것이고 사회는 전혀 다른 모습으로 재구조화될 것이다. 확실한 것은 현재의 20대 80보다 더 큰 격차사회가 우리의 미래라는 점이다. 계층 간 이동을 활성화하는 지속가능한 경제 모델을 준비해야 한다. 또한 인공지능 시대에도 다수의 시민이 사회적 의사결정에 참여하고 개인의 자유와 권리를 보장하는 민주주의를 고민해야 한다. 이런 노력이 없다면 미래 사회의 불평등은 지금보다 훨씬 더 심화할 것이고 인류의 삶의 질은 크게 퇴보할 것이기 때문이다.

인공지능이 민주주의에 미칠 파괴적 영향을 대비하자

최근 대만 출신의 인공지능 과학자 리카이푸가 쓴 『AI 슈퍼파워 중국, 실리콘밸리 그리고 새로운 세계 질서』가 큰 주목을 받았다. 중국 인공지능 기술의 우수성과 상대적 우월성에 대한 설명이 주요 내용이다.

세계 인공지능 연구의 선두주자는 미국과 중국이다. 그런데 두 나라의 연구 방향은 상당한 차이가 있다. 미국 실리콘벨리의 인공지능 연구는 칸티언Kantian, 도덕적 이상주의를 추구한다. 인공지능 기술은 인류를 위한 것이어야 한다는 원칙에 따라 무엇보다 개인의 '권리'에 관심을 둔다.

중국 인공지능 연구의 핵심은 유용성utility이다. 최대한 많은 사람에게 부와 안전을 제공하는 기술의 개발이 목적이다. 연구의 도덕성을 공공의 이익에서 찾기 때문에 높은 위험성이 제기되는 '소셜 크레딧 시스템'에 정당성이 부여된다. 중국은 매우 공격적으로 수익을 창출하는 인공지능 모델을 만들고 있다. 경제적 가치가 강조된 연구의 방향성은 후발 연구자들에게 상당히 유혹적이다.

인공지능 시대가 제시하는 많은 긍정적 비전에도 불구하고 인공지능 기술이 보편적 민주주의를 위협하는 건 명백한 사실이다. 편향된 데이터로 기계 학습함으로써 편향성을 확대 재생산할 위험성이 매우 높다. 무엇보다 인공지능 기술은 알고리즘을 최적화하는 과정에 민주적이지 않은 정부 혹은 기관이 개입한다면 다수의 대중을 통제하는 수단으로 엄청난 효력을 발휘할 것이다.

인공지능 시대에 어떻게 민주주의를 보완할 것인가? '누가' 알고리즘을 디자인하고 그 '절차'가 민주적인가를 관리할 수 있는가에서 답을 찾아야 한다. 민주적 의사결정은 사회적 합의가 중요하다. 하지만 집단으로서의 사회가 구성원 개인의 의견을 독립적으로 반영하기는 쉽지 않다. 사회적 논의과정에서 목소리가 큰 집단이 얼마나 큰 영향력을 발휘하는지 이미 수도 없이 봐오지 않았던가. 게다가 다수의 의견으로 내린 결론이 무조건 옳다고 말할 수도 없다. 이슈에 따라서는 소수 전문가의 판단이 더 중요할 수 있기 때문이다. 무엇보다 집단의 의사결정에서 포스트 트루스가 발생하면 매우 치명적인 결정을 내릴 수도 있다.

인공지능에 대한 경계의 목소리가 나오는 이유는 기계가 인간을 돕는 역할을 넘어 인간만이 할 수 있다고 믿어온 일을 더 잘해 냈을 때 예측되는 상황에 대한 준비가 없기 때문이다. 인공지능은 사회, 경제, 국가, 그리고 민주주의에 파괴적 영향을 미칠 것이다. 미래의 어느 날 우리가 전혀 예상하지 못한 방식으로 인공지능의 시대가 도래했을 때 우리의 삶은 어떤 모습이 될까?

인공지능 연구에서 가장 앞서 있는 미국과 중국은 각자의 도덕을 말하는 중이고 간극은 너무 크다. 이 벌어진 틈에서 눈에는 보이지 않는 많은 일들이 벌어지고 있다. 하지만 우리는 솔직히 그것이 무엇인지 모른다. 이 공간을 들여다보고 깊이 사고하지 않는다면 인공지능 연구는 스트롱맨들이 이끄는 방향으로 움직일 수밖에 없다.

인공지능에 과학, 사회학, 철학을 결합해야 한다

새로운 기술은 세상을 바꾼다. 하지만 기술이 결정하는 대로 세상이 움직이는 것은 아니다. 기술은 사회를 변화시킬 뿐 그 사회를 어떤 방향으로 이끌어갈지 결정하지 못한다. 변화의 방향은 기술이 아닌 사람이 결정해야 한다. 과학자들은 기술을 중심으로 세상을 본다. 좋은 기술을 개발하면 그것으로 역할을 다 한 것이고 다음은 사회가 알아서 하는 것이라는 생각이다. 하지만 이는 무리다. 빛의 속도로 발전하는 인공지능 기술을 봐도 알 수 있다. 복잡한 알고리즘을 이해할 만한 기술적 배경이 없는 사람들이 향후 그 기술로 인해 발생할지 모를 문제들을 예측하는 건 거의 가능하지 않다.

기술 중에는 일단 개발되고 적용된 후에는 다시 없던 것으로 되돌리기 어려운 것들이 있다. 대표적인 것이 바로 인터넷이다. 인터넷 세상이 처음 시작될 때 사람들은 꿈을 꿨다. 우리가 사는 세상의 많은 문제는 일부 주체들이 정보를 독점하는 데서 비롯됐다. 그런데 인터넷을 통해 모두가 평등하게 정보에 접근할 수 있으면 사회는 더 계몽되고 사람들은 더 자유로워진다고 굳게 믿었다. 당시 세상은 장밋빛 미래를 확신했다. 마치 과거 우리가 '국가가 잘살게 되면 중산층이 생기고, 중산층이 생기면 자유로운 민주주의 사회가 될 것'이고 '인터넷이 북한에 도입되면 이들도 민주주의 사회로 변화할 것'을 당연한 자연의 법칙인 양 여겼던 것처럼 말이다. 하지만 시간이 지나면서 그런 일은 존재하지 않는다는 사실을 깨달은 것처럼 인터넷이 인간을 더 똑똑하고 자유롭게 해줄 것이라는 믿음도 역시 배반당했다.

사람들은 인터넷의 엄청난 발전을 통해 이전 세상과 비교할 수 없을 정도로 빠르게 많은 정보를 접할 수 있게 되었다. 그러나 더 많이 아는 만큼 합리적으로 판단하는 존재가 되지는 않았다. 사람들은 인터넷망을 통해 쏟아지는 엄청난 정보 속에서 체리 피킹cherry picking을 선택했다. 원하는 정보만 고르는 방식으로 오히려 편향성을 강화하는 것이다. 인터넷의 발전은 오히려 반계몽적 트렌드를 강화하며 사람들을 찢어놓고 있다. 하지만 다시 인터넷 이전의 시대로 돌아갈 수는 없다.

인공지능도 마찬가지다. 일단 등장한 이상 다시 돌아갈 수 없다. 따라서 되돌릴 수 없는 실수가 발생하기 전 과학, 사회학, 철학 등이 함께 머리를 맞대고 대화를 해야 한다. 오랫동안 학문은 각자의 영역에 머물러 각자의 세상을 연구해왔다. 그러다 보니 전혀 새로운 모습으로 등장한 인공지능의 시대에 대해서는 어느 분야에서도 깊이 있게 연구하지 않는다. 누구도 들여다보지 않는 깜깜한 블랙박스 공간이다.

20세기 민주주의는 세상을 이끌어왔고 나름 성공했다. 하지만 21세기 민주주의는 힘든 도전에 직면했다. 사람들은 인터넷을 통해 새로운 세계관으로 세상을 보기 시작했다. 그리고 인공지능이라는 강력한 과학기술은 세상의 모든 시스템을 바꿀 것이다. 우리는 지금까지 한 번도 경험하지 못한 역사를 시작하는 시점에 서 있다. 그래서 바라건대 미래 사회의 주체인 젊은이들의 시선이 모두 스타트업 창업이나 의대를 가거나 혹은 공무원이 되는 길만 쫓지 않았으면 한다. 미래를 막연한 환상 혹은 막연한 공포의 영역으로 두지 않기 위해 더 깊게 들여다보는 고민의 공간에 젊은이들이 적극적으로 참여하고 길을 제시하길 기대한다. 인공지능의 시대는 과거의 철학뿐 아니라 새로운 철학을 간절히 필요로 하고 있다.

5장

미래 기술과 협업

: 인공지능은 인간을 대체하는 것이 아니다

강형구

한양대 경영학과 교수

서울대 경제학과를 졸업했고 버지니아주립대에서 경제학 박사과정을 수료했으며 듀크대 푸쿠아 경영대학에서 박사학위를 받았다. 공군 장교 근무 후 리먼브러더스 아시아본부 퀀트전략팀, 액센츄어 등에서 재무와 금융에 관한 교육 및 프로젝트를 수행했다. 하버드대 에드먼드 J. 사프라 윤리학 센터의 리서치 펠로우를 역임하기도 했다.
현재 한양대학교 경영대학 파이낸스 경영학과 소속이며 머신러닝 기반 테크핀 기업 한다파트너스를 창업한 사업가이다. 한양대학교 블록체인 융합대학원과 블록체인 연구원에도 소속되어 있다. 금융 관련 다양한 위원회와 컨설팅 활동을 수행 중이다. 주 연구 분야는 기계학습(계량경제학), 금융 혁신, 자원배분과 전략에 대한 프로세스, 빅데이터 기반 행동 재무 등이다. 창업금융, 인공지능, 채권, 금융공학 등을 강의하고 있다.

1. 인공지능 금융투자는 어디까지 와 있을까

2019년 8월 금융위원회는 자본시장법 시행령 개정안을 통해 로보어드바이저가 펀드를 직접 운용하는 것을 허용했다. 조만간 투자자들은 인공지능을 활용하는 수준이 아닌, 아예 인공지능이 직접 운용하는 펀드 상품도 만나게 될 것이다. 이제 금융기관은 인공지능을 활용할 줄 아는 전문가를 점점 더 원할 것이다. 인공지능은 금융투자 시장의 모든 것을 바꾸고 있다.

왜 인공지능 전문가들이 금융회사로 갈까

"이제 우리는 금융회사가 아니라 IT 회사다."

2015년 세계적 투자은행 골드만삭스의 선언이다. 그리고 불과 2년 만에 골드만삭스의 약 3만 5,000명에 달하는 임직원 중 4분의 1이 컴퓨터 엔지니어로 바뀌었다. 투자은행의 인적자원 중 핵심이라고 할 수 있는 주식 트레이더의 수는 수백 명에서 2명으로 급감했다. 그들의 빈자리는 인공지능으로 대체되었다. 이는 골드만삭스만의 변화가 아니다. 세계 최고 수준의 인공지능 전문가 상당수가 일찌감치 글로벌 금융회사로 옮겨갔다.

인공지능은 개인금융, 보험, 신용평가 등 핀테크의 다양한 분야에서 활용되고 있다. 유명 펀드들도 적극적으로 인공지능을 활용한다. 뉴머라이Numerai, 세러벨럼 캐피털Cerebellum Capital, 에이디야 홀

딩스Aidiyia Holdings, 타파이트 캐피털 매니지먼트Taaffeite Capital Management처럼 인공지능을 이용하는 헤지펀드들도 등장하고 있다.

물론 아직은 인공지능만으로 핵심 업무를 진행하기는 어려워 기존의 방식과 인공지능을 같이 사용하는 단계지만 많은 금융사들이 인공지능을 활용해 투자 전략을 설계하기 위한 정보를 분석하고 있다. 최종 거래까지도 인공지능이 선택할 수 있도록 자동화를 추진 중이다.

글로벌 금융권은 단순히 인공지능 기술의 적용을 넘어 아예 인공지능 연구기관과 협력해 알고리즘을 개발하는 등 다양한 시도를 하고 있다. 인공지능을 활용한 퀀트quant 전략으로 유명한 영국의 헤지펀드 맨 그룹Man Group은 옥스퍼드 대학과 함께 옥스퍼드 맨 퀀티테이티브 파이낸스Oxford-Man Quantitative Finance라는 연구기관을 설립했다. 이곳에서는 교수, 대학원생, 맨 그룹의 헤지펀드 매니저와 연구원들이 협력해 금융에 적용할 알고리즘을 개발 중이다. 가장 큰 헤지펀드 중 하나인 투 시그마Two Sigma는 뉴욕의 코넬 공과대학과 협

옥스퍼드 맨 퀀티테이티브 파이낸스 내부

(출처: 옥스퍼드 맨 퀀티테이티브 파이낸스 https://www.oxford-man.ox.ac.uk/)

국내 헤지펀드 매니저들도 로보어드바이저 등 인공지능을 적극적으로 도입하고 있다.

력 중이다. 디이쇼 그룹D. E. Shaw Group이라는 금융사는 2018년 워싱턴 대학의 저명한 컴퓨터공학 교수인 페드로 도밍고스Pedro Domingos를 아예 매니징 디렉터로 영입했다.

퀀트 헤지펀드는 금융에서도 가장 적극적으로 인공지능 기술을 받아들이며 눈부신 성장을 거듭하는 중이다. 영국의 경제전문지 『파이낸셜 타임스』는 2018년 퀀트 헤지펀드의 규모가 이미 1조 달러에 근접한다고 보도했다. 일반 헤지펀드, 전통적 자산운용사, 은행 독점거래 등과 비교하면 눈에 띌 정도의 급증세를 보여준다. 헤지펀드 분야에서는 인공지능을 활용한 퀀트 전략을 사용하지 않는다는 게 오히려 이상할 정도로 이미 광범위하게 활용되고 있다. 국내 헤지펀드 매니저들도 로보어드바이저 등 인공지능을 적극적으로 도입하고 있다.

투자자들은 인공지능을 활용하는 수준이 아닌, 아예 인공지능이 직접 운용하는 펀드 상품도 접하고 있다. 2019년 8월 금융위원회는 자본시장법 시행령 개정안을 통해 로보어드바이저가 펀드를 직접 운용하는 것을 허용했다. 펀드 매니저와 인공지능의 펀드 운용 실력을 비교 평가하긴 아직 이르다. 하지만 다양한 투자 분야에서 국내 금융기관들은 적극적으로 인공지능 자산운용 서비스를 제공하는 데 주력하는 모습이다. 인공지능 활용은 투자자들의 관심이 높아지는 데 따른 대응이다. 하지만 한편으로 금융기관의 운영비용 절감이라는 목표에도 부합한다. 펀드 매니저의 인건비가 대략 3~4억 정도라고 할 때 알고리즘의 운영비는 이보다 훨씬 적다. 인공지능의 적극적 활용은 앞으로 금융시장에서 인력 운용의 흐름이 크게 바뀔 수 있음을 예고한다.

인공지능을 이용하면 금융투자에 성공할까

금융투자에서 인공지능의 활용을 이해하려면 먼저 금융투자가 어떤 과정으로 이루어지는지 알아야 한다. 투자의 첫 번째 단계는 투자 목적이 무엇인지 정의하고 그에 맞는 유니버스와 자산군을 정하는 것이다. 유니버스란 투자 가능한 투자대상(예: 기업)의 풀pool이다. 증권사나 자산운용사의 거래 전문가들이 상장된 모든 회사를 일일이 방문하고 조사해서 투자를 결정하기란 현실적으로 매우 어렵다. 따라서 재무 상태나 규모 등 몇 가지 제약조건을 바탕으로 투자 가능한 회사의 목록을 만든다. 이것이 유니버스다. 유니버스는 자산군별로 정의한다.

다음 단계로 전략적 자산 배분SAA, strategic asset allocation을 한다. 포트폴리오를 구성하는 것이다. 예를 들어 주식 30%, 채권 30%, 기타 대체투자 40% 등 전략적 관점에서 자산을 배분하게 된다. 다음 순서는 전술적 자산 배분TAA, tactical asset allocation이다. 전쟁, 무역 충돌, 특정 소재부품 개발 등 투자에 영향을 미치는 시시각각의 동향을 참조해 단기적 투자를 결정한다. 전략과 전술에 따라 거래한 후에는 성과분석을 하고 이에 맞춰 다시 포트폴리오를 조정하는 리밸런싱rebalancing 과정을 거친다. 그리고 투자 과정의 모든 단계에 걸쳐서 위험관리를 적용한다.

금융투자는 인공지능 기술이 제일 적극적으로 활용될 수 있는 분야지만 안타깝게도 제대로 사용되지 못하는 분야이기도 하다. 현재 금융투자에서 인공지능은 가장 큰 가치를 창출할 수 있는 분야에서는 잘 활용되지 않고 데이터 등의 한계로 인해 적용하기 어려운 분야에서는 오히려 남용되고 있다. 예를 들어 1초에 1,000여 건을 거래하는 초단기투자HFT, high-frequency trading의 경우 거래 알고리즘은 뛰어난 역할을 해낼 수 있다. 하지만 현재 국내에서 이 분야의 인공지능 활용도는 크게 떨어진다. 인공지능의 장점을 적절하게 활용할 수 있는 투자 의사결정 과정에도 쉽게 무시된다.

주식 거래의 80%는 인간의 심리가 좌우한다는 말이 있다. 문제는 인간의 심리가 자주 비합리적 판단을 하는 것이다. 이는 인지편향 때문이다. 수학을 바탕으로 객관적 판단을 하는 인공지능은 감정, 과신, 착각 등의 인지편향에서 자유로울 수 없는 인간의 직관적 의사결정을 완전히 대체는 못하더라도 보완할 수 있다. 물론 인공지능의 의사결정에 대한 이견도 존재한다. 인공지능의 의사결정은 마치 블랙박스처럼 어떤 과정을 거쳐 투자를 결정하는지 확인할 수 없으므로 신뢰하기 어렵다는 주장이다. 하지만 곰곰이 생각해보자. 자산을 관리하는 펀드 매니저의 의사결정도 투자자에게는 블랙박스와 같다. 투자 전략은 그들의 머릿속에 존재할 뿐 밖으로 공개되지 않기 때문이다. 인간이든 인공지능이든 투자 행위가 블랙박스인 것은 마찬가지이다. 어쩌면 인간의 머릿속에 있는 블랙박스보다 오히려 인공지능의 블랙박스가 더 투명하다는 생각에 동의하지 못할 것도 없다.

하지만 인공지능만으로 금융투자에서 성공할 수 있다는 기대는 매우 섣부르다. 기계학습의 자원인 데이터의 한계가 여전히 존재하고 인공지능은 불완전한 상황들을 분석하고 해석하는 능력에서 아직 완벽하지 않다. 금융투자에서 인공지능을 잘 활용하기 위해서 전통적인 재무금융 이론, 행동경제학적 사고, 뇌과학 등 다양한 분야에 대한 이해가 더욱 중요한 시대가 되었다.

어떻게 인공지능을 금융투자에 활용할 것인가

인공지능이 금융투자에서 가장 빠르게 활용될 분야는 초단기투자 분야다. 이 분야는 이미 인공지능으로 상당 부분 대체된 상황이다. 적어도 글로벌 금융시장에서는 그렇다. 초단기투자 분야에서 인공지능이 인간을 대체하는 이유는 간단하다.

첫째, 딥러닝에 필요한 데이터가 충분하다. 주식 거래에서 자주 사용하는 용어 중 틱 데이터라는 말이 있다. 거래를 체결할 때마다 생기는 데이터를 말한다. 이 과정에서 발생하는 방대한 데이터를 바탕으로 인공지능을 설계할 수 있다.

둘째, 짧은 시간 내 고빈도로 거래하는 특징 때문이다. 초단기투자는 1,000분의 1초, 즉 밀리세컨즈milliseconds 단위로 사고파는데 빠르고 촘촘하게 거래할수록 이익이 증가한다. 이런 속도전에서 인간이 인공지능과 경쟁하는 건 불가능하다. 미국 월스트리트의 서버들이 다닥다닥 붙어 있는 것은 조금이라도 더 빨리 거래하려는 이유 때문이다. 요즘엔 마이크로세컨즈, 즉 100만 분의 1초 단위의 거래에 도전한다고 하니 초단기투자에서 인간은 인공지능의 상대가 될 수 없다.

셋째, 인간과 인공지능의 초단기 정보 처리 역량의 차이다. 거래에서 이익을 내려면 먼저 새로운 정보를 습득하고 해석한 후 적용해야 한다. 인공지능이 가장 잘하는 일이다. 뉴스, 웹사이트, SNS 등 인터넷에서 스크레이핑scraping을 통해 자동으로 데이터를 가져오고 자연어 처리 기법으로 데이터를 분석해서 정보를 해석한다. 그리고 이미 프로그램된 거래 알고리즘으로 실시간 거래를 성사시킨다. 이러한 일련의 절차를 인간이 체계적으로 수행해 기계를 상대로 이익을 거두는 건 근본적으로 어렵다.

넷째, 인공지능은 빠른 속도로 오류를 파악하고 스스로 업데이트를 통해 성장한다. 반면 인간은 오류를 인지해도 변화가 느리다. 오랫동안 하던 대로 지속하려는 관성 때문이다. 이는 조직의 경우 더욱 심하다. 증권사든, 자산운용사든, 헤지펀드든 조직의 관성은 어디나 존재한다. 이런 관성이 없는 인공지능은 오히려 유연한 결정을 할 수 있다. 실제로 인공지능의 활약을 체험한 투자은행, 헤지펀드 등은 인공지능 전문가들을 영입하는 데 더욱 적극적인 행보를 보인다. 그만큼 주식 트레이더들은 빠르게 일자리를 잃고 있다.

2. 인간과 인공지능은 경쟁인가, 협력인가

●● 금융투자 분야에서 인공지능의 한계를 인간의 이론과 직관으로 보완할 수 있다는 사실은 향후 인공지능과 인간이 각각 무엇을 해야 하는지 방향을 알려준다. 기술은 인간의 학술이론을 학습해 투자 전략에 적용하고 분석 평가하는 알고리즘을 개발하고 금융 전문가들은 새로운 투자 전략을 개발하는 데 역량을 집중해야 한다. 미래의 전문가는 인공지능보다 창의적이고 동시에 인공지능과 협력할 수 있는 인간이다.

금융투자 장벽을 낮추는 시장충격모형 알고리즘

●　●　●

금융투자에서 가장 중요하게 활용되는 알고리즘은 시장충격모형market impact model이다. 특히 초단기투자 분야에서 시장충격모형은 아예 비즈니스 모형의 일부다(O'Hara, 2015; Kirilenko et al, 2017).

시장충격이란 시장에서 자산을 매수매도할 때 가격이 움직이는 정도를 말한다. 즉 살 때 가격이 얼마나 오르고 팔 때 가격이 얼마나 하락하는지를 나타내는 것이다. 가령 A사 주가가 2만 원일 때 B기관이 2만 원에 사겠다고 결정하면 절대로 2만 원에 살 수 없다. 반대로 현재 주가가 2만 원이니 2만 원에 팔겠다고 결정하면 절대로 그 가격에 팔 수 없다. B기관이 A사 주식을 2만 원에 사려고 움직이면 주가가 바로 올라간다. 반대로 2만 원에 팔겠다고 하면 주가는 즉시 하락한다. 이 현상을 시장충격이라고 한다.

시장충격은 유동성 혹은 거래량 등에 영향을 받는다. 거래 규모가 클수록 또 거래 속도가 빠를수록 주가에 미치는 영향이 크다. 개인이 주식 1~2주를 사고파는 행위로 기업의 주가를 움직일 수 없지만 기관이 나서서 대량으로 사고판다면 주가의 변동 폭이 매우 커진다. 같은 정보와 동일한 수익률의 예측모델을 사용하더라도 시장충격에서 발생하는 거래비용이 어느 정도인가에 따라서 실제 수익률은 천차만별이다. 일반적인 거래의 경우 거래비용은 1% 정도이고 불리한 시장 상황, 비유동주식, 또는 대규모 주식 경우 거래비용이 2~3%까지 높아질 수 있다(Kyle and Obizhaeva, 2016). 따라서 대량의 주식을 거래하는 투자자는 시장충격모형을 이용해 거래를 예측하고 전략적으로 의사결정을 해야 수익률을 극대화할 수 있다.

시장충격모형을 이용해 거래비용을 줄이는 것은 일반 투자자에게 특히 매우 유익할 수 있다. 펀드 매니저들은 '알파'를 추구한다. 알파는 어떤 펀드가 시장의 평균보다 더 벌어들인 초과 수익이다. 자신의 펀드 매니저가 얼마나 투자를 잘했는지 보려면 코스피 지수와 펀드 매니저의 수익률 차이인 알파를 비교하면 된다. 하여튼 펀드 매니저는 알파를 높여야 돈을 번다. 하지만 알파를 높이는 건 매우 어렵고 솔직히 대부분 실패한다. 무려 90%의 펀드 매니저들이 주식시장의 지수보다 좋은 성과를 내지 못하는 게 현실이다. 이는 펀드 매니저들이 알파를 찾는 명분으로 하는 거래 행위의 90%가 실제로는 투자 수익과 아무런 상관이 없다는 것을 의미한다. 일반 투자자가 직접 기계적으로 투자하는 인덱스 펀드index fund를 사서 코스피 200에 투자하면 수익률 상위 10%에 들 수 있다는 얘기와 같다. 결국 일반 투자자 입장에서는 굳이 펀드 매니저에 전략을 의뢰할 것이 아니라 시장충격모형을 활용해 거래비용을 줄이는 것이 오히려 수익률을 높이는 과학적인 투자일 수 있다. 투자자 입장에서 저평가된 주식을 사서 초과수익을 만드는 거나 거래를 저렴하게 체결해서 비용을 절감하는 거나 차이를 둘 이유는 없다.

특히 국가나 개인의 자금을 받아서 운용하고 거래하는 금융기관이라면 시장충격모형 알고리즘을 더욱 적극적으로 활용해야 한다. 세계 4위의 금융 역량을 인정받는 국민연금의 경우 2014년부터 2018년까지 5년간 시장충격비용으로 2.5조 원, 연평균 5,000억 원의 손해를 봤다. 시장충격을 과학적으로 고려하지 않고 공적 기금을 운용한 결과이다. 이는 성실한 신탁의 의무를 다하지 않은 것이다. 시장충격모형 알고리즘의 중요한 역할은 거래역량을 효율적으로 강화하는 것이다. 금융투자에서 인공지능의 장점이 가장 잘 활용된 사례라고 할 수 있다. 글로벌 금융투자기관들은 이미 10여 년 전부터 시장충격모형 알고리즘을 적극적으로 활용하고 있다. 인공지능에 기반한 시장충격모형을 활용한 자문은 투자은행들이 제공해야 할 핵심 서비스 중 하나일 정도였다. 하지만 10년이 지난 지금도 국내 금융기관들은 시장충격모형 알고리즘을 적극적으로 활용하지 않는다.

인공지능을 적용한 시장충격모형 연구의 핵심은 사전거래분석pre-trade analysis과 사후거래분석post-trade analysis을 통한 거래평가다. 사전거래분석은 종목을 사고팔기 전 제일 싸게 사고 비싸게 팔 수 있는 전략을 세우는 것이다. 그리고 거래를 하고 나면 사후거래분석를 해서 '누가 거래를 잘했는지' 거래평가를 통해 데이터를 축적한다. 향후 한국증권거래소 등의 데이터가 적절하게 공개된다면 보다 효과적인 연구가 진행될 것이다.

인공지능 시장충격모형은 IT 기술 기업이 금융시장에 진출할 수 있는 좋은 비즈니스 모델이다. 알고리즘을 개발하고 증권사나 자산운용사 등과 협력해서 서비스를 제공할 수도 있고, 거래 플랫폼 구축을 통해 일반 투자자에게 서비스를 제공할 수도 있다. 개인 투자자가 증권사의 펀드 매니저를 거치지 않고 인공지능 시장충격모형을 활용해 '오늘 코스닥 주식 100주를 사겠다'고 입력하면 알고리즘이 하루 중 100주를 적절한 시기에 맞춰서 매수해주는 핀테크 기술이 개발되면 금융투자 장벽도 크게 낮아질 것이다. 인공지능 시장충격모형은 데이터와 알고리즘 설계 역량만 있다면 충분히 진입할 수 있는 비즈니스 영역이다. 또한 언어 장벽도 없어서 글로벌 금융시장 진출의 기회도 많다.

'차원의 저주'를 무시한 로보어드바이저의 문제

● ● ●

금융투자에서 단기투자나 전술적 자산운용TAA, tactical asset allocation 분야는 인공지능이 가장 오용되는 분야다. 이유는 간단하다. 데이터를 얻기 쉬운 탓에 누구나 쉽게 인공지능이라는 툴로 접근하기 때문이다. 필자도 학생들에게 일별 주가 데이터와 회계 정보로 로보어드바이저를 만들어오라는 숙제를 흔히 내준다.

단기투자나 전술적 자산운용은 기본적으로 일별 데이터를 바탕으로 하는 거래다. 일간 주가 데이터와 회계 데이터 등 기본 데이터는 금융정보기업이나 금융포털 등에서 크롤링crawling(인터넷에서 데이터를 검색해 필요한 정보를 색인하는 것)을 통해 쉽게 수집할 수 있다. 기초 통계학을 배운 누구라도 이렇게 수집한 데이터를 기반으로 알고리즘을 만들 수 있다. 하지만 일별 데이터로 제대로 된 인공지능을 만들기는 무척 어렵다.

20년 동안의 일별 데이터를 모았다고 하자. 1년 365일 중 휴일을 빼면 250일 정도인데 20년 동안 축적해도 데이터는 5,000여 개에 불과하다. 이 정도의 데이터 규모로 딥러닝 알고리즘을 만드는 건 불가능하다. 물론 최근 심층 강화학습 기술의 발전으로 기계학습 훈련에 필요한 데이터양이 급격하게 줄고는 있다. 계량경제학자econometrician들은 빅데이터를 변수의 숫자N, number of variables와 변수의 길이T, length of a variable로 간단히 정의한다. 변수의 숫자가 크거나wide data 변수의 길이가 크면many observations; long data 빅데이터인 셈이다. 실무에서는 변수의 숫자를 강조하는 경향이 있다. 기업들은 새로운 정보를 찾기 위해서 많은 투자를 하고 있다. "새로운 정보 x를 이용해 주식투자를 하니 성과가 우수하다."라는 유의 주장도 변수의 숫자와 관계된다. "어떤 문어는 월드컵 경기의 승자를 잘 맞춘다." "아침에 면도를 하지 않으면 운이 없다." 등 주장도 마찬가지다. 승자를 맞추는 새로운 변수로 문어를 선택하거나 하루의 운을 예측하는 새로운 변수로 면도를 도입하기 때문이다. 다른 예로 다른 사람의 쇼핑 정보를 보고 타깃 고객의 선호를 맞추려는 노력이나 지역정보를 활용한 서비스 제안 등이 있다. 그런데 주식투자에도 뭔가 새로운 변수를 찾으면 성과가 좋아질까?

투자를 연구하는 금융계량경제학자들은 변수의 숫자보다는 변수의 길이를 더 중시한다. 그 이유는 차원의 저주curse of dimensionality 때문이다. 차원의 저주를 예를 들어 설명해보자. 다음날 주식 가격이 올라갈지 내려갈지를 100% 예측한 마법의 동전을 상상해보자.

2010년 FIFA 월드컵에서 독일 축구 국가대표팀의 승패 여부를 높은 확률로 맞혀 유명해진 점쟁이 문어 파울. (출처: 위키피디아)

월드컵에서 어떤 팀이 이길지 완벽히 예측하는 문어에 관한 뉴스를 생각해보자. 그런데 수많은 동전을 던지면 100% 정확하게 맞추는 동전은 항상 등장한다. 수많은 동물들에게 선택을 시키면 월드컵 승패를 예측하는 동물은 반드시 등장한다. 그러나 이렇게 찾은 동전이나 문어가 다음 이벤트를 예측할 수 있을 것인가? 아침에 하는 수많은 행동들 중 하나는 우연히 하루의 운세를 맞출 수도 있을 것이다. 같은 논리로 미래의 주가를 맞추는 데이터나 모델을 찾았다는 주장을 어떻게 받아들여야 할까?

빅데이터일수록 특히 변수의 숫자가 클수록 이러한 문제점이 심해진다. 변수의 숫자가 늘어날수록 제대로 된 모형을 추정하기 어려워지는 것, 이것을 차원의 저주라고 한다. 마법의 동전 이야기는 농담이 아니다. 신문에서 인공지능을 이용하니 짐바브웨 물가상승률을 이용해서 미국 주가를 예측하더라고 자랑스럽게 이야기하는 전문가가 있다. 변수의 숫자를 계속 늘리고 그래서 전 세계 거시데이터를 다 모으다 보니 우연히 그런 것들이 나올 수도 있는 것이다. 하지만 짐바브웨의 물가상승률이 왜 미국의 주식시장 지수를 예측한다는 건가? 앞으로 짐바브웨 물가상승률을 보고 미국 주식 투자를 하라는 것인가?

이런 데이터 학습의 한계를 해결할 수 있는 게 바로 인간의 이론과 직관이다. 오랫동안 학자들이 검증하고 축적해온 학술적 이론과 금융에 대한 직관도 없이 단순히 통계학 실력과 인공지능 코드 몇 개를 기반으로 자산을 운용한다고 설명하는 인공지능 펀드가 있다면 매우 주의해야 한다. 실제로 국내 일부 로보어드바이저들이 인공지능의 유용성을 열심히 홍보하고 있지만 뚜렷한 성과를 보여주지 못하고 있다. 정보나 데이터의 한계를 극복하기 위하여 인간이 이론을 개발해왔다는 점을 명심하자.

인간과 인공지능의 협업은 IT의 기회다

인간과 인공지능의 협업은 전술적 자산운용 분야에서 충분한 시너지 효과를 기대할 수 있다. 수십 년 동안 재무금융학자들이 투자 전략을 연구한 과정에서 축적한 이론을 적용하면 인공지능의 예측 정확도를 높일 수 있다. 가장 대표적인 것이 시장이상현상market anomalies이다. 시장이상현상은 '어떤 종류의 주식을 사고 어떤 주식을 팔면 돈을 버는 경향성'을 학술적으로 연구한 것으로서 상황별 투자 전략을 패키지로 만든 것이다. 만약 이런 시장이상현상을 언급하지 않는 전술적 자산운용 상품, 헤지펀드, 그리고 로보어드바이저가 있다면 신뢰하지 않는 것이 좋다.

시장이상현상은 학술적으로 잘 연구된 투자 전략으로서 전술적 자산운용의 기본이나. 현재 미국에만 수백 개 정도의 시장이상현상이 알려져 있다. 국내에서 구축된 의미 있는 시장이상현상은 150여 개(https://www.emerald.com/insight/content/doi/10.1108/JDQS-03-2020-0004/full/pdf?title=market-anomalies-in-the-korean-stock-market. Han, M., Lee, D. H., & Kang, H. G. (2020). Market anomalies in the Korean stock market. Journal of Derivatives and Quantitative Studies: Seonmul yeon'gu.) 정도다. 스마트한 몇 명이 모여서 투자 전략을 개발하고 로보어드바이저를 개발하더라도 기존 학술 성과를 벗어나는 것은 쉽지 않다. 몇 명이 몇 달 동안 머리를 맞대고 열심히 일을 해도, 비슷한 주제로 필자 같은 수만 명의 사람들이 수십 년간 쌓아온 연구 성과를 넘기가 쉬울 리가 없다. 일단은 기존에 학술적으로 논의된 투자 전략부터 검토하는 것이 올바른 순서고 그것이 과학적 방법론이다. 그래서 시장이상현상이라는 학술적으로 잘 정리된 패키지화된 투자 전략을 먼저 이해하는 것이 중요하다. 필자의 경험에 비추어서 하는 말이지만 국내에 존재하는 투자 전략(예: 헤지펀드, 로보어드바이저, 유명펀드 매니저)들 중 대다수는 아마 전 세계 학자들이 수십 년간 축적한 시장이상현상으로 분해될 것이다.

시장이상현상은 금융기관의 투자 행위에 활용될 수 있지만 역으로 각 금융기관의 투자 전략을 평가하는 데도 유용하다. 시장이상현상의 전략들은 펀드 매니저와 로보어드바이저 등의 전략을 객관적으로 비교 평가하는 기준으로서 활용될 수 있다. 이런 평가를 통해 의사결정 과정의 문제를 수정해나갈 수 있다. 하지만 아쉽게도 국내에서 체계적으로 시장이상현상을 관리하며 펀드를 평가하는 기관은 아직 없다. 금융투자 분야에서 인공지능의 한계를 이론과

금융투자 분야에서 인공지능은 기관을 넘어 개인의 영역으로 빠르게 들어오는 중이다.

직관으로 보완할 수 있다는 사실은 향후 인공지능과 인간이 각각 무엇을 주목해야 하는지 방향을 알려준다.

그렇다면 펀드 매니저들이 해야 할 일은 무엇인가? 기존의 시장 이상현상으로 조합되지 않는 새로운 전략을 개발하는 데 역량을 집중해야 한다. 인공지능은 이를 다시 체계적으로 관리해주고 또 투자 전략을 분석 평가하는 역할을 담당할 수 있다. 데이터가 부족한 상황에서 분석과 예측을 하기 위해서는 인과관계를 고려한 표준오차의 계산이 특히 중요하다. 이 부분은 기존 학계의 계량경제학에서 집중적으로 연구해왔다. 사실 계량경제학과 인공지능의 기계학습은 모두 데이터 과학이라는 점에서 비슷하다. 다만 계량경제학은 많은 데이터가 필요한 기계학습과 다르게 통계학적 추론과 가설 검증 등에 집중하고 상대적으로 저차원 문제들에 접근한다. 쉽게 말하면 적은 데이터에서 최대한 인사이트를 짜내는 연구라고 할 수 있다. 계량경제학이 축적한 연구성과는 인공지능 기술 연구에 큰 도움이 될 것이다.

이 외에도 재무금융학자들이 연구하는 기업재무 이론corporate finance과 균형시장에서 자산가격 결정에 관한 이론 등은 데이터에서 최대한 정교하게 정보를 추출하고 이를 바탕으로 한 투자를 결정하는 데 의미 있는 역할을 한다. 결론적으로 전술적 자산운용 등 일별 데이터 수준 분석을 바탕으로 성과를 거두기 위해서는 재무금융 분야의 학술적 성과에 대한 깊은 이해가 반드시 필요하다.

인공지능 기술과 인간이 연구한 이론의 협력은 업계에 큰 변화를 가져올 것이다. 지금까지 시장을 분석하고 투자 전략을 세우는 건 오롯이 전문가들의 몫이었다. 현재도 인공지능은 이 부분에서 인간을 완벽하게 대체하지 못한다. 하지만 광범위한 데이터 분석과 함께 전통적 학술이론을 학습하고 적용하는 알고리즘이 개발되면 금융기관에서 금융의 전문성과 함께 인공지능 기술을 잘 활용하는 전문가들의 수요가 늘어날 것이다. 인공지능 기술과의 협업 능력을 요구받을 것이다.

금융계의 지각변동은 곧 IT 업계의 큰 기회다. 투자 알고리즘을 개발한다고 해서 직접 금융회사가 될 필요는 없다. 기관 투자자 및 개인 투자자에게 투자 서비스, 솔루션, 포트폴리오 애널리틱스 등의 서비스를 제공하는 분야로 진출할 수 있으니 말이다. 일반 투자자들이 인공지능 서비스를 활용해 스스로 투자 전략을 결정하는 DIY가 더욱 편리해지고 개인도 능력이 있다면 자신의 투자 전략을 패키지로 만들어 판매하는 시대도 열릴 것이다. 금융투자 분야에서 인공지능은 기관을 넘어 개인의 영역으로 빠르게 들어오는 중이다.

3. 기회와 변수 사이에 놓인 인간의 의사결정

인공지능의 예측은 추상적 스토리가 아닌 문제를 아주 잘 풀어주는 수학이다. 어떤 변수가 미래의 현금 흐름에 변화를 만들고 미래의 위험에 영향을 주는지를 연구해 평가 모형을 만드는 건 막연한 예측이 아니라 인과관계다. 인공지능은 과거와 현재의 데이터를 기반으로 미래를 예측한다. 이때 동일한 정보도 시대의 맥락에 따라 다르게 해석되어야 한다. 그리고 알고리즘은 이를 예측에 반영해야 한다.

인공지능에 행동경제학의 관점을 담다

인간은 돈과 관련된 문제에서조차 이성적이지 못하다. 특히 오랜 기간에 걸쳐 관리해야 하는 중장기 투자 전략에서 빈번하게 비합리적 의사결정을 내린다. 이는 행동경제학의 수많은 실험을 통해 입증된 사실이다. 퇴직연금을 예로 보자. 수십 년 동안 장기적으로 돈을 넣어야 하는 퇴직연금은 노후준비에 가장 효과적인 투자다. 하지만 사람들은 장기적 투자를 제대로 관리하지 못한다. 먼 미래의 이익은 종종 그보다 적지만 당장 얻을 수 있는 이익보다 항상 과소평가되는 경향이 있다. 그래서 사람들은 단기적 목적을 위해 노후연금 상품을 중도 포기하거나 꼼꼼하게 챙기지 않고 방치하는 선택을 한다.

중장기 투자에서 비합리적 의사결정을 반복하는 인간의 인지 편향성을 인공지능이 보완할 수 있다면 보다 합리적인 의사결정이 가능하지 않을까? 중장기 분야에서 인공지능의 활용을 고민하고 연구하는 진정한 목적은 바로 여기에 있다. 인공지능은 충분한 데이터를 확보해야 기계학습이 가능하다. 일별 데이터를 학습해야 하는 단기투자나 전술적 자산운용 등에서 아직 한계를 해결하지 못했다. 그렇다면 1년에 한 번 하는 장기적 투자는 기계학습이 더 더욱 어려운 게 아닐까. 산술적으로 20년 동안 데이터를 모아도 고작 20개밖에 되지 않을 테니 말이다. 하지만 놀랍게도 중장기 투자야말로 인공지능의 활용 가능성이 가장 크다.

미래를 위한 장기투자 계획에서 가장 먼저 하는 일은 개인의 인적자본human capital을 분석해서 속성을 파악하는 것이다. 이를 바탕으로 미래의 수입과 지출, 자녀수, 교육비 등을 예상해 계획을 세운다. 이 계획에 따라 투자 포트폴리오를 최적화한다. 이것이 자산부채종합관리asset liability management다. 이는 인간이 충분히 할 수 있는 일이고 지금까지 계속해온 일이다. 그런데 자산관리는 장기투자이기 때문에 세월의 변화와 상황에 따라 계획을 수정해야 한다. 이 과정에서 인지편향이 개입해 판단의 오류가 발생하는 일이 적지 않다.

인간은 기본적으로 의사결정에서 자신의 판단과 능력을 과신하는 성향이 있지만 계획을 실행에 옮기는 의지력은 매우 약하다. 미래의 위험성은 과소평가하고 단기성과에는 지나치게 집착한다. 그리고 단기적 투자 수익에 가장 큰 영향을 미치는 세금이나 거래비용 등은 오히려 가볍게 무시한다. 투자 의사결정도 마찬가지다. 감정적 판단으로 투자하면 매우 위험하다는 사실을 누구나 알고 있다. 하지만 실제로 인간은 감정과 기분에 따라 즉흥적으로 거래를 결정하기도 한다.

인공지능의 장점은 감정의 개입 없이 투자의사결정을 한다는 것이다. 행동경제학이 지적하는 인지편향과 선택 오류는 인공지능으로 생성된 규칙을 기반으로 전략을 수립함으로써 예방할 수 있다. 대상자의 과거 행동이나 비슷한 그룹에 대한 빅데이터를 바탕으로 한 적절한 처방은 물론이고, 인간의 투자 실수를 지적하고 상황에 따라 계획을 최적화하는 문제도 대신 해결할 수 있다. 특히 장기적 투자에서 매우 중요한 분산투자 전략의 경우 인공지능의 역할이 더욱 기대된다. 분산투자는 개인 인적자원의 특성들, 즉 직장, 부동산 종류, 자녀, 질병의 유무 등을 종합적으로 고려했을 때 장점을 극대화할 수 있다. 그래서 어렵다. 하지만 바로 그 이유로 인공지능이 가장 잘할 수 있는 역량 중 하나다. 자산운용 전문가들에게 가장 요구되는 덕목은 끊임없는 정보의 업데이트다. 실시간 생산되는 국내외 주요 뉴스를 확인하고 학술논문도 읽어야 한다. 자기 회사의 금융상품뿐 아니라 타사의 금융상품도 속속들이 알아야 한다. 그런데 인간 전문가가 방대한 정보를 실시간으로 업데이트하기란 사실상 불가능하다.

인간의 한계가 분명한 분야일수록 인공지능의 활용은 더욱 빨라진다. 실제로 인공지능을 기반으로 개인 맞춤형 자산운용 서비스를 제공하는 핀테크 시장은 매우 큰 폭으로 성장하는 중이다. 스마트 자산관리 시장은 미국에서만 시장규모가 약 2조 2,000억 달러(AT 커니, 2020)에 이를 것으로 전망된다. 현재 세계 1위 스마트 자산관리 업체 베터먼트Betterment는 2019년 기준 연간 약 18조 6,000억 원을 운용하고 있다. 2위 업체인 웰스프론트Wealthfront도 11조 원을 상회한다. 이 두 업체는 행동경제학 이론을 바탕으로 설계한 알고리즘을 통해 투자자의 위험 성향을 파악하고 전통적 포트폴리오 이론과 분산투자 전략을 기반으로 포트폴리오를 디자인한다. ETF 같은 금융상품을 활용해 포트폴리오를 구축하는 수준의 서비스도 가능하다.

스마트 자산관리 업체들의 콘셉트는 '투자 주치의', 즉 맞춤형 컨설팅이다. 개인의 투자 방식을 점검해서 문제를 제기하고 새로운 제안을 한다. 친절한 조언과 서비스를 이용하는 데 드는 수수료는 매우 저렴하다. 이들의 서비스는 불과 10여 년 전 시작되었지만 PB 서비스의 대중화에 성공했고 덩치 큰 자산운용사들의 강력한 경쟁자로 입지를 다졌다.

국내 로보어드바이저 시장은 이제 태동하는 수준이다. 핀테크 업체 뱅크샐러드 등이 비슷한 서비스의 초기 단계에 있다. 네이버와 다음카카오 등 IT 기업의 진출도 기대된다. 특히 네이버와 카카오 등은 개인의 라이프 타임 데이터를 보유한 만큼 알고리즘 개발에 투자한다면 빠른 속도로 경쟁력을 갖출 수 있을 것이다.

선행적 위험관리가 가능해진다

● ● ●

투자에서 가장 중요한 덕목은 수익창출이 아니라 위험관리라고 생각한다. 사람들이 흔히 엄밀하지 않게 이야기하는 위험관리란 쉽게 말하면 표준편차를 관리하는 것이다. 포트폴리오에서 표준편차가 커지면 위험성이 높아졌으니 위험자산을 줄여야 하고, 표준편차가 작으면 조금 더 위험을 감수한 투자를 해도 괜찮다는 논리다.

그런데 표준편차를 열심히 본다고 해서 미래에 다가올 위험, 예를 들어 기후변화, 미중 패권경쟁, 자본주의의 위기 등에 대해 대응할 수 있을까? 위험관리에서 인지해야 할 가장 중요한 위험은 과거와 현재가 아닌 미래에 존재한다. 미중 무역전쟁과 한일무역 갈등이 어떻게 진행될지, 북핵 문제는 어떻게 해결될지 등의 변화를 예측해 개인의 포트폴리오를 결정할 수 있어야 진정한 위험관리가 가능하다.

현재 이론적으로 미래의 정보를 담고 있다고 생각되는 지표는 빅스VIX와 같은 변동성 지수다. 빅스는 시카고옵션거래소에 상장된 S&P500 지수 옵션의 향후 30일간의 변동성에 대한 시장의 기대를 수치화한 것이다. 한국형 변동성 지수VKOSPI는 빅스의 한국 버전이다. 빅스와 같은 변동성 지수의 특징은 증시 지수와 반대로 움직이는 것이다. 빅스가 최고치에 오르면 투자자들의 불안 심리가 높아졌다는 신호다. 이 때문에 빅스는 시장에서 '공포지수'로도 불린다. 그런데 과거 데이터를 보면 빅스와 주가가 함께 움직이는 것을 확인할 수 있다. 따라서 빅스를 보고 미래를 예측해 투자하면 곤란하다. 왜냐하면 빅스를 보고 투자 여부를 결정하면 이미 늦기 때문이다. 빅스가 폭등하면 주가는 이미 폭락하는 경우가 대부분이다. 빅스 이외에 사용되는 다른 지표들도 비슷한 한계를 포함하고 있다.

다음 그래프는 한국의 변동성 지수VKOSPI와 한국의 코스피 종합지수KOSPI와의 관계를 보여준다. 여기서도 주가의 폭락과 변동성 지수의 폭등은 동시에 발생한다는 것을 쉽게 알 수 있다. 결국 변동성지수를 보고 선제적으로 위험관리를 하는 것은 매우 어렵다. 변동성 지수 이외에 장단기 금리격차, 신용격차 등 거시금융변수

한국형 변동성 지수와 한국종합주가 지수를 비교한 그래프

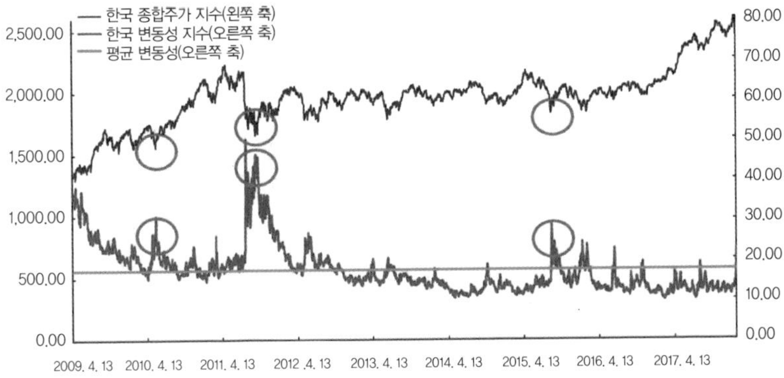

한국종합주가 지수와 한국형 변동성 지수는 역상관관계이다.

들도 비슷한 문제들이 있다. 이에 반하여, 위험관리 측면에서 인공지능의 장점은 '선행적 위험관리forward-looking risk management'다. 미래에 다가올 위험을 파악하기 위해 우리가 할 수 있는 일은 정보를 취합하고 분석하는 것이다. 예를 들어 미중 무역전쟁과 한일 무역갈등의 결과를 예측하려면 관련 기사를 열심히 읽어서 흐름을 파악해야 한다. 하지만 투자 분석가나 펀드 매니저들은 격무에 시달리느라 『월스트리트저널』이나 『파이낸셜 타임스』는 물론 국내 뉴스도 제대로 볼 시간이 부족하다. 정치 사회적 사건들이 미래 경제를 어느 방향으로 이끌어갈지 깊게 연구하고 정리하는 건 현실적으로 매우 어렵다.

하지만 인공지능은 가능하다. 에이디야 리미티드Aidyia Limited라는 인공지능 기반 헤지펀드는 전 세계 뉴스를 비롯해 웹사이트, SNS의 데이터를 수집하고 모델링하는 알고리즘을 통해 시장 흐름을 예측하는 것으로 유명하다. 말하자면 선행적 위험관리를 통해 펀드를 관리하는 것이다. 인공지능의 위험관리가 시장의 변동성이

글로벌 미디어 시맨틱 네트워크(1997. 3. 28)

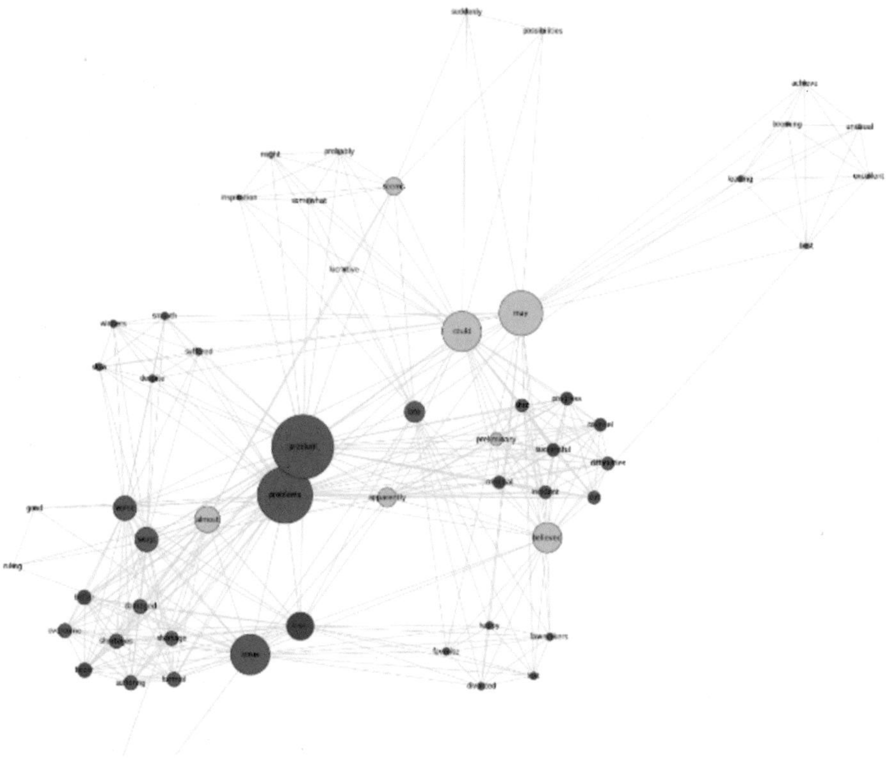

(출처: 한다파트너스, www.handapartners.com)

큰 상황이나 주가가 폭락할 위험, 특히 하방 위험관리에 도움이 된다는 것은 이미 학계에서는 잘 알려진 사실이다.

글로벌 뉴스 데이터 분석으로 미래의 위험을 예측한다는 건 현재의 뉴스 데이터가 미래의 위험성을 경고하고 있다는 것인데 정말 그럴까? 만약 그렇더라도 어떻게 이를 과학적으로 탐지할 것인가? 한다파트너스(http://www.handapartners.com)가 운영하는 시스템의 사례를 살펴보자.

위 그래프는 1997년 3월 28일 단어 간의 맥락을 네트워크로 표현하고 있다. 1997년 11월 한국은 IMF에 구제금융을 신청했다. 외환위기의 시작이었다. 외환위기 전 세계 언론은 한국의 경제와 금융에 대해 어떤 이야기를 하고 있었을까? 한다파트너스는 1997년 3월 28일 전 세계 영어권 뉴스에서 한국 경제를 언급한 기사를 모았다. 부정적 내용은 붉은색, 불확실성을 언급한 내용은 노란색, 긍정적 내용은 파란색, 논쟁의 여지가 있는 내용은 보라색으로 표시했다. 그래프를 보면 붉은색과 노란색이 다수다. 즉 글로벌 언론은 한국의 외환위기가 발생하기 몇 달 전부터 한국 경제의 부정적 흐름을 인지하고 있었던 것이다.

삼성자산운용과 고용노동부 산재보험기금은 해당 시스템을 도입하여 활용하다가 코로나-19 위험을 2개월 전에 선제적으로 파악한 바가 있다. 아래는 해당 시스템에서 어떻게 코로나-19를 경보했는지 사례를 보여준다. 시스템이 2020년 1월 기준으로 코로나-19 사태를 예측한 것은 큰 의미가 있다. 2020년 1월말까지도 경제전문가들조차도 코로나로 인한 충격을 과소평가했다. 코로나가 세계 경제에 문제가 된다면 2019년 12월 11일 우한에서 첫 환자가 발생한 중국의 성장 둔화와 이로 인한 세계 경제의 간접 영향 때문일 거라고 주장하는 정도였다. 그러나 잘 알려져 있다시피 2020년 3월 초부터 전 세계 주가가 급락하고 경제적인 충격은 앞으로 몇 년간 지속될 것이라고 한다.

다음 그림에서 시스템 사용자들은 2020년 1월 갑자기 빨간색과 노란색 동그라미가 급증하는 것을 관찰했다. 다시 설명하지만 빨간색은 전 세계 언론에서 부정적인 논조이고 노란색은 불확실성 논조이다. 과거에 이런 현상이 일어난 사례는 1990년대 말 외환위기, 2007년 8월 금융위기, 2018년 말 주식시장 불확실성 등이었

2020년 1월 글로벌 미디어들은 한국 경제의 금융 상황에 대해 긍정적인 평가와 부정적인 평가가 혼재되어 있다. 12월 말 대비 긍정의 비중이 약 2.00%p 감소하고 부정의 비중이 약 1.96%p 증가하여 상대적으로 부정의 비중이 크게 증가하였다. 불확실성의 경우 약 0.04%p 증가하였다.

연구진의 분석에 의하면 아래 시맨틱 네트워크에서 보이는 부정과 불확실성의 증가는 코로나 바이러스와 연관되어 있을 가능성이 크다. 만약 아래 시맨틱 네트워크의 패턴이 코로나 바이러스와 관련된 게 맞다면 코로나 바이러스가 금융 및 경제 관련 변수 들에서 부정과 불확실성을 증가시키는 방향으로 영향을 끼칠 가능성을 상정한다.

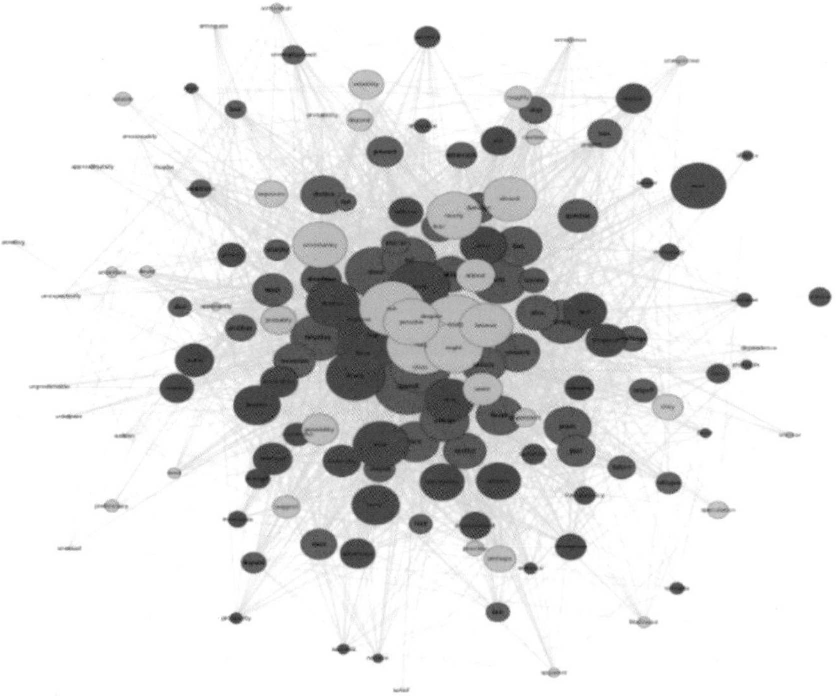

다. 따라서 사용자들은 앞의 패턴을 보고 위기를 직감할 수 있었던 것이다. 이와 같은 성공에 힘입어 2020년 8월 기준 삼성자산운용과 고용노동부 산재보험기금은 2년째 앞의 시스템을 계속 사용하고 있다. 그리고 한화자산운용 등이 구글에서 개발한 버트BERT와 같은 최신 자연어 처리 알고리즘을 이용해 더욱 발전된 시스템을 개발하고 있으며 시트템을 잘 활용하기 위한 인간-기계 협업 모형도 고민하고 있다.

자연어 처리 기술의 발달로 인공지능의 정보 분석과 예측력은 더욱 강화될 것이다. 금융투자 전문가들의 국내외 경제 동향과 관련 정보를 분석하고 예측하고 전략을 세우고 위험을 관리하는 일의 상당 부분에서 인공지능의 역할이 커질 것이라고 예상한다. 결론적으로 인공지능은 인간의 금융투자 의사결정과 성과를 크게 바꿀 것이다.

하지만 인공지능은 신중하고 적절하게 활용되어야 한다. 인공지능은 완벽하지 않다. 또한 인간과 인공지능의 협업 시스템을 어떻게 설계하느냐에 따라 인공지능의 성과도 결정되곤 한다. 이를 위해 필요한 건 인공지능과 인간이 해야 할 일에 대한 방향을 제대로 설정하는 것이다. 금융 이론의 연구는 물론이고 행동경제학, 뇌과학, 심리학 등 다양한 학문과 협력하며 보다 많은 논의와 논쟁이 필요하다. 인간의 합리적인 의사결정을 도와주는 인공지능은 이런 과정을 통해 만들어질 수 있다.

6장

미래의 돈

: 돈의 디지털 전환이 가져올 기회를 잡자

정유신

서강대 기술경영대학원 교수

서울대 경제학과를 졸업했고 서강대 대학원 석사, 건국대 부동산대학원 석사, 와튼스쿨 MBA, 경기대 경제학 박사, 중국 인민대 재정금융학원 MBA를 받았다. 전 대우증권 IB본부장, 신한금융투자 부사장, SC제일은행 부행장, SC증권 대표, 한국벤처투자 대표 등을 역임했다. 현재 서강대 기술경영대학원 원장, 금융위원회 한국핀테크지원센터 이사장이다. 중국자본시장연구회 회장을 맡고 있다.

주요 저서로는 『중국이 이긴다』 『핀테크, 기회를 잡아라』 등이 있다.

1. 누가 금융의 본질을 바꿨을까

4차 산업혁명 시대의 대표적인 비즈니스 모델인 '공유경제'를 예로 보자. 혁신기술이 만든 디지털·모바일 플랫폼 경제구조에서 공유는 새로운 인프라 자산이 되었고 생산 시스템에 엄청난 변화를 주고 있다. 생산하고 소비하는 비즈니스 사이클은 그대로지만 무작정 새로 생산하기보다 초고속 초연결 플랫폼상에서 놀고 있는 자산을 수요 공급에 맞춰주기만 하면 된다. 당연히 생산은 구조적으로 줄고 자금 수요 감소에 따라 금리도 구조적으로 하락할 수밖에 없다. 저금리가 구조화돼서는 수수료 비즈니스는 어렵다. 이제 금융은 자금을 대출해주고 이자를 받는 수수료 비즈니스라는 업의 본질을 바꾸지 않으면 살아남을 수 없게 됐다.

4차 산업혁명의 본질은 유통 혁명이다

"디지털, 물리적, 생물학적 영역의 경계가 없어지면서 기술이 융합되는, 인류가 한 번도 경험하지 못한 새로운 시대이다."

이 말은 세계경제포럼이 정의한 4차 산업혁명의 개념이다. 역사상 인류는 몇 차례에 걸친 산업혁명을 통해 획기적 변화를 이루었고 세상은 진화해왔다. 1차 산업혁명은 증기기관의 발명으로 인간과 가축에 의존한 노동력을 기계로 이동시켰다. 이를 기반으로 대량생산체제를 완성함으로써 2차 산업혁명, 즉 생산성 혁명을 이루었다. 3차 산업혁명은 디지털 혁명, 컴퓨터의 발전과 사무 자동화 혁명이다. 그렇다면 4차 산업혁명은 무엇인가? 일견 3차 산업혁명이 첨단 정보통신기술을 기초로 확장되는 것으로 이해할 수도 있다. 하지만 4차 산업혁명은 제조 기술 혁명에 기초했던 1, 2, 3

차 산업혁명과는 완전히 다르다. 손 안의 시장 플랫폼을 통해 변화의 속도velocity, 파장의 범위scope, 그리고 전체 시스템에 미치는 영향system impact이 이전의 산업혁명과 비교할 수 없을 정도로 엄청나기 때문이다.

4차 산업혁명의 본질은 유통의 혁명이다. 제조 기술 혁명을 넘어 지식과 정보 등을 통한 유통의 구조 자체가 혁명적으로 변하고 있다. 오프라인 세상은 빠르게 온라인의 디지털·모바일 플랫폼으로 이동하고 있다. 이 공간에서 이루어지는 인간의 모든 활동은 데이터로 생산된다. 또 이 무한한 데이터를 자원으로 사용하는 첨단의 인프라 기술이 제조업과 금융 서비스 산업의 생산성을 획기적으로 향상시킨다.

모바일 플랫폼은 세계 50억 인구의 손바닥 안에 거대한 온라인 거래시장을 열었다. 모바일 플랫폼에서 이뤄지는 모든 거래는 시공간의 제약 없이 광속으로 움직인다. 생산과 판매와 소비가 실시간 이루어지는 새로운 개념의 시장이 탄생한 것이다. 예컨대 모바일 전용 은행으로 출발한 카카오뱅크는 계좌를 만들자마자 60초 안에 바로 대출이 가능한 서비스를 내놓았다. 기존 금융 거래의 룰과 상식을 깨는 금융 서비스로 기존 은행들을 긴장시킨 것이다.

유통 혁명을 주도하는 디지털·모바일 플랫폼은 첨단기술을 적용해 새로운 비즈니스 모델을 찾는 정도가 아니라 산업 시스템에 대한 관점을 근본적으로 바꾸고 있다. 4차 산업혁명의 시작과 끝은 모두 빅데이터다. 인공지능, 블록체인, 클라우드 컴퓨팅, 사물인터넷, 5세대 이동 통신 5G 기술은 모두 데이터를 생산하고 축적하고 활용하는 수단이다. 빅데이터는 기존의 아날로그 세상에서 수백 년 동안 박물관이나 도서관에 쌓아놓았던 것이 아니다. 전 세

4차 산업혁명의 재해석

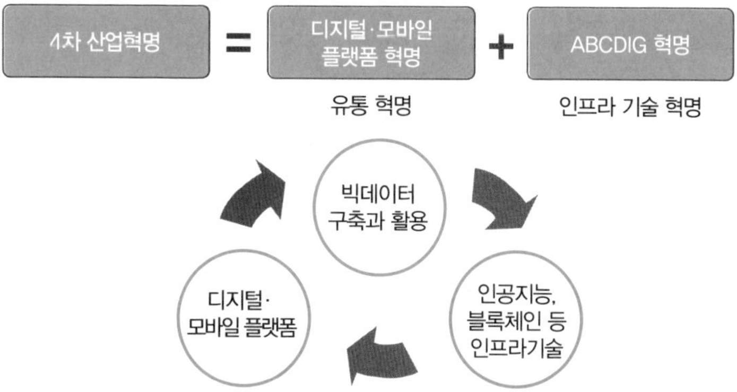

디지털· 모바일 플랫폼상에서 발생한 빅데이터와 이에 기반한 인프라 첨단 기술을 활용하여 제조업뿐 아니라 금융 서비스 산업의 생산성을 획기적으로 높였다.

계 사람들의 손 안에 자리잡은 모바일 플랫폼이라는 거대한 시장에서 엄청난 규모로 실시간 쏟아져 나온다. 스마트폰 하나에서 생산되는 데이터는 숫자도 있고 텍스트도 있고 이미지도 있고 동영상도 있다. 모바일 플랫폼은 이제 숫자만이 아닌 다양한 종류의 데이터가 생산도 되고 유통도 되는 빅데이터 생태계다. 4차 산업혁명의 비즈니스는 생산과 소비의 주기가 배달시간으로 짧아진 유통 시스템에서 경쟁해야 하고, 소비자 빅데이터를 적극적으로 활용해서 얼마나 소비자 맞춤형 상품을 잘 만드느냐에 따라 미래 비즈니스의 성패가 좌우되는 시대가 됐다.

무형의 금융이 유형의 서비스로 전환한다

금융은 자금의 이전, 즉 돈을 유통하는 산업이다. 자금이 필요한 사람에게 이자를 받고 자금을 대출해주는 것이 금융의 본질이다.

금융은 보이지 않고 만질 수 없어 무형의 산업으로 불린다. 그만큼 설명하기 쉽지 않고 꼼꼼하게 약속하지 않으면 나중에 거래 당사자 간에 얘기가 틀리기 쉽다는 얘기다. 금융이 이제까지 규제산업, 내수산업, 혁신을 선도하기보다 혁신의 결과에 후행하는 산업이었던 이유다. 하지만 디지털·모바일 플랫폼 경제 시대에 금융의 역할은 달라지고 있다. 이제 금융은 디지털과 정보통신기술 활용을 통해 무형intangible에서 유형tangible의 서비스로 바뀌고 있다. 시간과 공간의 제약 없는 디지털·모바일 플랫폼을 매개로 생산자와 판매자와 소비자가 직접 연결됨으로써 금융의 역할도 기존의 '중개' 중심에서 탈 중개 및 기술이나 O2O 융합과 같은 혁신 선도 산업으로 빠르게 진화하고 있다.

금융상품을 사고파는 디지털·모바일 플랫폼은 생산자와 소비자를 초 스피드로 연결하는 슈퍼링크 마켓super link market이다. 무형의 서비스여서 생산-판매-소비의 주기가 거의 제로에 가깝기 때문이다. 유형의 제품을 취급하는 전자상거래electronic commerce에 비해 주기가 훨씬 짧아서 그만큼 소비자로부터 상품 혁신 압력도 크다. 그동안 산업혁명은 모두 제조 분야에서 일어났다. 금융은 기껏해야 자금조달 비용을 낮추거나 거래를 효율적으로 도와주는 보조역할에 머물러왔다. 주도적인 변화나 혁신을 통한 거대한 도약 등의 역동성을 보여준 적이 없다. 그러나 금융회사들은 이제 새로운 환경에 적응하지 않으면 안 되는 현실에 처하게 됐다. 금융이 실물경제 뒤를 따라가는, 그림자 역할에서 벗어나 실물경제를 선도해야 하는 압력을 받고 있기 때문이다.

4차 산업혁명 시대의 대표적인 비즈니스 모델 공유경제를 예로 보자. '공유'는 자본주의에서 가치를 부여하지 않았던 상품이다. 시장에서 한 번도 주목했던 적이 없는 공유는 혁신기술이 만든 초연결과 초고속 경제구조에서 새로운 인프라 자산이 되었다. 공유경제의 등장은 기존 생산 시스템에도 광범위한 영향을 미치고 있다. 자동차를 구매하지 않고 공유하면 자연스럽게 생산을 줄여야 한다. 생산하고 소비하는 비즈니스 사이클은 그대로지만 생산을 위한 자금 수요가 줄어들어 금리는 구조적으로 하락하게 된다. 금융은 자금을 대출하고 이자를 받는 수수료 비즈니스라는 업의 본질을 스스로 바꿀 수밖에 없다.

유니콘은 빠르게 움직이는 금융의 산물이다

금융이 얼마나 적극적으로 변화하는가를 보여주는 상징이 바로 유니콘Unicorn이다. 유니콘은 1조 원 이상의 기업가치를 인정받는 비상장 스타트업을 말한다. 2013년 전 세계 유니콘은 겨우 30여 개 정도에 불과했지만 지금은 미국 210여 개, 중국 100여 개, 한국 10여 개의 유니콘을 보유하고 있다.

유니콘은 원래 신화 속에 등장하는 이마에 뿔이 달린 말을 뜻한다. 이 상상 속 동물이 성공한 스타트업을 가리키는 용어로 쓰인다. 창업 10년 미만의 스타트업이 상장하기도 전에 기업가치가 1조 원 이상 되는 일은 마치 유니콘처럼 상상 속에서나 존재할 수 있는 일이라고 생각했기 때문이다. 하지만 상상에서나 가능하다고 믿었던 일이 현실에서 벌어졌다. 금융은 물론 구글, 텐센트 등 글로벌 IT 공룡들까지 나서서 유니콘 기업을 발굴하고 육성하는 데 돈을 투자한다. 심지어 당기순이익이 마이너스인 경우에도 1조 이상의 기업가치 투자가 이루어진다. 과거의 관점에서는 도저히 이해할 수 없는

4차 산업혁명에 따른 기회와 위험

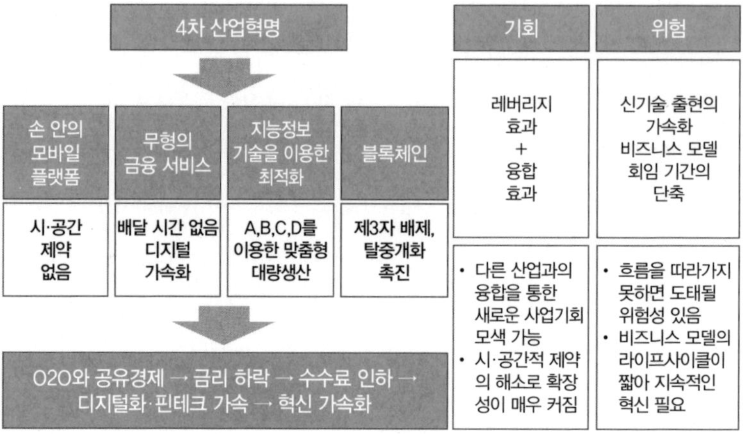

현상이다.

과거 금융사들은 투자를 결정할 때 먼저 누적 매출 기록 등을 기초로 기업을 분석하고 향후 2~3년 뒤 상장이 가능하다는 판단이 되면 비로소 투자에 나섰다. 그래서 투자계약 체결도 주식공개상장IPO 부서가 담당했다. 하지만 지금은 다르다. 시장의 속도가 너무 빨라졌다. 새로운 비즈니스 모델이 출현하고 순식간에 수요가 급증하는 사례가 드물지 않다. 때마침 주식시장이 강세를 유지하면 창업 후 10년 이내에 기업가치 1조 원을 상회하는 일이 충분히 가능해진 것이다. 실제로 유니콘으로 성장할 만한 스타트업들이 미국과 중국을 중심으로 쏟아져 나오고 있다.

광속의 변화에 대응하려면 금융사들은 스타트업이 매출을 통해 그 가능성을 증명할 때까지 기다릴 수 없다. 속도가 곧 수익이고 비용이다. 증권사들이 미래에 50~70배까지 가치가 뛰어오를 가능성이 있는 스타트업을 대상으로 '상장 전 자금 유치Pre-IPO'를 진행하고 '프리 유니콘 펀드Pre-Unicorn Fund'를 만드는 이유다. 상장도 하기 전 기업가치가 1조 원 이상 평가되는 유니콘의 탄생은 금융투자자가 실물보다 빨리 움직인 결과다.

금융시장의 변화된 트렌드는 유니콘 기업을 넘어 기업가치 10조 원의 데카콘Decacorn을 탄생시켰다. 금융이 빠르게 앞서 움직이면서 자금조달 시장도 크게 바뀌었다. 많은 금융자본이 스타트업을 키우고 육성하는 벤처캐피털과 액셀러레이터 영역으로 이동하고 있다. 유니콘의 등장으로 자본시장과 벤처 자본시장의 경계도 무너지고 있다. 이와 같은 트렌드의 변화는 금융에 기회일까? 반드시 그런 것은 아니다.

국가도, 기업도 유니콘을 키우려고 지원을 아끼지 않지만 '유니콘 버블'을 경고하는 목소리도 끊임없이 나온다. 기업가치를 미리 평가하고 투자하는 데는 당연히 위험이 따른다. 가령 과거에는 새로운 비즈니스 모델이 나오면 '3대를 간다'는 말이 있었지만 지금은 어떤 비즈니스 모델이라도 3년을 지키기 어렵다. 게다가 본격적으로 빅데이터 경제가 열리면 융합기술 경쟁이 더욱 빨라져 시간은 더 단축될 것이다. 새로운 비즈니스 모델에 대한 금융 투자가 유니콘을 탄생시키고 있다. 하지만 비즈니스 모델의 수명이 점점 단축되는 흐름은 유니콘의 위험 요소이고 또 금융의 리스크다.

실물의 그림자에서 벗어나 혁신의 리더가 된다

기술의 혁명은 금융이 움직이는 방식에 커다란 변화를 가져왔다. 금융finance과 IT 기술technology이 만나 탄생한 핀테크fintech는 금융 현상과 금융의 개념을 통째로 바꾸는 중이다.

핀테크의 핵심은 금융시장과 개인을 직접 연결하는 것이다. 금융은 전통적으로 '중개' 역할을 담당해왔다. 하지만 이제 핀테크 시대에 적응하기 위해 스스로 IT 금융 플랫폼으로 변신하고 있다. 은행, 증권, 보험 등 전통적 금융사들은 금융의 영역에서 벗어나 IT 기술을 접목한 새로운 핀테크 모델을 찾느라 분주하다. 또 IT 기업과 스타트업들은 핀테크를 통해 기존의 IT 비즈니스를 넘어 금융의 영역으로 빠르게 진입하고 있다. 금융과 IT 산업 모두 핀테크라는 영역에서 서로 협력하고 또 경쟁하는 중이다.

핀테크의 장점은 편리한 이용방식과 저렴한 수수료다. 현재 가장 보편적으로 사용되는 핀테크 모델은 '지급, 결제, 송금' 서비스지만 이것이 핀테크의 전부는 아니다. 투자와 대출 등 금융 거래를 할 수 있는 '금융 플랫폼' 분야, 개인과 기업의 데이터를 취합하고 분석해 필요한 정보를 제공하는 '금융데이터 분석' 분야, 각종 솔루션을 제공하는 '금융 소프트웨어' 분야 등 핀테크의 사업 영역은 다양하다. 국내 핀테크 산업은 현재 지급, 결제, 송금 부문이 32%로 가장 많다. 이어 대출과 신용 부문 24%, 자산관리 부문 16%, 인슈어테크 3% 순이다. 그리고 테크핀이 25%를 차지한다. 테크핀이란 금융업에 진출한 네이버, 카카오, SK텔레콤, 구글, 아마존, 페이스북 등 IT 공룡기업과 이들이 제공하는 핀테크 서비스를 말한다. 금융과 무관해 보였던 이들은 자체적으로 보유한 첨단기술과 엄청난 규모의 사용자들을 기반으로 핀테크 서비스를 제공하거나 기존 금융사들과 협력하는 방식으로 금융업에서 급속히 몸집을 불리는 중이다.

핀테크는 상품(서비스)의 생산-판매-소비의 주기가 다른 실물

제조상품보다 짧다. 그만큼 업체 간 경쟁도 치열하다. 빠르고 편리하고 비용이 절감되는 많은 서비스 상품을 지속적으로 짧은 기간 내에 제공해야만 시장에서 살아남는다. 이제 핀테크의 빠른 발전 속도는 금융의 혁신을 넘어 전 산업의 혁신을 주도하는 동력이 되고 있다. 그동안 IT 기술이 전 산업의 혁신을 이끌었던 것과 같은 현상이다.

핀테크 혁신의 핵심 자원은 금융 데이터다. 전 산업에서 필요로 하는 시장 분석, 즉 소비자의 선택 선호도, 사용주기, 유형 등의 모든 데이터가 바로 핀테크 플랫폼에서 생산된다. 금융결제데이터를 분석하면 모든 산업의 소비자 행동을 알 수 있다. 금융이 빅데이터와 연결되면 다른 산업의 효율성을 끌어올리는 시너지 효과를 창출할 수 있다.

디지털 플랫폼이라는 시장에서는 사용자(고객)의 충성도가 경쟁력이고 곧 비즈니스 모델이다. 즉 충분한 사용자를 확보하고 있다면 기존의 사업 영역을 넘어 다른 업종, 다른 서비스로 얼마든지 확장할 수 있다. 마이데이터 산업의 태동으로 데이터 이동 등에 관한 규제가 본격적으로 완화되면 다양한 형태의 API를 통한 오픈뱅킹이 활성화되고 금융권의 디지털 트랜스포메이션digital transformation은 더욱 가속화될 것이다. 디지털 시대의 금융은 더 이상 실물경제의 그림자가 아니다. 오히려 미래 시장의 패권을 쥐고 있다고 해도 과언이 아니다.

2. 금융의 재부팅으로 빅블러 시대가 열렸다

핀테크는 전 산업 분야에 새로운 비즈니스 기회를 제공하고 있다. 카카오가 은행과 증권사업을 하고, 아마존이 무인 편의점 사업을 하고, 은행은 금융 플랫폼으로 전환을 모색한다. 금융, O2O, 유통이 하나로 합쳐지고 보험과 의료기기 병원 진료 서비스가 공동의 수익 모델을 만드는 전혀 새로운 비즈니스가 출현하고 있다. 데이터와 기술이 만나 산업의 경계가 흐릿해지는 빅블러 시대는 완전히 새로운 산업 생태계를 만든다.

쪼개고 합치고 자유롭게 이동한다

2017년 모바일 은행 카카오뱅크는 영업 개시 100일 만에 435만 개의 비대면 계좌 개설에 성공했다. 카카오뱅크는 신규계좌 개설에 7분, 대출에 60초, 공인인증서나 보안카드가 필요 없는 편의성, 조건 없이 낮은 대출 금리 등으로 기존 은행과 차별성을 분명하게 드러냈다.

2017년은 국내 핀테크 산업의 변화를 보여준 시기다. 2013년만 해도 불과 70여 개에 불과했던 핀테크 스타트업은 연 30%씩 꾸준히 성장해 2017년 400개로 급증했다. 이 시기 모바일 송금 비율이 41.1%로 은행 방문(10.6%)이나 ATM(37.8%)보다 많았고, 모바일 주식거래 비율이 전체의 47%나 차지했다. 금융은 모바일로 빠르게 이동했다. 가장 의미 있는 변화는 핀테크 이용자층의 확장이다. 모바일 앱을 통해 핀테크 서비스를 이용하는 사람들은 대부분 젊은 세대일 것이라는 생각과 다르게 10대부터 노년 세대까지 고르게 수용하고 있다. 특히 수익구조의 원천이 되는 P2P 대출, 주택담보대출, 주식 거래, 뮤츄얼펀드, 연금, 보험관리 등의 서비스를 주로 이용하는 3040세대의 적극적 참여는 핀테크 산업의 성장을 견인하는 힘이 되고 있다.

핀테크 산업의 성장은 스타급 핀테크 스타트업의 탄생으로 이어졌다. 초기 간편 송금 서비스로 출발한 핀테크 기업 토스는 세계 100대 핀테크 기업 중 28위에 이름을 올렸다. 현재 금융상품 가입, 투자와 대출, 신용카드 등으로 서비스 영역을 확장하는 중이다. 가계부 어플리케이션으로 출발한 뱅크샐러드도 은행, 투자, 대출, 연금 등 토탈 금융 서비스를 제공하는 기업으로 성장했다. 이들이 관리하는 금융자산은 무려 150조 원이나 된다.

토스나 뱅크샐러드처럼 처음엔 간편 송금이나 가계부 관리 등 하나의 종목에서 시작해 차츰 금융 서비스를 하나씩 추가하는 방식으로 기업을 확장하는 비즈니스 모델은 언번들링unbundling 현상으로 설명할 수 있다. 언번들링은 말 그대로 '해체'를 뜻한다. 핀테크는 모바일 결제, 빅데이터의 활용과 분석, 사물인터넷 활용, 블록체인, 모니터링 등 다양한 IT 기술을 활용해 기존 금융사가 통합해 제공하던 서비스를 여러 개로 나눈다. 하지만 먼저 한두 가지 특화된 서비스에 집중해 이용자를 충분히 확보하면 다른 서비스를 추가하는 방식으로 확장할 수 있다. 언번들링 서비스를 다시 하나의 금융 플랫폼에서 모두 제공하는 것이다. 이를 리번들링rebundling 또는 디지털 플랫폼이라고 한다. 토스나 뱅크샐러드는 모두 리번들링으로 이동한 상태다.

핀테크는 축적된 금융 데이터를 기반으로 아예 다른 산업의 영역으로 넘어가 새로운 비즈니스 모델을 창출할 수도 있다. 이 과정에서 특별히 별도의 자금이 필요하지도 않다. 고객 데이터를 기반으로 새로운 시장을 만들면 다시 새로운 고객이 생긴다. 핀테크는 고객과 시장을 자유롭게 연결하는 기술이다. 이는 창업이 매우 활발하게 일어날 수 있는 조건이 된다.

빅테크가 핀테크 시장에서 경쟁력을 발휘하는 것도 바로 이런 특성 덕분이다. 미국의 구글, 애플, 페이스북, 아마존, 중국의 바이두, 알리바바, 텐센트, 한국의 네이버, 카카오 등은 아예 빅테크라고 불리며 핀테크 시장에 막강한 영향력을 행사한다. 이들의 경쟁력은 막대한 데이터다. 빅테크들은 기존 비즈니스에서 축적한 데이터를 활용해 새로운 서비스를 개발할 수 있다. 이미 엄청난 이용자를 확보하고 있어 언제든지 쉽게 금융사업을 시작할 수 있다. 실제로 카카오톡의 4,000만 명에 이르는 회원들은 카카오뱅크의 주요 성공 요인으로 꼽힌다. 기존의 대형 금융사들은 향후 이들 빅테크와 치열한 경쟁을 치러야 할 것이다. 한편 금융시장에선 빅테크가 시장을 독점할 것이라며 우려하기도 한다. 충분히 가능성이 있는 예측이다. 이용자가 곧 시장인 모바일 플랫폼 경제에서 전통적인 금융상품 브랜드와 시장을 가진 금융회사, 자본과 기술, 플랫폼을 확보한 빅테크와 혁신적인 핀테크 업체들이 핀테크 생태계에서 공존하기 위한 세밀한 정책 뒷받침을 고민할 시점이다.

은행도, IT도, 유통도 금융 플랫폼을 꿈꾼다

최근 가속화하는 오픈 뱅킹 대전은 핀테크 전쟁의 단면이다. 오픈 뱅킹이란 핀테크 기업과 은행들이 개별 은행과 제휴 없이도 표준화된 방식 API로 해당 은행의 자금 이체와 조회 기능을 이용할 수 있게 해주는 공동 결제 시스템이다. 이를 통해 소비자들은 모바일 앱 하나로 흩어져 있는 금융계좌를 한 번에 조회하고 관리할 수 있다. 출금, 입금, 잔액, 거래내역, 계좌 실명, 송금인 정보 확인 서비스를 이용하고 지불하는 수수료가 기존 은행의 10분의 1 수준에 불과하다. 현재 오픈 뱅킹은 핀테크 기업이 결제 시스템을 공동 이용할 수 있는 정도이지만 향후 핀테크 기업이 은행 등 금융사처럼 금융 결

디지털 플랫폼화

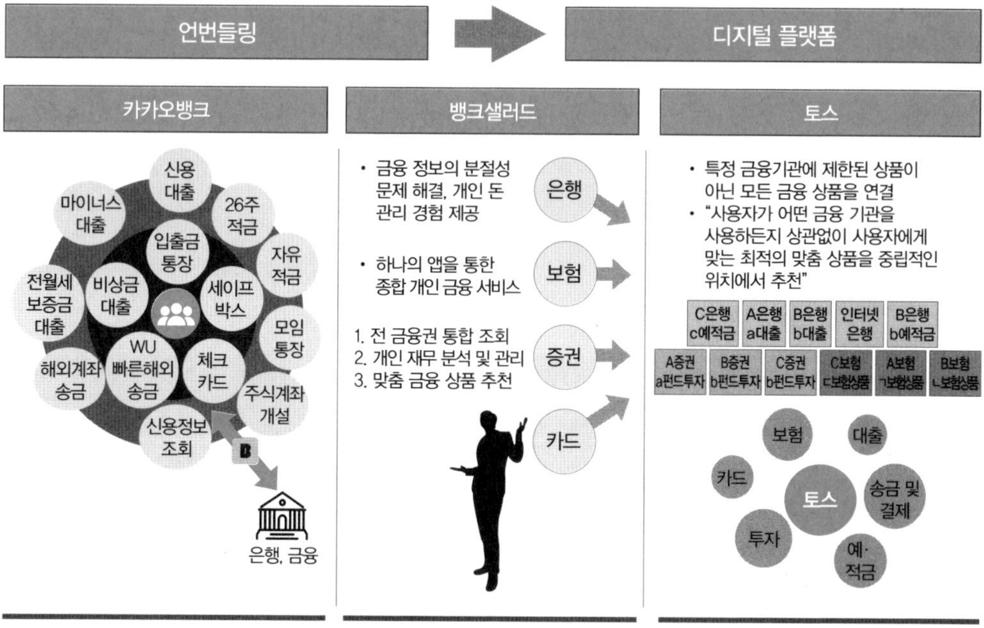

제망에 직접 참가하는 수준으로 확대 개방될 것이다. 금융사와 핀테크 기업이 같은 인프라 안에서 협업하고 경쟁하는 본격적인 핀테크 시대가 열리는 것이다.

이런 변화에 가장 빠르게 움직이는 건 역시 핀테크 기업이다. 이들은 개인 데이터에 대한 동의를 받아 시중 여러 개의 관련 금융 데이터를 분석해 개인에게 최적의 솔루션을 제공하며 시장을 선도하고 있다. 반면 은행들은 마음이 급하다. 핀테크 기업들의 전력질주에 대응하기 위해 플랫폼으로서의 뱅킹banking as a platform으로 전환을 서두르고 있다. 그런가 하면 유통업계도 금융으로 속속 진입하고 있다. 그동안 간편결제pay 서비스에 집중했던 유통업체들은 본격적으로 오픈 뱅킹을 도입하고 송금 서비스를 시작했다. 이들의 목표는 '종합 금융 플랫폼'으로 도약하는 것이다. 유통기업은 간편결제 서비스로 확보한 데이터를 기반으로 쉽게 금융사업을 할

빅테크의 출현

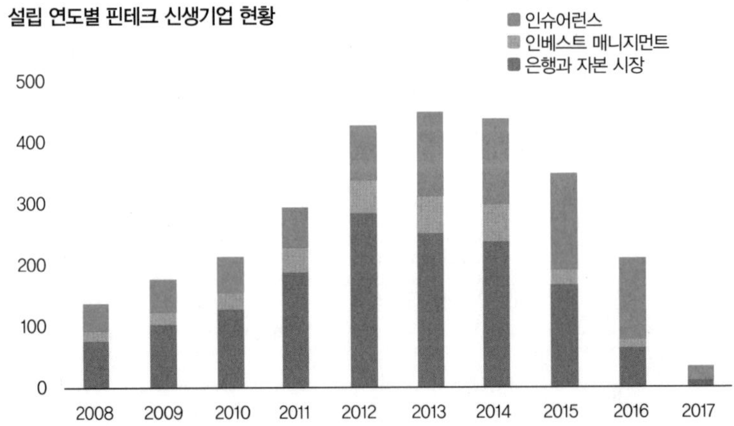

핀터크 산업이 지속성장과 함께 세분화되는 가운데 한편에선 디지털 플랫폼과 기술력을 갖춘 빅테크가 출현되고 있다.

수 있다. 글로벌 유통기업 아마존도 간편결제 서비스에서 더 나아가 뱅크오브아메리카BoA, 메릴린치Merrill Lynch 등과 손잡고 중소판매업자에 대한 대출사업을 준비 중이다. GAFA, 즉 구글, 아마존, 페이스북, 애플 등 IT 공룡기업들이 머지않아 은행을 설립할 것이라는 예측도 나온다. 물론 이들이 굳이 은행업을 시작하지 않아도 이미 금융업에 깊숙하게 발을 들여놓은 상황이니 아마존 뱅크나 구글 뱅크가 생긴다고 해서 놀랄 일은 아니다. 중요한 사실은 핀테크가 이미 전 산업에서 새로운 비즈니스 창출의 기회가 되고 있다는 것이다.

핀테크에서 현재 가장 성장해온 분야는 개인과 개인 간 거래P2P 투자와 대출 서비스지만, 향후 가장 성장 가능성이 예측되는 분야는 프롭테크prop tech, 로보어드바이저roboadviser, 크라우드펀딩crowd funding, 인슈어테크Insurtech다. 프롭테크는 부동산property과 기술technology이 결합한 용어로 정보통신기술과 결합한 부동산 서비스 산업

을 말한다. 프롭테크 비즈니스는 부동산 중개, 임대, 관리, 프로젝트 개발, 그리고 자금조달 분야로 분류된다. 로보어드바이저는 자산관리 서비스를 말한다. 인공지능의 PB 서비스를 제공하는 로보어드바이저 분야는 빠른 증가 추세에 있으며 2021년에는 무려 1조 9,000억 원 규모의 성장이 예측된다.

크라우드 펀딩은 자금이 필요한 수요자가 온라인 플랫폼을 통해 대중으로부터 자금을 모으는 금융 서비스다. 종류에 따라 후원형, 기부형, 대출형, 증권형 등으로 분류한다. 이중 대출형은 개인과 개인 간 금융, 소액 대출을 통해 개인 혹은 개인사업자가 자금을 지원받고 만기에 원금과 이자를 상환하는 방식이다. 증권형은 투자상품, 비상장 주식, 채권에 투자하고 증권으로 보상을 받는 형태다. 크라우드 펀딩이 안정적으로 정착하면 중소, 벤처기업의 새로운 자금조달 창구로서 역할을 하게 될 것이다. 또한 향후 본격적으로 빅데이터 경제가 시작되면 가장 큰 변화를 겪게 될 분야는 보험, 바로 인슈어테크다. 국내 인슈어테크는 글로벌 속도보다 한참 늦은 편이다. 하지만 우리 사회가 이미 고령사회로 진입한 만큼 성장 잠재력은 가장 크다고 할 수 있다.

핀테크의 활성화는 적극적인 금융 데이터의 활용 여부에 달렸고 이를 위해 규제 완화 등 법적 준비에 속도를 더 내야 한다. 2020년 1월 데이터 3법(개인정보 보호법, 정보통신망법, 신용정보법)이 국회를 통과했지만 적절한 시행령 마련과 시장 관행market practice의 정착이 과제다. 핵심은 개인의 정보보호와 신뢰다. 그런데 신뢰는 정책이나 공공적 제도만으론 얻어질 수 없다. 관점을 바꿔 보안과 위험관리를 하나의 핀테크 산업으로 적극 활성화하고, 이를 정부나 공공기관이 수익 모델로 채용하는 등 유연성이 필요하다. 규제대응과

오픈뱅킹과 핀테크의 환경 변화

■ 기대효과

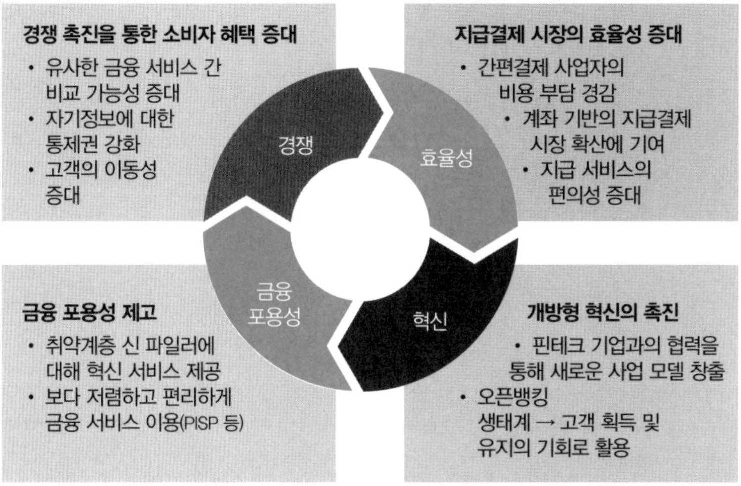

보안 및 위험관리 서비스는 이미 핀테크의 한 분야로 인정받고 있지만 더 적극적 생태계eco-system의 조성이 필요하다. 이 내용은 뒤에서 다시 살펴보기로 하자.

마이데이터로 정보 비대칭이 깨진다

● ● ●

'고객'이라는 이름으로 온라인 거래를 할 때 반드시 거쳐야 하는 과정이 있다. 바로 '개인정보 수집 및 이용서'에 동의하는 것이다. 동의하지 않으면 아예 거래가 불가하다. 디폴트 항목이다 보니 이용자들은 무조건 '동의'에 동의한다. 이후 간혹 내 데이터를 제3의 기관에 양도했다는 알림 문자가 오지만 대부분 무감하다. 내 데이터가 어디에 사용되었는지, 기업에 어떤 이익을 가져다주었는지 알지 못한다. 기업과 기업 간 소비자 데이터 거래는 이뤄지지만 정작 개인은 자신의 데이터로부터 소외되어왔다. 하지만 이제 달라진다. 마이데이터 시대가 열렸다.

데이터 3법의 통과로 금융권은 마이데이터 사업을 본격적으로 시작한다. 마이데이터란 개인이 정보 관리의 주체가 되어 능동적으로 본인의 정보를 관리하고 본인의 의지에 따라 신용 및 자산관리 등에 정보를 활용하는 것을 뜻한다. 예를 들어 그동안 A소비자의 데이터를 B기업이 이용하려면 A의 동의를 받거나, A의 데이터 이용 권한이 있는 C기업과 데이터를 거래했다. 하지만 앞으로는 개인의 '정보 이동권'에 근거해 B기업은 A소비자로부터 데이터 이동을 허락받아 타 기업이 보유하는 A소비자의 모든 데이터를 한번에 제공받을 수 있다.

데이터의 수집, 이동, 활용에 대한 관점의 전환은 핀테크 분야의 엄청난 성장을 예고한다. 개인은 은행, 증권사, 보험사 등에 흩어져 있는 자신의 데이터를 하나로 모아서 효율적인 자산관리 전략에 활용할 수 있다. 또 금융사는 개인의 광범위한 데이터 분석을 통해서 더욱 정교한 맞춤형 서비스가 가능한 새로운 비즈니스 모델을 개발할 수 있다. 특히 대형 금융사와 테크핀의 자금력과 데이터 확보력 등에서 경쟁력이 뒤질 수밖에 없었던 핀테크 기업들에게 마이데이터는 급성장의 모멘텀이다. 아마도 머지않아 국내 핀테크 기업 중에서도 또 다른 유니콘의 탄생을 보게 될 것이다.

마이데이터의 활성화가 의미하는 것은 정보 비대칭의 완화다. 기존 금융시장에서 일방적으로 정보를 쥐고 있던 측은 대형 금융기관과 일부 전문가였다. 개인은 매우 한정되고 공개된 정보만을 접할 수 있었다. 정보 비대칭 현상이 완화되면 특히 영향을 받을 분야는 모바일 증권과 부동산 시장이다.

2015년 카카오는 모바일 증권 앱 '카카오스탁(현 증권 플러스의 전신)'을 론칭했지만 뒤에 출발한 카카오뱅크만큼 성장하지 못했다. 이는 모바일 증권 이용자 대부분이 주식거래 규모가 작은 단타족이고 거래 규모가 큰 전문 투자자와 장기 투자자들은 모바일 증권을 거의 이용하지 않은 탓이다. 전문 투자자와 장기 투자자는 기업의 펀더멘털, 차트, 세계 경제 등 세 가지 분석이 모두 필요한데 비대면 모바일 거래는 아무래도 정보제공에 한계가 있기 때문이다. 모바일 증권이 상대적으로 모바일 은행보다 성장하지 못한 큰 이유다.

하지만 빅데이터와 마이데이터의 활용으로 모바일 증권 분야는 도약의 기회를 맞았다. 빅데이터를 활용해 장기적, 거시적 정보를 분석하고 개인 투자자의 상황에 맞는 전략을 제공할 수 있다. 또 정보제공 서비스 자체가 새로운 비즈니스 모델이 될 수도 있다. 개인의 손바닥 안에 모바일 거래소를 개장하는 날도 머지않았다.

마이데이터 사업의 꽃으로 불리게 될 또 다른 분야는 프롭테크다. 프롭테크의 핵심은 정보의 불평등을 해소하는 것이다. 그동안 부동산 시장은 유독 정보 비대칭이 심했다. 부동산 가격이 급상승하면 사람들은 정확한 이유를 알지 못했다. 부동산이 버블인지 아닌지는 결과를 봐야만 안다는 자조적 표현도 나왔다. 가격이 계속 오르면 버블이 아니고 내리면 버블이었다는 것이다. 이런 시장의 특성이 만들어낸 것이 바로 복부인이다. 다수가 알지 못하는 정보를 손에 쥔 투기자본은 정보비대칭을 이용해 많은 돈을 벌었다. 사실 건물주나 주택소유자들은 가격을 공시할 의무가 없다. 시장에서 가격이 어떻게 결정되었고, 또 적절한 가격인지 수요자는 알 길이 없다. 그러나 이제 마이데이터의 활용으로 더욱 투명한 정보의 유통을 기대할 수 있게 되었다. 집을 팔고 싶은 사람, 떠나고 싶은 사람, 살고 싶은 사람, 투자하고 싶은 사람의 데이터가 축적되고, 이를 분석해 매매자와 매수자, 투자자와 실수요자의 움직임을 알 수 있다. 상품, 돈, 사람의 흐름이 정보로 공개되는 것이다. 개인 거래자들은 효율적으로 부동산을 거래할 수 있게 되지만 투기성 투자자들에게는 좋지 않은 소식이다. 정보 비대칭으로 돈을 벌기 어려워졌으니 아마 아쉬움이 크지 않을까.

프롭테크는 이미 일상생활에 들어와 있다. 사람들은 아직 프롭테크라는 용어는 잘 모르지만, 부동산 중개 앱으로 집을 찾고 인테리어를 구경하고 계약한다. 다방, 직방, 호갱노노, 집닥, 오늘의 집 등은 대표적인 프롭테크 서비스다. 속속 대중화하는 스마트홈 기술과 사무실, 주방, 창고를 공유하는 서비스도 프롭테크 산업의 한 분야다. 프롭테크 산업은 전통적 부동산 산업, 핀테크, 그리고 공유경제 등과 겹쳐지는 영역에 존재한다. 이는 프롭테크의 엄청난 확장성을 의미한다. 프롭테크는 단순한 주거용 시장을 넘어서 수익형 부동산 플랫폼, B2B, 건설 등 사업 규모가 훨씬 큰 분야에서 폭발적으로 활성화될 것이다. 데이터와 기술이 만나 산업의 경계가 흐릿해지는 빅블러 시대는 완전히 새로운 산업 생태계를 만들어가는 중이다.

경계를 넘어 새로운 비즈니스 모델을 창출해야 한다

● ● ●

중국의 온라인 보험사 중안보험은 2015년 당을 체크하는 건강보험상품 '탕샤오베이'를 출시하면서 일약 세계적인 핀테크 스타가

중안보험의 '탕샤오베이'의 수익 모델 구조

구분	주요 내용
중안보험	평안보험의 인슈어테크(핀테크 보험)
혈당측정 기기	스마트 터치 방식으로 혈당 수치 체크
빅데이터 센터	빅데이터센터에 혈당 수치 구축 및 활용
병원 비즈니스	원격으로 진단 및 처방

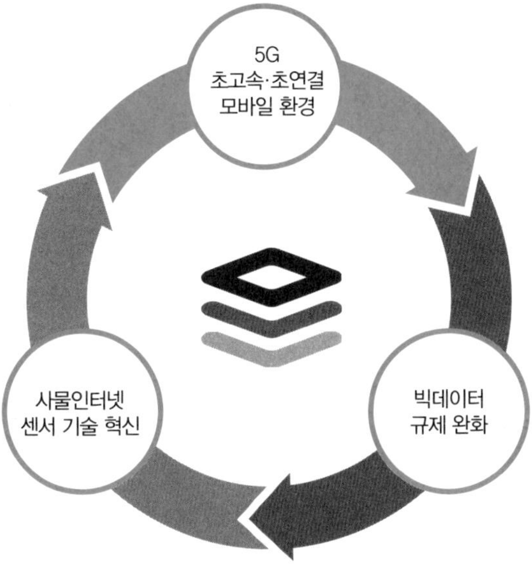

되었다. 탕샤오베이는 보험상품이면서 동시에 혈당을 측정하는 의료기기다. 사용자의 혈당 데이터를 구축해 원격으로 건강을 진단하고 처방하는 원격진료 비즈니스와 연계하는 혁신성 덕분에 탕샤오베이는 높은 평가를 받았고 이를 개발한 중안보험은 세계 '핀테크 톱 100'에서 당당히 1위를 차지했다(KPMG 2016). 시장에서 중안보험의 기업 가치는 무려 80억 달러에 달한다.

중안보험은 인슈어테크insurtech, insurance+tech 기업이다. 알리바바의 CEO 마윈, 텐센트의 CEO 마화텅, 그리고 평안보험의 CEO 마밍

저가 2013년 함께 설립한 후 폭발적인 성장세를 유지하고 있다. 직원 1인당 보험체결 건수가 89만 건으로 한국 보험사의 1인당 2,700여 건을 압도한다. 보험은 금융업 중에서도 매우 보수적이어서 타 분야와 비교해 디지털 전환이 늦다. 여전히 면대면 보험 계약과 영업 방식이 주를 이룬다. 그러나 보험업은 의료와 헬스, 자동차, 선박 등 여러 산업과 연결된 특성 때문에 4차 산업혁명을 통해 산업 간 융합이 촉진되면 다른 금융업보다 훨씬 큰 변화를 맞게 될 것이다.

중안보험은 인슈어테크의 확장성을 잘 보여주는 사례다. 중안보험의 비즈니스 모델은 여러 보험상품을 비교 분석하고 추천하며 수수료를 받는 단순 방식이 아니다. 보험상품을 설계하고 판매하는 보험사, 탕샤오베이를 만든 의료기기 업체, 탕샤오베이를 통해 축적된 고객데이터를 구축하고 분석하는 빅데이터 센터, 데이터를 기반으로 원격으로 진단하는 병원(의사) 등 4개의 업체가 수익 모델을 공유하고 협력한다. 혁신적일 뿐 아니라 4개 부문에서 수익이 창출된다는 점에서 매우 안정적인 비즈니스 모델이다.

그런데 어느 사회나 새로운 비즈니스가 출현하면 사회적 저항이라는 복병을 만나게 된다. 새로운 비즈니스에 대한 저항은 대부분 기존 산업계의 고용 대체 효과에 대한 우려에서 비롯된다. 2018년 출시된 모빌리티 플랫폼 '타다'가 대표적 예다. 타다는 소비자가 앱으로 자동차를 빌리면 운전기사까지 함께 이용할 수 있는 서비스로 사용자로부터 좋은 평가를 받았다. 하지만 택시업계가 생존권을 위협한다며 거세게 저항했다. 결국 타다 금지법(여객자동차 운수사업법 개정안)이 통과되었고, 타다 측은 서비스를 포기했다.

한국의 인슈어테크 분야는 아직 활성화되지 않았다. 솔직히 글

알리바바의 금융 + 유통 융합 시스템

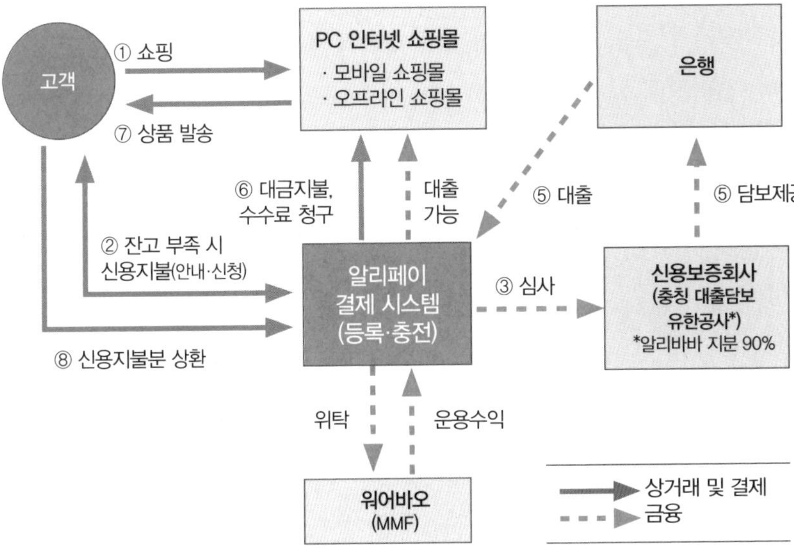

로벌 기준으로 보면 취약한 수준이다. 하지만 바로 이런 이유로 우리보다 앞서 등장한 혁신적 비즈니스 모델을 통해 더 나은 방식을 채용하는 기회를 만들 수 있다. 가령 향후 혁신적인 인슈어테크 비즈니스 모델이 나왔을 때 택시기사들이 타다에 저항한 것처럼 보험설계사들도 같은 입장을 견지할 수 있다. 여기서 성공한 인슈어테크 모델 탕샤오베이가 주는 교훈을 되새겨야 한다. 단지 기존 상품의 편의성과 산업의 효율성을 높이는 방식이 아니라 다른 업종과 연결될 수 있는 구조를 만드는 방식으로 접근하는 것이다. 그래야 다양한 경쟁력을 확보하고, 무엇보다 새로운 고용 창출도 가능해진다. 인슈어테크의 목표는 보험업의 혁신을 넘어 산업의 경계를 허무는 방식으로 새로운 비즈니스 시장을 창출하는 것이어야 한다.

금융의 미래는 핀테크와 디지털 플랫폼의 결합이다

● ● ●

"금융의 미래는 핀테크가 아니라 유통이다."

세계 최대 유통회사 중 하나인 테스코Tesco가 설립한 테스코뱅크 전 CEO 베니 히긴스Benny Higgins가 한 말이다. 이 말은 핀테크를 부정하는 말이라기보다 금융의 미래는 디지털 금융(핀테크)과 유통(디지털 플랫폼)의 결합으로 해석된다.

서울 명동에 가면 무척 놀라게 되는 풍경 중 하나가 여기저기에서 눈에 띄는 '알리페이' 광고다. 이곳이 중국인지 한국인지 헷갈릴 정도로 압도적인 장면이다. 알리페이는 중국 최대 전자상거래 기업 알리바바의 간편결제 시스템이다. 중국 관광객들은 한국에서 알리페이를 사용해 편안하게 쇼핑을 즐긴다. 서울에서 중국인 관광객이 많이 찾는 지역의 경우 알리페이 결제 지원은 필수가 되었다. 심지어 서울 택시를 이용할 때도 알리페이로 결제가 가능하다. 알리페이의 글로벌 파트너십은 일단 해외로 나가는 자국민을 위한 것이다. 해외에서 알리페이를 이용하는 인구는 2억 명이 훌쩍 넘는다. 글로벌 유통사들은 적극적으로 온라인과 오프라인에서 알리페이와 파트너십을 맺으려 노력한다. 결제 서비스를 제공하는 것만으로 알리페이 이용자들, 즉 소비자를 바로 자국의 시장으로 연결할 수 있기 때문이다.

미국의 구글, 애플, 페이스북, 아마존, 중국의 바이두, 알리바바, 텐센트 등 빅테크들은 간편결제 서비스를 무기로 이미 O2O 생태계에 들어왔다. 이들은 금융, O2O, 유통을 하나로 합친 새로운 비즈니스 모델을 만드는 중이다. 아마존이 설립한 무인 점포 아마존고와 알리바바가 설립한 무인 편의점 타오카페는 금융, O2O, 그리

고 유통이 하나로 합쳐진 신 유통new retail 모델이다. 핀테크의 미래는 새로 시장을 만들 수 있는가에 달렸고, 결국 적극적인 해외 진출이 필요한데 그 점 현재 가장 유리한 고지에 있는 건 빅테크다. 규모의 경제가 작동하는 고객 기반(디지털 플랫폼)을 가진데다 해외 직접진출 또는 제휴에 유리한 ABCD(인공지능, 블록체인, 클라우드, 빅데이터) 기술력도 갖고 있기 때문이다. 이에 따라 해외 금융시장을 공략하려는 기존 금융사들의 발걸음도 핀테크는 물론 빅테크와의 제휴도 적극적으로 고려해야만 하는 시점이 되고 있다.

핀테크의 최대 성장 잠재력을 가진 시장은 동남아다

● ● ●

현재 글로벌 핀테크의 격전지는 성장 잠재력이 높은 동남아시아다. 가장 주목받는 국가는 베트남이다. 인터넷을 건너뛰고 현금에서 곧바로 모바일 결제 시대로 넘어간 베트남은 2018년 모바일 결제시장 거래액이 3,810만 달러를 넘었다. 2022년까지 연평균

스마트폰과 핀테크는 돈의 흐름과 라이프스타일을 바꾸고 있다. 이는 곧 세상의 변화를 의미한다. 핀테크는 단순히 금융의 미래가 아닌 모든 산업의 미래다.

57.9% 성장해 거래액이 무려 2억 3,700만 달러에 달할 것으로 전망된다. 베트남이 세계 핀테크 산업의 테스트 베드와 같은 역할을 하게 된 이유는 낙후된 금융 시스템 때문이다. 신용카드 보급률이 낮고 은행 계좌가 없는 인구비율이 무척 높다. 하지만 스마트폰 보급률이 높고 핀테크를 도입했을 때 기존 금융과 충돌 가능성이 낮아 자충수bottleneck가 적은 이점이 있다. 디지털 금융의 선진화가 시급한 환경은 핀테크가 성장할 수 있는 최적의 조건이다. 전통적인 금융사들은 물론이고 빅테크, 글로벌 유통기업, 그리고 핀테크 벤처기업들까지 동남아시아의 핀테크 시장에 뛰어들고 있다.

핀테크가 적극적으로 글로벌 시장에 진출하는 이유는 수수료 이익 때문이 아니다. 실제로 간편결제 서비스의 경우 수수료가 거의 제로에 가깝다. 그보다 더 중요한 수익은 빅데이터의 확보다. 4차 산업혁명은 산업 간 데이터 융합이 생존의 열쇠다. 데이터는 모든 비즈니스에서 새로운 수익 모델을 만드는 기반이다. 스마트폰과 핀테크는 돈의 흐름과 라이프스타일을 바꾸고 있다. 이는 곧 세상의 변화를 의미한다. 핀테크는 단순히 금융의 미래가 아닌 모든 산업의 미래다.

3. 새로운 돈의 시대에도 금융의 본질은 신뢰다

핀테크에 대한 신뢰는 얼마나 싸고 얼마나 편리한가에 대한 것보다 리스크 대응력이 충분한가의 문제다. 기술이 금융 서비스 시장의 엄청난 기회가 되기 위해서는 신뢰 자산을 쌓아야 한다. 누가 먼저 핀테크 시장에서 신뢰의 표준을 만들어갈 것인가? 세계는 지금 전쟁 중이다.

'신뢰'라는 자산이 더 큰 기회를 만든다

핀테크는 성장 가능성이 엄청난 분야다. 시간을 아끼고 비용을 줄이고 새로운 영역의 비즈니스를 창출하는 효과도 크다. 그러나 핀테크는 기술만으로는 성공할 수 없다. 금융은 '신뢰의 산업'이기 때문이다.

핀테크에 대한 신뢰는 얼마나 싸고 얼마나 편리한가에 대한 것보다 리스크 대응력이 얼마나 충분한가의 문제다. 소비자들은 금융 거래에서 일어나는 행위를 투명하게 검증하고 감시할 수 없다. 따라서 보안은 신뢰의 기본 조건이다. 기술이 금융 서비스 시장의 엄청난 기회가 되기 위해서는 '신뢰'라는 자산을 쌓아야 한다. 신뢰가 있다면 핀테크에 더 큰 기회가 온다.

보안 이슈에 개입하는 게 바로 규제다. 그런데 전통적으로 규제와 보안은 주로 공공의 영역에 있었다. 규제 당국이 신뢰를 만드는 역할을 한 것이다. 하지만 기술의 속도는 갈수록 빨라지는 반면, 법을 바꾸는 데는 여전히 오랜 시간이 걸린다. 그래서 필요한 것이 발상의 전환이다. 규제와 보안을 공공의 영역 밖으로 꺼내서 산업의 영역으로 옮기는 것이다.

보안과 규제 대응의 기술을 시장 친화적 관점으로 접근했을 때의 장점은 금융사 스스로 규제대응능력을 강화할 수 있게 되고, 동시에 금융당국의 효율적인 관리 감독이 가능해진다는 점이다. 또 금융사와 금융당국 모두 이 과정에서 드는 비용을 크게 절감할 수 있다. 보안과 규제 기술의 산업화는 곧 기술의 표준화를 의미하며 표준기술을 확보하면 글로벌 금융의 리더로서도 기회를 가질 수 있게 된다.

현재 금융에서 가장 강력하게 잠재력을 인정받는 기술은 블록체인이다. 블록체인은 비대면 거래에서 보안과 거래비용을 크게 절감할 수 있다. 지금은 금융 거래에서 사람과 기계의 대면이 대세지만, 4차 산업혁명이 진행되면 사물 비대면 거래가 급격히 증가할 것이다. 5G 인프라를 통해 초연결이 가능해지고 사물인터넷의 활성화로 인간이 빠진 채 미리 정해놓은 조건이 충족되면 자동으로 거래하는 스마트 계약이 보편화 될 수밖에 없다. 디지털 플랫폼에서 발생하는 폭발적 거래에 드는 비용을 줄이기 위해서는 유통 단계와 시간을 줄여야 하고, 그 해법으로서 블록체인에 거는 기대는 매우 높다. 하지만 블록체인의 탈중앙화 철학은 범용적 활용을 매우 어렵게 하는 요소다.

개인적 의견이지만 산업계에서 블록체인을 적용할 때 탈중앙화를 고집할 필요는 없다. 단지 제삼자의 개입 없이 거래하는 방식으로 유통 단계를 줄이는 '탈중개' 기술만으로도 충분히 산업화가 가능하다. 유통 단계만 줄여도 위변조 문제 등 보안위험을 크게 줄일 수 있기 때문이다. 기술의 속도를 신뢰가 따라잡지 못하는 문제는 금융이 풀어야 할 시급한 과제다. 위험의 대응은 속도가 중요하다. 빠르게 움직이지 않으면 기회를 잃는다.

기술을 규제 말고 기술로 규제한다

혁신기술이 세상에 등장하면 으레 '규제'와 갈등을 빚는다. 이때 충분한 경쟁력을 확보한 테크핀과 기존의 대형 금융사들은 규제에 대응할 힘이 있다. 그러나 핀테크 스타트업의 경우 규제 준수 비용은 큰 부담이 될 뿐 아니라 규제로 인해 아예 새로운 비즈니스 모델을 구축할 기회도 얻지 못하게 된다. 규제 샌드박스는 규제를 면제하거나 미루는 방식으로 혁신적 아이디어를 가진 스타트업이 비즈니스 모델을 키울 때까지 비용과 시간의 부담을 덜어주려는 정책이다. 하지만 이는 잠시 기회의 공간을 만드는 것일 뿐 근본적인 문제 해결로는 부족하다. 게다가 핀테크는 비대면으로 개인의 니즈에 맞게 자동 공급되는 금융 서비스이기 때문에 기존 해오던 방식대로 사람이 감독하는 것은 한계가 있다.

이처럼 제도가 기술을 규제할 때 발생하는 비효율성을 해결하기 위해 등장한 것이 레그테크regtech와 섭테크suptech다. 레크테크는 레귤레이션regulation과 테크놀로지technology를 합친 용어로서 법규 준수, 준법 감시, 내부통제 등 규제 준수 업무를 효율화하는 기술이다. 섭테크는 감독supervison과 기술technology의 합성어다. 감독과 검사를 효율적으로 수행하는 기술이다. 쉽게 말해서 기술이 금융감독원의

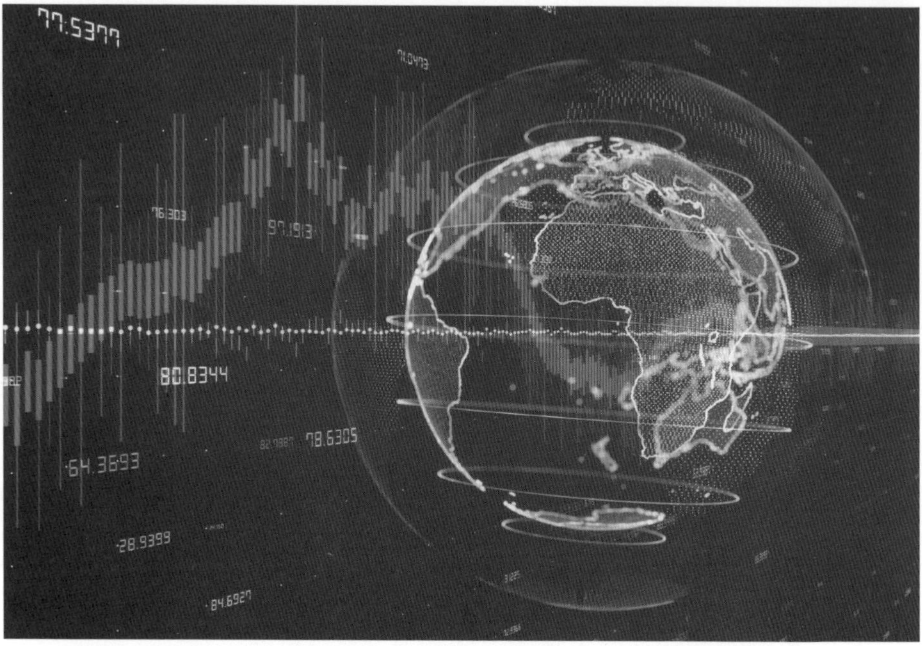

핀테크 시장에서 먼저 신뢰와 보안의 표준을 만들어가는 나라가 미래의 주도권을 쥐게 될 것이다. 세계 금융시장은 지금 전쟁 중이다.

업무를 보완하고 효율성을 높이는 것이다. 레그테크가 금융사의 규제업무를 효율적이면서 동시에 신뢰도를 높이는 것이라면, 섭테크는 감독업무를 돕는 게 목적이다. 금융사의 준법 감시 업무를 미리 짜인 프로그램이 대신하는 리더블 레귤레이션MRR, 인공지능 클라우드 시스템과 바이오 인증 기술을 활용한 고객확인업무KYC, 자금세탁 방지AML, 서류분석MRC, 보이스피싱 경고 프로그램 등이 모두 여기에 속한다.

레그테크와 섭테크가 도입되면 금융사는 규제 준수에 대한 신뢰를 높이고 규제 변화에도 유연하게 대응할 수 있다. 또 금융사의 불법 행위로부터 소비자를 보호하거나 소비자가 실수로 법규를 위반하지 않도록 예방할 수도 있다. 레그테크는 규제 위험을 완화하고 새로운 기술의 진입장벽을 낮추고 대응업무 비용을 절감하는 등 효용성이 있다. 하지만 아직은 사람에 의한 준법 감시 업무를 보완하는 수준이다. 그러나 레그테크의 미래 성장 잠재력은 핀테크의 독자적 사업 분야로서도 무한한 가능성이 있다.

현재 레그테크 기술이 발전하고 있는 시장은 대부분 전통적으로 금융 인프라가 선진화한 나라다. 기존의 규제 시스템이 잘되어 있는 만큼 대응해야 할 규제가 많고 준수 비용이 많이 들기 때문이다. 반면, 금융 인프라가 낙후된 신흥국들은 규제의 문턱이 낮아서 레그테크의 필요성도 상대적으로 낮다. 중국이나 베트남 등에서 혁신적인 핀테크 모델이 나오기 쉬운 이유도 규제가 약하기 때문이다. 따라서 이런 시장에서는 처음부터 핀테크 모델에 아예 레그테크를 내장해서 효율성을 높일 수 있다.

아무튼 기존 글로벌 금융사 중심의 금융시장은 사실상 끝났고 새로운 공백을 핀테크가 채워가는 중이다. 새로운 금융시장은 새로운 규제의 표준을 필요로 한다. 핀테크 시장에서 먼저 신뢰와 보안의 표준을 만들어가는 나라가 미래의 주도권을 쥐게 될 것이다. 세계 금융시장은 지금 전쟁 중이다.

7장

미래의 신뢰

: 신뢰를 탑재한 스마트 콘트랙트 시대가 온다

김재인

경희대 비교문화연구소 학술연구교수

서울대학교 미학과를 졸업했고 동 대학원 철학과에서 박사학위를 받았다. 주요 저서로는 『뉴노멀의 철학: 대전환의 시대를 구축할 사상적 토대』 『생각의 싸움: 인류의 진보를 이끈 15가지 철학의 멋진 장면들』 『인공지능의 시대, 인간을 다시 묻다』 『혁명의 거리에서 들뢰즈를 읽자』 『삼성이 아니라 국가가 뚫렸다』 등이 있다. 주요 역서로는 『안티 오이디푸스』 『천 개의 고원』 『베르그손주의』 『들뢰즈 커넥션』 『현대 사상가들과의 대화』 『크산티페의 대화』 『프뤼네의 향연』 등이 있다.

* 이 글은 2018년 대한민국 교육부와 한국연구재단의 지원을 받아 수행된 연구입니다. (NRF-2018S1A5B8068919)

1. 왜 미래 사회는 새로운 신뢰를 원하는가

포스트 코로나 시대는 거래의 혁명을 예고한다. 비대면 거래 사회를 가능케 하는 기술의 중심에는 단연 블록체인이 있다. 블록체인 기술이 광범위하게 실현된다면 비상장 주식 거래, 실손 보험금 청구, 개인 의료정보 관리, 유전체 정보의 공유, 디지털 콘텐츠의 저작권 관리, 전자 증명서 발급, 온라인 투표, 다양한 물품의 개인 통관, 개인 간 전력거래 등 그동안 반드시 신뢰의 인증이 필요했던 계약들이 비접촉으로 가능해진다. 트러스트리스 사회는 더 빠르게 현실이 될 수 있다.

왜 중앙의 권위는 신뢰를 잃었을까

"화폐의 가치는 중앙은행에 대한 강력한 신뢰를 기반으로 유지되지만 역사적으로 화폐의 신뢰를 깨뜨리는 사건들은 계속 반복되고 있다. 개인의 돈을 안전하게 지켜주고 이체해줄 거라며 은행을 신뢰해왔지만 사실은 준비금이 거의 없는 신용 거품에 돈을 빌려주고 있다."

2008년 비트코인의 창시자 사토시 나카모토가 한 말이다. 글로벌 경제위기의 진원지였던 뉴욕을 지켜보며 아직도 신원을 모르는 가명의 사토시 나카모토는 9장짜리 논문을 통해 더 이상 신뢰할 수 없는 중앙집중형 화폐 시스템 대신 '개인 간 거래P2P 버전의 전자화폐를 통해 금융사의 도움 없이도 온라인에서 완벽한 금융거래가 가능한' 새로운 기술을 소개했다. 이것이 바로 암호화폐 비트코인과 블록체인 기술이다. 블록체인 철학의 핵심은 '탈중앙화decentralized' 또는 더 정확히 말하면 '분산distribution'이다. 정부와 은행 같은 거대 기관들이 독점해온 권한을 분산시키는 방식으로 신뢰를 인증하는 게 목표다. 그런데 인류가 오랫동안 유지해온 신뢰의 시스템은 어쩌다 불신의 대상이 되었을까? 먼저 중앙집중형 신뢰 시스템이 탄생하게 된 사정부터 살펴보자.

인간은 모든 거래에서 신뢰의 인증을 필요로 한다. 거래자, 돈, 물품, 계약서 등이 위·변조되지 않았다는 보증이 있어야 거래가 성사된다. 하지만 개인이 모든 거래의 신뢰를 검증할 수는 없다. 그래서 사람들은 정부, 은행, 거대한 공공기관이 개인을 대리해 신뢰를 검증하도록 권한을 주고 그 권위를 오랫동안 인정해왔다. 하지만 2008년 글로벌 금융위기를 통해 세상에 드러난 문제는 단지 돈의 문제만은 아니었다. 천문학적 규모의 돈이 공중으로 사라졌지만 금융자본은 여전히 건재했고 힘없는 개인들이 가장 큰 피해자가 되었다. 사람들은 막대한 돈을 주무르는 거대 금융회사들의 비도덕성에 큰 충격을 받았고 은행 등 금융기관을 통해서만 돈을 거래할 수 있었던 기존의 금융거래 시스템에서는 정보를 독점한 금융사들만 부자가 된다는 사실을 깊게 깨달았다.

사토시 나카모토는 조작이 불가능한 암호기술, 개인의 익명성 보장, 그리고 개인들이 직접 참여하는 작업증명(채굴)을 통해 신뢰를 보증하도록 하고 그 대가로 암호화폐 비트코인을 발행해 거래할 수 있는 전자화폐 시스템, 즉 블록체인이 중앙의 권위를 대체하는 세상을 예고했다. 하지만 비트코인과 블록체인의 개념이 처음부터 주목받은 것은 아니다. 논문이 공개되고 약 5개월 후인 2009년 1월 3일

비트코인 첫 블록 '제너시스' 블록

비트코인 첫 블록의 정보 기록(2009년 1월 3일 비트코인 제네시스 블록)

```
00000000   01 00 00 00 00 00 00 00  00 00 00 00 00 00 00 00   ................
00000010   00 00 00 00 00 00 00 00  00 00 00 00 00 00 00 00   ................
00000020   00 00 00 00 3B A3 ED FD  7A 7B 12 B2 7A C7 2C 3E   ....;£íýz{.²zÇ,>
00000030   67 76 8F 61 7F C8 1B C3  88 8A 51 32 3A 9F B8 AA   gv.a.È.Ã^ŠQ2:Ÿ¸ª
00000040   4B 1E 5E 4A 29 AB 5F 49  FF FF 00 1D 1D AC 2B 7C   K.^J)«_Iÿÿ...¬+|
00000050   01 01 00 00 00 01 00 00  00 00 00 00 00 00 00 00   ................
00000060   00 00 00 00 00 00 00 00  00 00 00 00 00 00 00 00   ................
00000070   00 00 00 00 00 00 FF FF  FF FF 4D 04 FF FF 00 1D   ......ÿÿÿÿM.ÿÿ..
00000080   01 04 45 54 68 65 20 54  69 6D 65 73 20 30 33 2F   ..EThe Times 03/
00000090   4A 61 6E 2F 32 30 30 39  20 43 68 61 6E 63 65 6C   Jan/2009 Chancel
000000A0   6C 6F 72 20 6F 6E 20 62  72 69 6E 6B 20 6F 66 20   lor on brink of 
000000B0   73 65 63 6F 6E 64 20 62  61 69 6C 6F 75 74 20 66   second bailout f
000000C0   6F 72 20 62 61 6E 6B 73  FF FF FF FF 01 00 F2 05   or banksÿÿÿÿ..ò.
000000D0   2A 01 00 00 00 43 41 04  67 8A FD B0 FE 55 48 27   *....CA.gŠý°þUH'
000000E0   19 67 F1 A6 71 30 B7 10  5C D6 A8 28 E0 39 09 A6   .gñ¦q0·.\Ö¨(à9.¦
000000F0   79 62 E0 EA 1F 61 DE B6  49 F6 BC 3F 4C EF 38 C4   ybàê.aÞ¶Iö¼?Lï8Ä
00000100   F3 55 04 E5 1E C1 12 DE  5C 38 4D F7 BA 0B 8D 57   óU.å.Á.Þ\8M÷º..W
00000110   8A 4C 70 2B 6B F1 1D 5F  AC 00 00 00 00            ŠLp+kñ._¬....
```

Raw hex version of the genesis block with bank bailout message
(더타임스, 2009년 1월 3일, 은행에 대한 두 번째 구제 금융에 내몰린 영국 재무부장관)

최초의 비트코인 블록인 '제너시스 블록'이 채굴되면서 사토시 나카모토의 아이디어는 비로소 현실이 되었다. 당시 채굴에 대한 보상으로 50코인이 발행되었는데 이후 입소문을 타면서 전 세계에서 비트코인 열풍이 시작됐다. 물론 암호화폐는 아직 정식 화폐로 인정받지 못했다. 하지만 미래의 통화 시스템 안으로 들어올 가능성은 여전히 열려 있다.

중앙기관의 신뢰 보증이 필요 없는 암호화폐의 등장은 상대를 신뢰하지 않아도 거래가 성사될 수 있는 트러스트리스trustless 시스템의 가능성을 증명했고 많은 영역에서 '탈중앙화'에 대한 논의가 빠르게 확산되었다. 블록체인 모델을 전문적으로 연구하는 투자가 윌리엄 무가야William Mougayar는 은행과 금융회사들이 고율의 이자 정책으로 이윤을 추구하는 행위를 권한 남용으로 규정하고, 탈중앙화가 곧 새로운 비즈니스의 가능성이라고 주장하는 대표적 인물이다. 처음 사토시 나카모토가 주창한 개념에서 블록체인은 암호화폐를 위한 기술로 소개되었다. 하지만 이후 암호화폐와 분리된 순수 기술로서 블록체인의 잠재력은 더욱 주목받고 있으며 실제로 매우 다양한 영역으로 확장되는 중이다.

왜 블록체인은 미래의 핵심 기술로 주목받을까

● ● ●

"전 세계 국내총생산GDP의 약 10%가 블록체인 기반에서 발생할 것이다."

세계경제포럼WEF이 전망한 블록체인의 미래다. 사실 클라우스 슈밥Klaus Schwab 회장은 여기에 '2025년까지'라고 구체적으로 연도까지 명시했다. 2025년이라는 시점에 대해 모두가 동의하는 것은 아니지만 분명히 도래할 현실이라는 데는 이견이 없다.

사실 블록체인은 4차 산업혁명을 주도하는 다른 첨단기술에 비해 그동안 상대적으로 큰 주목을 받지 못했다. 하지만 이제 세계경제포럼이 나서서 블록체인 기술을 산업에 활용하도록 표준을 만들고 있다. 산업계는 블록체인 기술을 활용해 우리가 직면한 여러 사회적 문제를 해결할 방법을 찾느라 분주하다.

블록체인이 뒤늦게 미래를 바꿀 핵심 기술로 주목받는 이유는 찬란한 4차 산업혁명 신기술들이 상대적으로 주목하지 않는 '신뢰trust'의 문제에 해법을 제시하기 때문이다. 초연결, 초지능, 대융합 사회는 사물인터넷을 통해 전방위적으로 정보를 수집하고 인간이 인터넷에 올린 다량의 데이터를 빅데이터 형태로 저장한다. 인공지능은 이렇게 생산된 데이터를 통해 학습한다. 바로 이 과정에서 보안의 문제가 등장한다.

데이터의 수집 과정을 좀 더 자세하게 들여다보자. 미래 어느 가정에나 필수품으로 놓이게 될 인공지능 스피커, 냉장고, TV, 에어컨 등은 개인의 모든 행동을 엄청난 양의 데이터로 수집한다. 여기에는 의료와 금융 등 아주 개인적인 정보도 포함되어 있다. 만약 이런 정보가 해킹된다면 어떤 일이 벌어질까? 매우 끔찍한 일들을 어렵지 않게 상상할 수 있다. 이런 나쁜 의도로부터 데이터를 보호하기 위해서는 처음부터 해킹을 굉장히 어렵게 만들거나 설사 해킹되더라도 금방 감지할 수 있어야 한다. 이것이 블록체인 기술이 하고자 하는 일이다.

블록체인의 성공은 기술적으로 완전한 상태의 보존, 즉 데이터 무결성과 이를 통한 사회적 신뢰의 확보에 달렸다. 그런데 사회적 신뢰란 단지 기술에 대한 환상과 확신만으로는 부족하다. 윤리와 정치, 문화와 사회, 경제와 법, 제도 등에 블록체인이 미칠 영향에 대한 철학적인 접근이 있어야 한다.

철학이라는 단어가 나오면 '골치 아프다.'라는 생각부터 할 수 있지만 사실 어렵지 않다. 철학적 접근의 첫 단계는 사실관계의 정확한 이해다. 블록체인 기술로 어떤 것이 되고 어떤 것이 안 되는지부터 충분히 이해하는 것이 먼저다. 그다음 블록체인 기술로 '되는 것'이 어떤 '가치와 의미'를 갖는 것인지 숙고하는 시간을 갖는 것이다.

낯선 대상을 이해하는 가장 쉬운 방법은 대상의 본질, 즉 정체성을 아는 것이다. 도대체 블록체인이란 어떤 기술인가, 그리고 무엇을 해결하려고 하는가. 기술에 대한 몇 가지 정의를 이해하면 블록체인의 본질을 알게 된다.

미국기술표준원NIST은 블록체인을 '① 분산 방식으로 ② 대개는 중앙 권위 없이 시행되는 ③ 손을 대면 흔적이 분명하게 남고 손 타기 어렵게 되어 있는 ④ 디지털 원장'이라고 정의한다. ① 분산 방식은 데이터를 중앙 보관소에 저장하지 않는다는 뜻이다. ② 중앙 권위 없이 시행된다는 것은, 신뢰할 수 있는 제3자 기관trusted third party의 권위 없이 시행되는 네트워크라는 뜻이다. ③ 손을 대면 흔적이 분명히 남는다는 것은 위변조가 어렵다는 것이고 ④ 디지털 원장이란 디지털로 기록된 장부를 말한다. 블록체인은 원장의 개념이 매우 중요하다. 이는 뒤에서 세부적으로 다루고자 한다.

블록체인 네트워크가 정상적으로 작동할 경우, 일단 거래가 공표된 후에는 어떤 거래도 변경할 수 없는 방식으로 기록이 된다. 블록체인 네트워크 안에서는 오직 쓰는 것만 가능하고 수정할 수 없다. 과거 잘못된 기록을 수정하려고 해도 과거 기록을 덮어쓰는 것이 아니라 새로운 기록을 추가한다. 각 기록은 암호로 링크되어 있으며 추가될 때마다 기록은 복제되어 네트워크 내 다른 컴퓨터들에 동시에 저장된다. 만약 마지막 원장에 기록된 내용이 서로 차이가 나는 상황이 발생하면 블록체인 프로그램이 작동해 증명된 원장의 내용으로 확정된다.

미국기술표준원이 블록체인의 전체 모습을 알기 쉽게 설명했다면, 글로벌 금융 전문가 다니엘 드레셔Daniel Drescher는 블록체인을 기술적으로 가장 잘 정의하고 있다. 그는 저서 『블록체인은 무엇인가』에서 '블록체인은 무결성을 확보하고 유지하기 위해 순서에 따라 연결된 데이터 블록들의 정보 내용을 암호화 기법과 보안기술을 이용해 협상하는 알고리즘으로 구성된, 소프트웨어 요소를 활용하는 원장의 순수 분산 P2P 시스템'이라고 설명한다. 여기서 핵심은 '원장이 P2P 방식으로 분산'되어 있다는 내용이다. 분산이란 데이터를 한곳에 모아놓고 통합적으로 관리하는 계정과 서버가 없는 상태를 말한다. 이 경우 계정을 해킹당하거나 혹은 전원이 차단되거나 폭탄의 공격을 받아도 네트워크의 일부만 손상될 뿐 시스템은 가동할 수 있다. 우리나라 과학기술정보통신부도 블록체인 기술을 나름 잘 정리했다. '블록체인은 네트워크 내의 참여자가 공동으로 정보 및 가치의 이동을 기록, 검증, 보관 실행함으로써 중개자 없이도 신뢰 확보하는 기술'로서 '일정 주기로 데이터가 담긴 블록을 생성한 후 이전 블록에 체인처럼 연결하는 구조로 이루어져 블록체인'이라고 설명한다.

블록체인은 금융, 의료, 공공 시스템, 물류, 에너지, 그리고 콘텐츠 제작 분야 등 '안전성'의 신뢰가 필요한 모든 분야에 적용될 수 있다. 실제로 광범위하게 실현된다면 비상장 주식 거래, 실손 보험금 청구, 개인 의료정보 관리, 유전체 정보의 공유, 디지털 콘텐츠의 저작권 관리, 전자 증명서 발급, 온라인 투표, 다양한 물품의 개인 통관, 개인 간 전력거래 등 그동안 반드시 신뢰의 인증이 필요했던 거래들이 비대면으로 가능해진다.

블록체인에는 허가형과 비허가형이 있다

2018년 1월 블록체인과 암호화폐는 한국 사회를 뜨겁게 달군 논쟁의 주인공이었다. TV 프로그램으로 진행된 토론은 '유시민 대 정재승 논쟁'으로 불리며 엄청난 관심을 받았다. 그날 두 사람 사이에 많은 주장이 오갔는데 주요 쟁점 중 하나는 '암호화폐 없는

블록체인으로 할 수 있는 것들

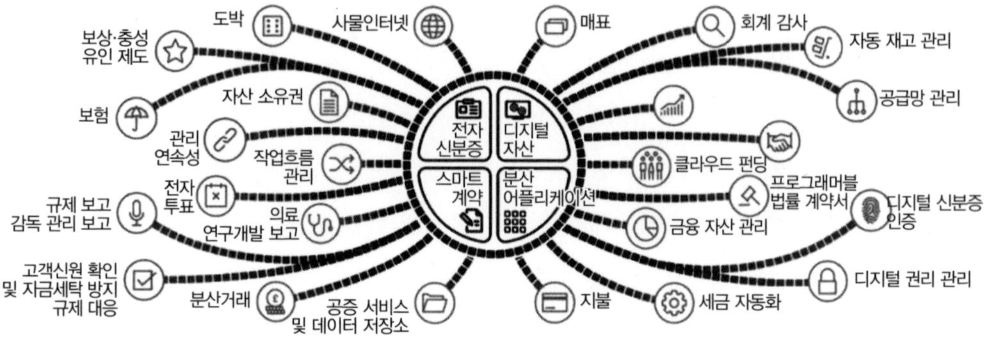

(출처: 딜로이트)

블록체인이 가능한가'였다.

매우 흥미롭고 중요한 주제였음에도 불구하고 당시 이 물음에 대한 논리적인 답은 도출되지 못했다. 토론에서 블록체인의 범주를 명확하게 구분하지 않았기 때문이다. 여기서 범주란 해당 블록체인이 기술적으로 어떤 부류에 속하는지를 말한다.

블록체인은 크게 두 가지 범주로 분류된다. 누구라도 승인 없이 네트워크에 참여해 읽고 쓸 수 있으면 '비허가형permissionless' 블록체인이다. 공개 인터넷과 비슷한데 비트코인과 이더리움, 이오스, 스팀 등이 여기에 속한다. 반면 '허가형permissioned'은 특수한 사람이나 기관만 참가할 수 있고 아주 세밀한 제어를 허용한다. 제어란 권위를 부여받은 자(기관)가 누구에게 어느 정도의 권한을 주고 네트워크에 포함을 시킬 것인지 등을 승인한다는 것을 의미한다. 보통 컨소시엄의 형태로 운영되는데 기업의 인트라넷과 비슷하다. 범주에 따라 블록체인 네트워크의 운영방식이 완전히 달라지며, 그에 따라 암호화폐가 필수적일 수도 있고 아닐 수도 있다.

먼저 비허가형 블록체인을 보자. 참여자의 작업증명PoW을 통해 데이터의 진위를 공증받는 시스템이므로 참여자들이 많을수록 신뢰도가 높아진다. 이때 작업증명의 대가로 암호화폐를 발행한다. 암호화폐라는 인센티브가 없으면 사람들이 자발적으로 참여해서 블록체인 네트워크 유지하고 발전시켜 나갈 동기도 사라진다. 따라서 비허가형 블록체인에서 암호화폐는 필수적이다.

하지만 허가형 블록체인은 상황이 다르다. 일정 비용을 지불한 제한된 사람들이 네트워크에 참여한다. 대표적인 허가형 블록체인이 리플Ripple이다. 리플은 전 세계의 은행들이 컨소시엄을 구성해 만든 네트워크로서 실시간으로 자금을 송금하는 데 사용한다. 리플을 이용할 때는 내부 암호화폐인 리플XRP를 사용하지만, 이는 편의상 만든 것일 뿐 네트워크 유지를 위해 꼭 필요한 도구는 아니다. 허가형 블록체인이 유지되는 이유는 네트워크의 유용성이 크기 때문이다. 그 유용성이 곧 인센티브인 셈이다. 사실 허가형 블록체인은 암호화폐가 필요없다. 화폐가 없어도 자금을 모집하는 방식으로 운영이 가능하다. 하이퍼레저 패브릭Hyperledger Fabric처럼 회원사를 모집한 거의 모든 블록체인이 허가형이다.

사람들이 암호화폐에 관심이 많은 이유는 언젠가 공식 화폐로 인정받지 않을까 생각하기 때문이다. 하지만 솔직히 가능성은 크지 않다. 화폐란 정부가 발행한 인쇄물이다. 이 인쇄물이 지불 수단이 되고 가치의 척도가 되는 건 정부가 신뢰를 보증하기 때문이다. 그런데 이 신뢰는 정부의 통치력 안에서만 가능하다. 영토 밖에서는 별도로 정부와 정부 간 보증이 필요하다. 모든 화폐는 정부의 통제 아래 있고 또 그래야만 화폐로서 가치를 인정받는다.

하지만 암호화폐는 국경의 개념이 없다. 정부의 통제권 밖에 있는 것이다. 비허가형 블록체인에서 발행하는 암호화폐, 가령 비트코인은 아직 화폐로 인정받지 못한 상태다. 무기거래, 마약거래, 랜섬웨어 등의 결제 수단으로 사용되고 있다. 하지만 이는 블록체인 네트워크 안에서만 유효하게 작동한다. 만약 비허가형 암호화폐가 정부 통치권이나 중앙은행의 관리 범위 안으로 들어오려고 한다면, 서로 양립할 수 없는 수준의 충돌이 발생할 것이다.

반면, 허가형 암호화폐는 네트워크 참여자들의 신원확인이 가능하므로 기업이나 정부에서 굉장히 유용하게 쓸 수가 있다. 정부나 국제기관의 프로젝트, 예를 들어 국제원조나 투표 시스템 등을 구축할 때 허가형 블록체인은 충분히 잘 작동할 수 있다.

2. 블록체인 기술은 어떻게 신뢰를 만드는가

블록체인 네트워크에서 데이터 조작은 불가능하다. 만약 블록체인의 암호기술이 무력화되는 상황이 온다면, 그전에 이미 더 큰 문제들이 세상을 뒤덮고 있을 것이다. 블록체인이 뚫린다면 세상에 존재하는 모든 보안기술이 뚫린 것이다.

블록체인은 소프트웨어 통신 네트워크다

블록체인을 철학의 관점에서 접근하려면 먼저 기술의 기본 원리부터 이해하는 게 순서다. 이런 단계 없이 기술과 기술로 인해 변화될 삶을 이야기한다는 것은 그냥 머릿속 상상에 머물 뿐이다.

블록체인은 '통신 네트워크'를 기반으로 한 기술이다. 통신 네트워크는 서비스를 제공하는 '서버'와 서버로부터 뭔가 요청해서 답을 얻어내는 역할의 '클라이언트'가 핵심 구조다. 검색 사이트 구글이나 네이버 화면을 열어 정보를 검색하거나 뉴스를 본다고 하자. 이때 검색 주체는 클라이언트다. 검색 사이트는 자신들만의 서버를 통해 요청받은 서비스를 프로그램의 형태로 제공한다. 검색 사이트는 각각 하나의 서버를 가지고 있다. 데이터 센터라고 부르는 게 바로 서버다. 규모가 워낙 거대해서 '하나'라는 말이 어색하지만 한 기업이 통합해서 관리하고 서버에 종속된 여러 서비스 프로그램들이 결합된 상태로 운영된다. 서버는 데이터베이스DB와 연동되어 있다.

서버가 하나라는 것은 중앙집중형 서버라는 뜻이다. 서버가 중앙집중형인지 분산형인지 구분하는 기준은 전체 서버를 관리하는 관리자admin의 여부다. 만약 중앙집중형 서버를 운영하는 네이버를 해킹한다고 해보자. 그럼 네이버 전체를 통제하는 최고 관리자 계정으로 들어가면 된다. 비밀번호만 알면 네이버를 관리할 수 있다. 물론 서버를 보호하기 위한 여러 방어막이 있지만, 보안이 뚫리면 끝이다.

중앙집중형 서버를 운영하는 기관은 모두 같은 문제를 안고 있다. 2013년 미국의 에드워드 스노든Edward Snowden은 미국과 영국 정보기관이 타국의 대통령과 고위관료들을 불법 사찰했다고 폭로했다. 스노든은 해킹으로 미국과 영국 정보기관의 보안 키를 훔쳤다. 이 사건으로 완벽한 보안이 가능한 중앙 서버는 없다는 인식이 높아졌다. 그러면서 중앙집중형 서버와 중앙집중형 데이터베이스를 대체할 방법에 관심이 집중됐다.

만약 중앙 서버를 거치지 않고 개인과 개인을 직접 연결하는 네트워크가 가능하다면 어떨까? 이것이 바로 개인 간 직접 접속 네트워크P2P, peer-to-peer network다. 네트워크 참여자는 모두 클라이언트이자 서버다. 서로 자원을 나눠 갖고 있다는 점에서 서버의 역할을 하는 것이고, 동시에 검색을 통해 자원을 요청한다는 점에서 모두가 클라이언트다. 개인의 음악 파일을 인터넷에 공유할 수 있도록 해주는 냅스터, 소리바다, 토렌트 등이 P2P 네트워크를 이용하는 클라이언트 프로그램이다.

이처럼 중앙 서버가 없는 분산형 네트워크에서 클라이언트는 '노드node'라고 표현된다. 노드란 네트워크의 연결과 데이터의 전송이 시작되는 지점을 말한다. 블록체인에서 사용되는 노드의 개념은 '블록체인 네트워크 내의 개별 프로그램'으로 이해하면 된다. 노드는 세 가지로 분류된다. 블록체인 전체 네트워크를 저장하고 거래가 유효한지 보증하는 노드는 '풀 노드', 새 블록을 공표하는 노드는 '퍼블리싱 노드', 풀 노드처럼 블록체인 복사본을 저장하거나 유지하지는 않지만 거래를 풀 노드로 전달하는 노드를 '라이트 노드'라고 한다. 통신 네트워크와 노드의 개념을 이해하는 건 블록체인을 기술적으로 이해하기 위한 가장 기초란 점을 기억하자.

블록체인은 프로그램이 서로 통신하는 '소프트웨어 통신망'이다. 네트워크 바깥의 오프라인 세계는 온라인 네트워크에 연결되어 있지 않으면 존재하지 않는 것과 같다. 디지털 세계는 순수한 수학적 세계이고 물질세계는 시공간을 점유하는 현실세계다. 두 세계는 상호 넘을 수 없는 간격이 있다. 블록체인은 순수한 디지털 세계이고 비인간 네트워크다. 참여하는 커뮤니티 이용자들은 아이디로만 인식된다. 그 아이디로 접속한 참여자가 사람이든, 기관이든, 정부이든 구분하지 않는다. 이 아이디가 네트워크에 참가한 노드다. 인간이 블록체인 네트워크에 관여하는 방법은 오직 클라이언트 프로그램을 통해서다.

사람들은 디지털 세계와 물질 세계의 상호작용을 상상한다. 영화 「매트릭스」와 애니메이션 「고스트 인 더 쉘Ghost in the Shell」과 같은 SF 영화와 애니메이션은 사람과 기계가 자유롭게 연결된 세상을 그린다. 이런 세상은 정말 오게 될까? 미국의 일론 머스크Elon Musk는 인간의 뇌와 기계를 연결하는 뉴럴링크neuralink 연구에 엄청난 투자를 하고 있다. 아직은 많은 기술적 난점이 존재하지만, 연구가 '성공'한다면 단지 생각을 떠올리는 것만으로 디지털 기계를 작동할 수 있는 세상은 현실이 될 것이다. 하지만 인간과 기계가 하나로 연결되는 세상을 마냥 신기해하며 무조건 환영하긴 어려울 것 같다. 인간의 뇌가 기계를 통제한다는 것은 동시에 기계가 인간의 뇌를 통제할 수 있는 가능성을 의미한다.

디지털 세계와 물질세계가 연결되는 세상이 상상의 영역을 넘어 현실이 될 때 우리는 어떤 세상을 살게 될까? 오로지 기술의 발전만을 목적으로 했을 때 인간의 삶은 오히려 간과되기 쉽다. 그래서 우리의 상상은 기술 너머의 현실의 범위까지 나가야 한다. 더 넓은 상상과 철학의 논쟁이 없다면 미래 기술이 초래할 고통은 오롯이 현실 세상을 살아야 하는 인간의 몫으로 남을 것이다.

블록체인의 핵심 기술은 원장, 보안, 공유, 분산이다

● ● ●

블록체인은 이용자를 식별할 수 없는 환경에서 신뢰를 창조하는 메커니즘으로 운영된다. 블록체인 전에는 거래하는 양측의 사이에 신뢰하는 중개자가 개입해 신뢰를 만드는 구조였다. 하지만 블록체인은 신뢰를 대리하는 중개자가 없는 분산형 네트워크다. 블록체인 네트워크에서 필요로 하는 신뢰는 블록체인의 4가지 핵심 기술로 만들어진다. 바로 '원장' '보안' '공유' '분산'이다.

이중 블록체인의 기술적 개념에서 가장 중요한 것이 원장ledger이다. 원장에 대한 이해가 중요하다는 사실은 아무리 강조해도 지나치지 않는다. 그 이유는 블록체인이 원장이 할 수 있는 모든 것을 잘할 수 있게 하는 기술이지, 원장 밖에 있는 일을 할 수 있는 기술

중앙 소유 원장과 블록체인 원장

신뢰: 문제의 해결 방안(1) 원장

중앙 소유 원장	블록체인 원장
쉽게 손실 또는 파괴 가능	모든 이용자가 동기화된 백업 사본 유지
동질적 네트워크(소프트웨어, 하드웨어 네트워크 하부구조) – 공격 시 회복 느림	이종적 네트워크 – 노드들 간의 차이가 커서 한 노드에 대한 공격이 다른 노드들에 영향 미치기 어려움
특수한 지리적 장소	지리적으로 잡다한 노드
거래 투명성과 유효성 의심	유효하지 않은 거래는 블록에 등록되지 못함
거래 날짜 변경 가능	손을 대면 흔적이 분명하게 남고 손 타기 어려움
보안 문제에 취약	분산 덕분에 중심 공격점이 없음

은 아니기 때문이다. 과거 사용해온 전통적인 원장은 책으로 묶어놓은 형태다. 한 권의 원장을 보면 사업체의 경제 상황을 속속들이 알 수 있다. 블록체인은 원장을 디지털로 만들어놓은 것으로서 소유권과 관련된 내용과 소유권의 거래 이력을 기록한다. 디지털 자산의 생성과 양도 그리고 암호화폐 발행과 양도 등 네트워크에서 발생한 모든 거래의 모음이 블록체인이다.

손으로 기록하는 원장의 가장 큰 문제는 내용을 쉽게 조작할 수 있고 따라서 신뢰하기 어렵다는 것이다. 반면 블록체인은 원장의 기록을 누구나 신뢰할 수 있도록 만든 기술이다. 한마디로 원장을 몰래 고치는 일은 블록체인 네트워크 안에서 불가능하다. 물론 디지털 원장은 전통적인 원장의 문제도 고스란히 갖고 있다. 모든 원장이 그렇듯 처음 기록될 때 잘못 기입할 가능성은 여전히 남아 있다.

가령 블록체인에 A아파트의 소유권자가 B로 되어 있다면 이 기록은 다른 의도로 조작될 수 없다. 하지만 이 기록이 현실에서 B가 A아파트의 진짜 소유권자라는 것을 보증하지는 않는다. 아예 잘못된 내용이 블록체인에 입력되었을 수도 있기 때문이다. 블록체인은 일단 기록된 데이터에서 출발해서 이후 생성되는 기록의 신뢰를 확보하는 기술임을 명심해야 한다.

그러나 블록체인 네트워크 안에서 처음으로 만들어지고 공표된 디지털 저작물이라면 이야기가 다르다. 이 경우 외부에서 잘못 입력될 여지가 아예 없기 때문이다. 오늘날 글, 사진, 그림, 음원, 영상물, 만화, 디자인, 게임 등 수많은 콘텐츠가 디지털로 생성되고 유통되고 있다. 이러한 현실을 고려할 때 블록체인의 미래는 매우 밝다.

위조 확률은 우주가 수천만 번 탄생하면 한 번 가능하다

● ● ●

블록체인은 특별한 암호기술을 사용한다. 블록체인의 기술적 원리는 복잡한 수학적 이론들이 관여하지만 해시함수로 간단히 설명할 수 있다.

해시함수란 임의의 길이의 데이터를 고정된 길이의 데이터로 매핑mapping하는 함수이다. 입력값은 무한대로 넣을 수 있지만 출력값은 고정되어 있다. 이 출력값이 해시값이다. 예를 들어 '강아지'라는 단어를 '안전한 해시 알고리즘SHA-256, Secure Hash Algorithm'에 입력해도 길이가 더 긴 '세익스피어 전집'이라는 단어를 입력해도 같은 16진수 64단위 출력값이 나온다. 게다가 입력값을 아주 조금만 바꿔도 출력값은 전혀 달라진다. '강아지'와 '강아지.'을 입력했을 때

SHA-256 암호 해시 함수

신뢰: 신뢰 문제의 해결 방안(2) 암호 해시 함수

- 거의 아무 크기의 입력(가령 파일, 텍스트, 이미지)에 대해 상대적으로 유일무이한 출력('메시지 다이제스트', '다이제스트', 또는 '해시값'이라고도 부름)을 계산
- SHA-256 암호 해시 함수

입력	출력
김재인	9112AF921243AEA9D07B4B3F8E7BB28050BD433CB3ABD978C38113A3BA441983
김재인.	6CB9B5589D1F0971ED6264E8869472F54E038943075A3AE0DC24DA6792907659

- SHA-256의 다이제스트 값: 2^256 ≈ 10^77개
  또, 115,792,089,237,316,195,423,570,985,008,687,907,853,269,984,665,640,564,039,457,584,007,913,129,639,936개

신뢰: 신뢰 문제의 해결 방안(2) 암호 해시 함수

- 암호 해시 함수의 저항성(역함수 계산이 거의 불가능)

역상 저항성 preimage resistant	이 함수는 일방향성만 있다
제2역상 저항성 second preimage resistant	특정한 출력을 해시값으로 낳는 입력을 찾아낼 수 없다
충돌 저항성 collision resistant	해싱을 통해 같은 출력을 낳는 두 개의 입력을 찾을 수 없다

- SHA-256의 256에서 충돌을 발견하려면
  평균약2^128=340,282,366,920,938,463,463,374,607,431,768,211,456, ≈3.402x10^38번 알고리즘을 시행해야 함

출력값은 '.' 하나 정도만 변하는 게 아니라 완전히 달라진 수치가 나온다. 입력값과 출력값의 매핑은 마치 엉클어진 실타래처럼 쉽게 풀어낼 수 없다.

해시함수는 블록체인의 특별한 보안기술을 설명하는 핵심 요소다. 이유는 해시함수의 특징을 살펴보면 알 수 있다. 일단 해시함

수는 일방통행이다. 입력값을 알면 출력값을 산출할 수 있지만, 출력값만으로 입력값을 산출하는 것은 사실상 불가능하다. 만약 이미 기록된 블록체인의 데이터를 위변조하려면 역함수를 계산해야 한다. 이 역함수 값을 찾아내려는 시도가 바로 해킹이다.

내가 누군가에게 10만 원을 보냈는데 1억 원을 보낸 것으로 바꿔치기를 하려면 이미 기록되어 있는 출력값에 맞는 입력값을 거꾸로 찾아내야 하는데 불가능에 가깝다. 앞서 얘기했듯이 점 하나만 바꿔도 숫자들이 전혀 다르게 변해버리는데 점의 위치까지 바꾼다면 그 경우의 수는 엄청나게 확장된다. 출력값으로 무한대의 입력값을 찾아낼 확률은 2015년 기준으로 우주가 수천만 번 다시 탄생해야 한 번 맞아떨어지는 정도다. 한 개의 출력값을 가지는 서로 다른 입력값을 찾아내는 것은 거의 가능하지 않다.

여기서 '거의'라고 표현하는 이유는 이론적으로는 역함수 계산이 전혀 불가능한 것이 아니기 때문이다. 실제로 양자컴퓨터를 연구하는 쪽에서는 이 해시함수를 뚫는 게 목표이고 가능하다는 이야기도 들린다. 그러나 정말 해시함수가 뚫린다면 세상의 보안은 없다고 봐야 한다. 아마도 해시함수가 무력화되는 상황이 오기 전 더 큰 문제들이 발생하는 상황이 펼쳐질 것이다. 따라서 블록체인상의 데이터가 조작될 가능성에 대한 물음에 대해서는 "블록체인이 뚫릴 정도면 다른 보안기술도 모두 뚫린다."라고 답하면 된다.

원장의 공유와 분산으로 더 완전한 블록을 만든다

● ● ●

블록체인의 데이터 무결성을 가능하게 하는 또 다른 기술은 공유와 분산이다. 여러 사람이 복제된 동일한 원장을 나눠 갖는다는 의미다. 공유를 통해 블록체인 네트워크의 참여자(노드)들 간 투명성이 마련되고 분산을 통해 외부 공격으로부터 네트워크의 방어력을 높인다. 노드 수가 많으면 많을수록 나쁜 공격으로부터 네트워크를 더 빨리 회복시킬 수 있다.

이것이 중앙집중형 원장과 블록체인 원장의 차이다. 가령 디도스 공격을 계획한다고 하자. 중앙집중형 원장의 경우 하나의 서버만 공격하면 된다. 따라서 하나의 공격 프로그램만 있으면 가능하다. 이에 반해 블록체인 네트워크를 구성하는 클라이언트 프로그램은 버전이 굉장히 다양하며 개수도 아주 많고 전 지구상에 분산되어 있다. 사실상 이 프로그램을 모두 공격하는 건 불가능하다. 10년 넘게 가동되고 있는 비트코인은 블록체인의 투명성, 안전성, 완전성, 유효성이라는 특성을 증명한다.

공유와 분산의 원리는 블록의 구조와 블록체인의 형성 과정을 살펴보면 이해가 빠르다. 먼저 블록의 구조를 살펴보자. 각 블록은 하부의 블록 데이터와 상부의 블록 헤더로 구성된다.

하부의 블록 데이터는 원장에 기록된 내용이다. 여기에는 소유권과 소유 이전, 즉 거래에 대한 모든 이력이 담겨 있다. 데이터는 일정 시간 단위로 기록된다. 비트코인의 경우 10분마다 갱신되는데 다른 블록체인의 경우 더 빠르게 업데이트되기도 한다.

블록 데이터는 책으로 된 원장의 한 장 한 장에 담긴 내용이라고 생각하면 된다. 이 블록 데이터를 해시값 형태로 암호화해서 블록 헤더의 '블록 데이터 해시값'으로 바꿔치기한다. 거래의 모든 내용을 암호화해서 여기에 수록한다. 이것만 검증하면 데이터의 위변조 여부를 알 수 있다. 상부의 블록 헤더는 블록의 넘버를 표시하

블록의 구조

신뢰 문제의 해결 방안(4) 블록의 구조

블록헤더	블록 넘버 = 블록 높이
	전 블록헤더의 해시값
	블록데이터의 해시 표상
	시간 도장
	블록 크기
	논스값 (cf. 암호 논스는 딱 한 번만 사용되는 임의의 수 ; 논스마다 다른 다이제스트 산출하기 위해 데이터와 결합됨 ; 작업증명은 대입식으로 논스값 찾기)
블록 데이터	블록에 포함되어 있는 거래들 및 장부 사건들의 목록
	다른 데이터들

는데 책의 각 페이지page에 해당한다. 만약 책 『햄릿』을 블록체인에 담는다면 50페이지는 50번 블록이 된다. 각 블록에는 자신의 넘버와 함께 이전 블록의 해시값을 담는다. 『햄릿』 50페이지 블록에 바로 앞 페이지인 49페이지 블록의 해시값을 함께 담아두는 것이다. 해당 블록의 위조 여부는 앞 블록의 내용이 해킹되지 않았다는 사실로 보장된다. 즉 해커가 블록에 침투해서 50번 블록의 내용을 위조한다면, 50번 블록의 해시값뿐 아니라 먼저 그 안에 들어 있는 49번 블록의 해시값도 바꿔야 한다. 그리고 연쇄적으로 그 앞의 48번, 47번 블록의 해시값도 바꿔야만 하는 식이다.

이런 상황이 발생하면 블록체인 네트워크에서 원장을 공유한 다수의 참여자가 같은 번호의 블록과 위조 블록을 대조하는 합의의 과정을 거친다. 그중에서 비트코인에서 사용하는 대표적인 것이 작업증명이다. 이 과정에서 위조된 블록은 제외된다. 각 블록의 해킹은 애초에 불가능한 일이지만, 만약 천재적인 해커가 아예 블록체인 전체를 해킹한다고 해도 10분마다 블록 데이터가 갱신되므로 10분 안에 전 세계에 분산된 블록을 위조해야 한다. 각 블록은 만들어질 때마다 타임스탬프가 생성되므로 앞뒤에 어떤 블록이 있는지 완벽하게 타임라인을 추적할 수 있다.

하나의 블록에는 거래 내역, 앞 블록의 해시값, 그리고 논스값nounce이 들어 있다. 블록의 전체 해시값은 거래 내역, 앞 블록의 해시값, 그리고 논스값을 통해 출력된다. 여기서 핵심은 논스값이다. 논스값은 단 한 번만 사용되는 숫자라는 뜻으로서 블록의 비밀번호와 같다. 각 블록의 논스값마다 다른 해시값을 산출하기 위해 데이터와 결합한다. 암호화폐의 작업증명(채굴)은 이 논스값을 찾는 것이다.

하나의 블록이 만들어지는 과정은 네트워크 이용자들이 거래 내용을 제출하는 것에서 시작된다. 내용이 제출되면 각 노드에 전송되고 미결 상태로 공표를 기다린다. 비트코인에서 블록은 평균 2주 동안 10분에 한 개가 생성되도록 프로그램되어 있다. 이 범위 안에서 논스값을 확정하는 작업이 '공표(퍼블리시)'다. 논스값과 블록의 해시값이 동시에 확정되면, 즉 답을 찾으면 블록이 만들어진다. 이와 같은 순서로 거래들이 계속 블록체인에 추가된다.

블록체인의 신뢰는 '합의'다

블록체인은 네트워크를 활용해 거래 내역을 검증하는 게 핵심이다. 모든 검증은 네트워크 참여자들의 합의로 이뤄진다. 여기서 합의란 어떤 거래가 유효하고 무엇이 가짜인지 정확히 구별하는 알고리즘이다.

비트코인이 채택하는 합의 방식은 작업증명proof of work이라는 알고리즘이다. 작업증명은 단순 대입을 통해서 답을 찾는 과정이다. 당연히 많이 시도할수록 답을 찾을 확률도 높아진다. 그래서 필요한 것이 시간, 전기, 그리고 하드웨어(컴퓨터)다. 되도록 많은 컴퓨터를 동원해서 속도감 있게 가동해야 한다. 작업증명으로 답을 찾으면 그 대가로 암호화폐를 준다. 암호화폐는 '열심히 노력했으니 기록을 확정할 수 있는 권한과 보상을 주겠다.'라는 의미다. 작업증명은 누구나 참여할 수 있는 비허가형 블록체인의 합의 시스템이다. 비트코인Bitcoin과 이더리움Ethereum은 작업증명 알고리즘을 채택한 대표적인 블록체인이다.

반면, 권한을 가진 이용자들이 참여해 합의하는 블록체인은 작업증명이 아닌 지분증명proof of stake이나 위임지분증명DPoS, delegated proof of stake 방식을 채택한다. 지분증명은 암호화폐를 보유한 지분의 양에 비례해 의사결정 권한을 준다. 해당 네트워크의 암호화폐가 있어야 아이디를 만들 수 있고 자신의 아이디에 연결된 암호화폐의 양, 즉 지분의 양으로 블록을 생성할 권한을 얻는다. 지분(암호화폐)을 10개 보유한 A는 10번, 100개 보유한 B는 100번의 권한을 행사할 수 있다.

지분증명은 지분이 많은 사람이 네트워크를 유지하는 데 더 큰 책임을 갖는다. 지분증명의 장점은 에너지와 속도의 효율성이다. 실제로 작업증명은 대규모의 컴퓨터를 동원해야 하고 그러다 보니 엄청난 양의 전기가 낭비되는 문제가 꾸준히 지적된다. 에이다ADA,

큐텀QTUM, 피어코인Peercoin이 대표적인 지분증명 블록체인이다. 위임지분증명은 지분을 가진 소유자들이 각자 지분율에 비례한 투표권을 행사해서 대표자를 선정하고, 선출된 대표자들이 합의를 통해 결정을 내린다. 마치 국민이 선거를 통해 국회의원을 뽑고 국회의원이 국민을 대리해 의회를 구성하는 것과 비슷하다. 이오스EOS와 스팀Steem이 여기에 해당한다.

블록체인에서 합의 알고리즘은 종종 다른 문제로 이어지기도 한다. 합의 알고리즘은 프로그래머가 만들지만 이용자 네트워크 안의 모든 구성원에게 '무엇을 어떻게 합의했는지' 동의를 구해야 한다. 이때 동의는 알고리즘이 아니라 컴퓨터 밖에 있는 진짜 사람들의 협의다. 가령 누군가 네트워크에서 대량의 암호화폐를 빼가는 사고가 발생할 경우, 일정 수 이상의 아이디가 동의해야 프로그램을 되돌릴 수 있다. 합의 알고리즘의 개선에 대해서도 역시 동의가 필요하다. 이건 기술의 문제가 아닌 거버넌스의 문제다. 여기서 의견이 갈라질 수 있고 거래의 유효성이 지속적으로 보장되는가에 대한 신뢰 문제로 이어진다.

따라서 블록체인의 합의 알고리즘은 네트워크에 참여하는 사람들이 신뢰라고 하는 공동의 목표를 달성하기 하기 위해 책임감과 투명한 의사결정을 할 수 있도록 하는 제반 장치를 어떻게 마련할 것인가의 숙제를 여전히 안고 있다.

블록체인으로 세계가 하나의 컴퓨터처럼 작동할 수 있다

● ● ●

사람들은 블록체인이라는 단어가 나오면 여전히 암호화폐를 가장

블록의 연결 과정

신뢰: 신뢰 문제의 해결 방안(4) 블록의 연결

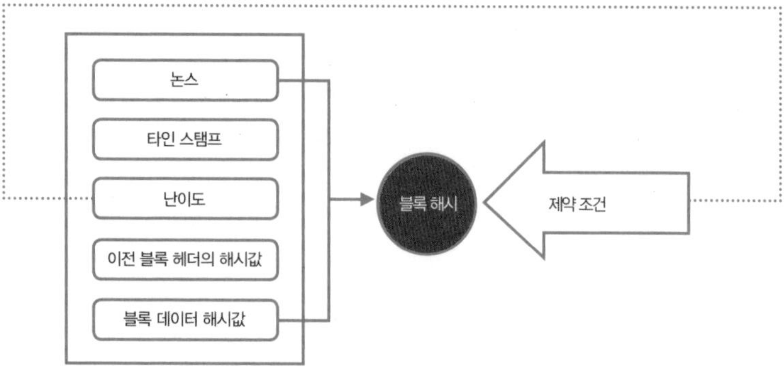

대입식으로 논스값을 찾는 것이 관건이다.

블록 연결 준비

1. 네트워크 이용자들이 후보 거래들을 제출
2. 거래들을 네트워크의 노드들에 전송
3. 미결 상태로 거래들이 공표를 대기
4. 공표 노드가 블록을 공표하면 거래들이 블록체인에 추가됨

블록 공표하기 (= 비트코인에서의 채굴)

1. 새로 추가될 거래들을 담은 블록 데이터의 해시 얻기
2. 새 블록헤더의 관점에서
전 블록헤더가 될 블록헤더를 가리키는 해시 참조 생성하기
3. 필요 난이도 획득하기
4. 현재 시 얻기
5. 1~4에 언급된 데이터를 포함하는 예비 블록헤더 생성하기
6. 예비 블록헤더를 위한 해시 퍼즐 풀기
7. 해시 퍼즐을 풀 논스를 예비 헤더에 덧붙여 새 블록 완성하기

많이 떠올린다. 하지만 미래 우리가 가장 보편적으로 경험할 블록체인 기술은 암호화폐보다는 스마트 계약smart contract이다. 1994년 미국의 컴퓨터 과학자 닉 자보Nick Szabo가 최초로 제안한 스마트 계약은 블록체인 네트워크에 디지털 계약프로그램을 미리 넣어두고

조건이 만족되면 자동으로 계약이 이행되는 것을 말한다.

스마트 계약이 널리 확산된 건 이더리움 덕분이다. 이더리움은 블록체인의 운영체제 플랫폼이고 스마트 계약을 실행하려는 이용자 프로그램이 이더리움 플랫폼 안에서 구동된다. 이 이용자 프로그램을 디앱dApp, decentralized application이라고 한다. 디앱은 우리가 매일 사용하는 스마트폰의 앱과 비슷한 개념이다. 다만 앱이 인터넷의 중앙화된 네트워크 iOS나 안드로이드 플랫폼 안에서 구동하는 것과 달리 디앱은 블록체인의 탈중앙화된 네트워크 플랫폼 안에서 구동된다는 차이가 있다. 말하자면 스마트폰은 블록체인이고, 스마트폰의 운영체제인 iOS와 안드로이드는 이더리움이고, 디앱은 카카오톡이나 트위터인 셈이다. 디앱은 블록체인 기술을 활용한 프로그램이다. 따라서 중앙관리자(서버)도 없고, 원장을 분산해서 저장하며, 위변조가 불가하고 해킹 등의 네트워크 사고가 발생해도 정보를 보호할 수 있다.

블록체인 플랫폼 안에서 스마트 계약이 이뤄지는 과정은 다음과 같다. 렌터카 서비스를 제공하는 디앱을 활용해서 차를 빌린다고 하자. 계약자는 디앱의 프로그램에 따라 차를 빌리는 기간과 반납장소를 미리 약속한다. 계약 당사자가 스마트폰으로 인증하고 차에 탑승하면 계약이 성사되었다는 게 확인된다. 약속대로 정해진 시간에 반납하지 않으면 자동으로 계약자의 돈이 렌터카 회사로 빠져나가고, 위약과 관련된 프로그램이 가동되기 시작한다. 최종적으로 약속된 장소에 차를 반납하고 스위치를 끄면 사물인터넷이 이를 인식하고 반납을 확인한다. 계약자의 스마트 허브에서 더 이상 탑승하지 않겠다는 사실이 확인되면 최종적으로 돈이 지불된다. 계약의 내용과 이행의 모든 과정을 기록한 계약서는 블록체인 네트워크에 탑재된다. 이것이 이더리움 안에서 이뤄지는 스마트 계약의 과정이다.

디앱은 스마트 계약 프로그램을 사용해 명령을 시행하기 때문에 일반 앱과 비교했을 때 상대적으로 거래 속도가 느리다. 또 사용자들이 계약에 필요한 토큰, 암호화폐, 전자지갑 등의 개념을 이해해야 하는 등의 난점이 있다. 하지만 이미 송금, 결제, 게임, 커뮤니티 등 다양한 분야에서 개발되어 성장하는 추세이다. 무엇보다 데이터 보안과 공개가 필요한 분야의 특별한 관심을 받고 있다. 향후 사물인터넷, 인공지능과 블록체인의 융합이 진행되면 스마트 계약의 활용 범위는 어마어마하게 확장될 것이다. 이더리움이 지향하는 꿈, 전 세계가 하나의 컴퓨터처럼 작동하는 '월드 컴퓨터'의 세상은 이미 꿈이 아니다.

3. 기술은 기술 밖 신뢰를 보장하지 못한다

월드와이드웹을 창시한 팀 버너스리는, 블록체인이 국가 간 거래, 개인 간 거래를 쉽게 만드는 등 세상을 변화시키고 있지만, 블록체인 업계의 엔지니어와 기업가는 기술이 인류에 어떤 영향을 미칠지 반드시 미래를 생각해야 한다고 조언한다. 우리는 눈부신 기술이 위대한 일을 할 수 있지만 동시에 참담한 결과를 만들 수도 있다는 사실을 자주 잊는다.

블록체인은 여전히 권한 남용의 문제를 안고 있다

2018년 블록체인 이오스EOS와 블록 프로듀서BP의 담합 정황이 의심되는 문서가 공개되었다. 한 트위터 사용자가 공개한 문서는 암호화폐 거래소 직원이 작성한 것인데 거래소 측에서 20개 블록 프로듀서BP에 투표하면 그 대가로 16개의 블록 프로듀서가 거래소 측에 투표하자는 약속이었다. 사실 여부가 밝혀지기도 전에 업계에서는 "터질 게 터졌다."라는 반응이 나왔다. 이더리움 창시자인 비탈릭 부테린Vitalik Buterin조차 "예측 가능한 일이었다."라고 평했을 정도다. 담합 가능성이 충분히 의심된 이유는 이오스가 위임지분증명DPoS 방식을 채택하고 있기 때문이다.

이오스는 불특정 다수의 참여자가 진실성을 가리는 작업증명을 하지 않는다. 이오스는 암호화폐 보유자들이 투표권을 갖고 운영자, 즉 블록 프로듀서를 선출한다. 득표를 많이 한 순서에 따라 블록 생성 권한을 부여한다. 이런 방식은 비트코인 블록체인의 비효율성을 해결하기 위해 만들어졌다. 다수의 노드가 증명의 과정에 참여하는 비트코인 블록체인은 투명성이 보장된다. 그러나 데이터가 많아질수록 풀노드를 운영하는 비용이 증가한다. 다량의 컴퓨터가 필요하고 엄청난 전기가 낭비된다. 게다가 속도도 느리다. 반면 소수가 '합의'를 대리하는 지분증명은 효율성을 높일 수 있다. 하지만 그 소수가 권한을 남용할 가능성이 존재한다.

이는 사실 예측된 한계이며, 그래서 이를 보완하기 위해 알고리즘 밖에 합의 거버넌스를 구축해놓았다. 이오스도 네트워크 참여자들의 의견을 수렴하는 이오스중재포험ECAF을 운영한다. 이 거버넌스가 성공하려면 문제 제기와 결정의 과정이 모두에게 공개되고 동의를 구해야 한다. 하지만 세계를 시끌벅적하게 만든 이오스의 담합 논쟁에서 거버넌스는 선명한 답을 도출해내지 못했다.

물론 지분증명 방식의 블록체인에서도 핵심 원칙은 지켜지고 있다. 참여하는 사용자들이 원장을 공유하고 함께 기록하고 있으며 임의로 고칠 수 없다. 하지만 권한을 가진 개발자나 채굴집단의 도덕적 타락과 악의적 의도성으로부터 이용자의 자산을 어떻게 보호할 수 있을까. 해답은 아직 나오지 않았다. 블록체인은 여전히 권한 남용의 문제를 안고 있다.

블록체인의 확장성은 투명성, 안전성, 그리고 참여자들의 신뢰를 얼마나 확보하는가로 결정된다. 블록체인의 본질적 특성에 충실한 비허가형 네트워크는 이 모든 것을 충족하지만 효율성을 개선해야 할 과제가 있다. 결국 블록체인의 미래는 신뢰와 효율성의 대립을 해결하는 기술적 과제를 해결하는 데 달렸다.

오라클이 주는 교훈, 신뢰는 결국 사람의 문제다

블록체인은 정말 신뢰의 혁명인가? 희망적 예측이 가능한 특별한 기술임은 확실하다. 하지만 블록체인을 아직 무한히 신뢰할 수 없는 이유는 기술과 사람이 각자 해결할 일들이 남아 있기 때문이다.

블록체인은 모든 것을 기록하고 공개하는 투명성, 위조와 변조가 불가한 보안성, 게다가 이론적으로는 핵전쟁이 나도 데이터를 지킬 수 있는 안전성까지 보장하는 기술이다. 이처럼 완벽한 듯 보이지만 블록체인 기술은 현실과 만나는 접점에서 매우 취약한 문제를 드러낸다.

블록체인 플랫폼에서 스마트 계약이 작동하려면 먼저 오프라인 세상에서 네트워크에 정보를 입력해야 한다. 사물인터넷을 통해 데이터가 입력될 수도 있고 사람이 직접 데이터를 입력할 수도 있다. 블록체인 세상에 기록할 오프라인의 정보를 제공하고 스마트 계약을 수행하게 하는 접점을 오라클oracle이라고 한다. 오라클은 블록체인과 세상을 연결하는 다리다. 블록체인은 정보가 한 번 기록되면 해당 내용을 지우고 다시 수정하는 것이 불가능하다. 따라서 오라클을 통해 기록되는 정보의 '진위'가 매우 중요하다. 문제는 오라클에서 발생하는 오류를 블록체인이 인지할 수 없다는 점이다. 최초 입력되는 정보가 진짜인지 가짜인지 블록체인이 가려낼 수 없다는 것은 매우 치명적인 약점이다.

가령 A와 B가 스마트 계약을 체결한다고 하자. A가 금연에 성공하면 B는 A에게 10만 원을 지급하기로 했다. 이 계약이 진행되려면 A가 금연에 성공해야 한다. 이 사실을 오라클이 블록체인에 기록하면 스마트 계약 프로그램은 외부 정보의 조건이 충족되었으

므로 자동으로 계약을 수행한다. 즉 10만 원을 지불한다. 그런데 만약 A가 남몰래 담배를 피우고 있었다면 어떻게 될까? 블록체인은 오라클을 통해 '제대로 등록이 되었다'고 믿고 기록했지만 실제로는 잘못된 정보가 기록된 것이다. 이를 정보입력의 오류, 오라클 문제라고 한다.

블록체인은 신뢰를 보증하는 기술이다. 여기서 신뢰란 인간의 마음속 믿음과는 다른 개념이다. 블록체인의 신뢰는 수학적 알고리즘이 보장하는 확실성이며, 일단 입력된 정보는 배신할 가능성이 없다는 뜻이다. 기술적으로 블록체인은 입력을 잘못할 가능성, 즉 오라클 문제를 책임질 수 없다. 오라클 문제는 정보의 유형에 따라 다르게 발생한다. 객관적 정보의 경우 상대적으로 발생 빈도가 낮다. '매출 1,000억 원을 달성하면 100%의 인센티브를 받는다.'라는 스마트 계약 조항에서 매출 1,000억 원은 객관적인 정보다. 이 경우 오라클이 진위를 확인하기가 비교적 쉽다. 하지만 주관적인 정보라면 얘기가 달라진다.

위의 금연 사례처럼 '정말 금연에 성공했는지' 직접 사실 여부를 조사하고 판단할 다른 누군가가 필요하다. 오라클 문제를 해결하기 위해 네트워크 참여자들이 정보의 사실 여부를 판단하도록 하는 방법도 제시된다. 하지만 이는 완벽한 해결책이 아니다. 참여자 중 다수가 잘못된 판단을 하거나 혹은 의도적으로 옳지 않은 정보를 선택할 수도 있다. 이 경우 틀린 정보로 스마트 계약이 이행되는 걸 막을 수 없다. 결국 참여자 모두가 아닌 '신뢰할 수 있는' 사용자가 오라클에 참여해야 한다는 결론으로 귀결된다. 즉 블록체인의 문제는 다시 사람의 문제로 돌아온다.

스마트 계약이 비즈니스 전반에 확산될수록 오라클 문제는 상당히 무겁게 인식해야 한다. 다이아몬드 유통, 경매의 진품 인증, 농수산물 이력 관리, 해외 통관의 문제 등 진품과 가품을 확인하고 절차를 보증하고 관리해야 하는 모든 영역에서 오라클 문제가 발생할 수 있기 때문이다. 블록체인의 현실화에 앞서 오라클 문제를 어떻게 관리할 것인가에 대한 논의는 반드시 필요하다.

블록체인의 목표는 디지털 세계 안에서 데이터의 완전한 무결성을 확보함으로써 신뢰를 보증하는 것이다. 하지만 블록체인의 취약점은 기술 내부가 아닌 기술이 현실 세계와 만날 때 발생한다. 이것은 블록체인이 허가형인지, 비허가형인지, 프라이빗인지, 퍼블릭인지 유형과는 전혀 상관없는 문제다. 블록체인의 신뢰를 신뢰할 수 있는가에 대한 물음에 대한 답은 기술이 아닌 인간의 영역에서 찾아야 한다.

블록체인은 인간에게 더 자유로운 세상을 안겨줄까

● ● ●

"우리가 생활하는 방식, 공장이 작동하는 방식, 뇌가 작동하는 방식을 바꿔주진 않겠지만 데이터를 영원히 누구에게나 공개 가능한 형태로 보존해줄 것이고 신뢰를 구현해줄 것이며 많은 것을 시장화할 것이다."

1994년 월드와이드웹을 창시한 팀 버너스리Tim Berners-Lee가 한 말이다. 그런데 블록체인의 미래에 대한 기대처럼 보이는 이 발언은 실은 과거 인터넷이 지향했던 5가지 목표이다. 바로 탈중앙, 차별금지, 개방, 보편성, 합의다. 개발자들은 인터넷을 통해 이 5가지 가치들을 구현함으로써 개인의 권한을 강화하고 궁극적으로 인간이 더 자유로워지는 세상을 희망했다. 지금 블록체인 개발자들이 외치는 목표와 조금도 다르지 않다. 하지만 결론부터 말하자면 인터넷이 꿈꿨던 세상은 오지 않았다. 그렇다면 팀 버너스리 말대로 웹이 성공하지 못한 것들을 블록체인은 해낼 수 있을까? 블록체인은 과연 인간에게 더 자유로운 세상을 안겨줄 수 있을까?

블록체인은 기본적으로 두 가지의 갈등 요소를 품고 있다. 투명성과 프라이버시다. 둘 다 블록체인의 신뢰를 상징하면서 동시에 서로 충돌한다. 먼저 투명성을 보자. 블록체인 네트워크는 모든 것을 기록하는 세상이다. 실수조차 관용 없이 흔적으로 남는다. 이 투명성이 신뢰의 기반이다. 하지만 모든 것을 공개하는 투명성은 개인의 자유를 제한한다. 모든 흔적을 기록하고 수정할 수 없다는 것은 보여주기 싫거나 공개할 필요가 없는 정보까지 기록된다는 것을 의미한다. 이는 또 다른 통제다. 만약 권위주의 정부에서 중앙의 권위, 즉 권한을 가진 중개자가 통제하는 블록체인 시스템을 통치체제에 도입할 경우 개인의 모든 기록을 투명하게 들여다보면서 완벽하게 감시하는 일도 가능하다. 블록체인의 투명성이 개인의 프라이버시를 침해하고, 인간의 자유를 제한하는 완벽한 조건을 제공할 수도 있다.

데이터 무결성의 문제도 블록체인은 완벽하게 보증하지 못한다. 미래 인공지능 시대의 암울한 전망의 중심에 있는 가짜 데이터의 문제들이 블록체인과 융합되었을 때 인간의 권리는 언제든지 침해받을 수 있다. 블록체인은 서로 모르는 상태에서도 신뢰를 검증할 필요 없이 자유롭게 거래하는 등의 상호작용을 가능하게 하는 기술이다. 기술의 관점에서 블록체인은 인간을 더 자유롭게 할 수 있지만, 기술 밖의 관점에서 블록체인은 인간을 덜 자유롭게 하는 문제를 동반한다.

다시 팀 버너스리로 돌아가보자. 그는 자신이 웹을 처음 개발했을 때처럼 블록체인의 '가능성' 강조했지만 사실 더 의미 있는 조언을 남겼다. 블록체인이 국가 간 거래, 개인 간 거래를 쉽게 만드는 등 세상을 변화시키고 있지만 '블록체인 업계의 엔지니어와 기업가는 기술이 인류에 어떤 영향을 미칠지 반드시 미래를 생각하라.'라는 것이다. 눈부신 기술은 위대한 일을 할 수 있지만 동시에 참담한 결과를 만들 수도 있다.

기술의 신뢰와 기술 밖 신뢰는 다르다

● ● ●

신뢰는 공동체를 유지하는 핵심 가치다. 초지능, 초연결, 대융합의 사회는 지금까지 인류가 축적해온 경험으로는 예측하기 어려운 세상이라고 한다. 미래 사회에서 인간은 어떤 방식으로 신뢰를 지켜갈 수 있을까? 완벽한 기술이 개발되어 미래 사회의 신뢰를 강화하고 유지해줄 수 있을 거라는 기대도 가능하지만, 솔직히 기계에 신뢰를 맡겨버린 인간 사회가 희망적이라고 생각하긴 어렵다. 그래서 블록체인이라는 신뢰의 기술을 신뢰하기 위해 먼저 신뢰의 본질에 대해 생각할 시간이 필요하다.

블록체인 기반의 블로그 및 소셜 미디어 서비스를 제공하는 스팀잇Steemit은 '누구나 글을 써서 돈을 벌 수 있다.'라는 입소문을 타며 빠르게 성장했다. 스팀잇은 위임지분증명 방식을 채택한다. 네트워크에서 더 많은 지분을 위임받은 사람에게 공표publishing할 수 있는 권한이 부여되고 지분을 가진 이들이 콘텐츠에 보상하는 시스템이다. 저작권 도용, 인신공격, 비속어 등에 대한 신중함은 기본이다. 이유는 간단하다. 블록체인에서 일단 기록된 내용은 지울 수 없고 자신의 콘텐츠에 대한 신뢰를 망칠 수 있기 때문이다. 스팀(암호화폐) 보유량이 많은 사람에게 추천을 받으면 하루에 몇백 달러의 수익도 가능하다. 하지만 스팀 보유량이 미미한 사람의 추천은 여러 개를 모아도 수익이 거의 없다. 스팀잇에 콘텐츠를 올리는 참여자는 대부분 글을 써서 돈을 버는 게 목적이다. 따라서 콘텐츠 제작자들은 스팀 보유량이 많은 이들에게 잘 보이려고 노력한다. 이 과정에서 참여자들은 굉장한 자기검열의 압박감을 느낀다.

그런데 여기서 자기검열을 통해 확보하는 신뢰는 블록체인의 기술이 만드는 신뢰와는 다른 종류의 것이다. 기록을 자의적으로 고칠 수 없는 부분은 블록체인 기술이 만든 신뢰고 자신의 이름으로 생산되는 기록에 대한 강한 책임의식과 콘텐츠에 대한 신뢰는 인간의 신뢰다. 인간의 신뢰는 어떤 과정으로 형성될까? 인간은 스스로 이성적 존재라고 믿고 자신의 믿음은 합리적 판단의 결과라고 자부한다. 하지만 많은 심리학의 실험은 다른 결과를 말한다. 인간의 신뢰는 실제로 이성적이고 합리적인 이유보다 '주변에서 믿으면 따라서 믿는' 방식으로 만들어지는 경우가 많다. 가족과 지인의 믿음 또는 자신이 믿을 만하다고 믿고 있는 누군가의 믿음이 신뢰의 형성에 결정적인 영향력을 행사한다. 신뢰는 믿음에 대한 믿음으로 형성되는 것이다.

블록체인 기술이 보장하는 신뢰는 알고리즘이다. 해시함수의 역방향 계산이 거의 불가능하다는 수학적 논리에 기반한다. 이는 믿음의 개념보다는 확실성의 개념이다. 실제로 사람들은 수학적, 과학적 논리를 따져보고 신뢰를 결정하지 않는다. 많은 사람이, 특히 믿을 만한 사람이 안전하다고 말하면 비로소 신뢰한다. 기술은 디지털의 세계에 관여하고 신뢰는 인간 세계의 문제다. 블록체인 프로그램을 자신의 컴퓨터에 깔고 네트워크 안으로 들어가는 결정은 기술 밖에 있는 신뢰의 영역이고 인간의 문제인 것이다. 그래서 기술에 대한 신뢰는 본질적으로 인간 세계의 신뢰 문제에서 벗어날 수 없다.

블록체인은 새로운 형태의 기록 방식일 뿐이고 잘할 수 있는 일은 기록의 보안이다. 그리고 이것만으로 신뢰는 보장되지 않는다. 블록체인의 신뢰를 신뢰하기 위해서는 '기술 밖 합의'에 더 많은 관심이 필요하다. 현재 대부분의 블록체인 프로젝트들은 속도, 비용의 효율성, 기술적 문제의 해결 등에 집중하고 다른 경쟁 블록체인 네트워크보다 얼마나 빠르고 안전한지를 알리는 데 주력한다. 아직까지 인간의 더 나은 삶을 위한 기술의 방향성 대한 이야기는 찾을 수 없다. 블록체인이 인간의 삶을 발전시키는 철학적 가치를 기반으로 하지 않고 기능 중심의 이론에 매몰되지 않도록 경계해야 한다. 무엇을 믿고 무엇을 믿지 말아야 하는지, 누가 기술을 사용하고 어떻게 사용해야 하는지, 이 모든 선택은 기계가 아닌 인간의 손에 쥐어져 있어야 한다. 블록체인이 진정한 신뢰의 혁명이 되기 위해 해야만 하는 일들은 오롯이 인간의 관점에서 만들어가야 한다.

인간을 위한 미래 대한민국 석학 8인이 대전환기 인류의 미래를 통찰한다

초판 1쇄 발행 2020년 9월 18일
초판 2쇄 발행 2020년 9월 21일

지은이 김도현 이재열 김홍중 김도년 김대식 강형구 정유신 김재인
펴낸이 안현주

편집 김미량 안선영 **마케팅** 안현영
디자인 최승협 장덕종

펴낸 곳 클라우드나인 **출판등록** 2013년 12월 12일(제2013 - 101호)
주소 우) 03993 서울시 마포구 월드컵북로 4길 82(동교동) 신흥빌딩 3층
전화 02 - 332 - 8939 **팩스** 02 - 6008 - 8938
이메일 c9book@naver.com

값 17,000원
ISBN 979 - 11 - 89430 - 87 - 0 03320

* 클라우드나인에서는 독자 여러분의 원고를 기다리고 있습니다.
출간을 원하시는 분은 원고를 bookmuseum@naver.com으로 보내주세요.

* 클라우드나인은 구름 중 가장 높은 구름인 9번 구름을 뜻합니다. 새들이 깃털로 하늘을 나는 것처럼 인간은 깃펜으로 쓴 글자에 의해 천상에 오를 것입니다.

사회학, 경영학, 경제학, 철학, 도시공학, 인공지능 분야
대한민국 대표 지성들의 미래 상상과 설계

우리는 지금 다른 미래를 만들어내기 위해 무슨 결단을 내려야 하는가?

우리는 누구나 미래를 궁금해한다. 하루가 멀다고 사건과 위기가 교차하는 요즘과 같은 상황에서 미래에 대한 조바심과 궁금증은 더 커지기만 한다. 그러나 사실 미래는 우리의 '오늘'이 모여 만들어내는 것이다. 그래서 미래가 어떻게 다가오는지 묻기보다는 지금 우리의 선택이 어떤 미래를 만들어낼 것인지, 그리고 다른 미래를 만들어내려면 지금 무슨 결단을 내려야 할지 묻는 것이 더 옳을 것이다.

그동안 이런 질문에 대한 해답은 흔히 서구 석학들의 몫이라고 여겨져 왔다. 그러나 그들의 말은 대개 너무 멀고 흐려서, 우리의 삶과 우리의 오늘에 꼭 들어맞지는 않는다. 미래를 걱정하는 기업들도 이런 아쉬움을 종종 토로하곤 했다. 그래서 2018년 가을 어느 날, 나는 우리나라에서 이런 질문에 가장 잘 대답할 수 있는 분들을 찾아보기로 했다. 기준은 두 가지였다. 자신의 분야에서 세계적인 연구자이면서, 다른 분야와의 섞임에 너그러이 열려 있는 분. 미리 알고 있던 분도 계셨지만 논문과 책만 읽은 채 무턱대고 연락드린 경우도 적지 않았다.

그렇게 일곱 분의 탁월한 학자와 한 명의 호기심 많은 참여자(나)가 모였고, 1년 동안 매달 한 번씩 모여서 긴 대화의 저녁을 가졌다. 대화를 통해 결국 우리가 주목하게 된, 그래서 답해보려고 애쓴 질문들은 다음과 같은 것들이었다.

1. 우리 사회의 갈등구조는 어디서 비롯된 것이며 어떻게 해결할 수 있을 것인가?
2. 인공지능을 통해 인간은 어떤 미래를 만나게 될 것인가? 협업인가 경쟁인가?
3. 금융시장을 비롯한 시장의 변화는 어떤 기회를 창출할 것인가?
4. 우리가 앞으로 살게 될 도시의 삶은 어떠할 것인가?

— 「서문」 중에서